人生的四大祕密

暢銷改版

The Ten Secrets of Abundant Living

Love / Happiness / Health / Wealth

Adam J. Jackson

亞當・傑克遜／著　周思芸／譯

致謝

我要向在我寫作這本書期間給予我協助的所有人致謝。特別是以下幾位：

我的版權代理人莎拉．麥古和她的助理喬治亞．格洛弗，謝謝他們為我所做的努力和種種的設想。

始終鼓勵我並給予我靈感的母親，引導我、鼓勵我的父親，和我親愛的家人與朋友們。

最後——我的妻子凱倫，也是我最親密的朋友和編輯。她對我及我的工作充滿信心，再多的言語都無法表達我對她的愛。

目次

愛的祕密

快樂的祕密

健康的祕密 185

財富的祕密 271

第1部 愛的祕密

世界上最好和最美的東西，
是看不到和摸不到的……
它們只能被心靈感受到。
——海倫・凱勒

前言

我們都渴望愛和被愛，都在尋找特別的關係。可是為什麼仍有這麼多人生活在孤寂中，無助而寂寞地尋找著愛情呢？假如我們如此渴望愛，為什麼離婚率和家庭破碎的案例逐年攀升呢？又為什麼城市中到處都是曠男怨女呢？有沒有可能是因為我們尋找愛情的方向錯了？

愛情並非命運或偶然所造成，也不是想墜入情網就能一蹴而就，愛情必須靠創造而得……而我們都有力量去創造。我們對愛與被愛的渴望與生俱來——不論我們是孑然一身，還是身處令人憂傷的三角關係——生命是有可能改變的，我們也具有改變的力量。

本書中的許多角色都是以現實生活裡的人物為藍本，只不過改變了他們的真實姓名。我希望他們的故事能對讀者有所幫助，正如他們激勵了我一樣。同時，我期望他們能提醒你這個訊息：生命是充滿了豐富的喜悅和愛情的旅程。

婚禮上的客人

他，一個年近三十的年輕男子，獨自坐在房間角落裡的一張桌子旁。誰都不會注意到這麼一個人的存在：普通的身高、體形和外貌，穿著黑色正式西裝，和房裡的其他男人沒什麼兩樣。

他獨自坐著，不主動跟別人交談，當然也沒有任何人前來跟他搭話。用餐時與他同桌的客人現在都已陸續走向舞池，害羞的年輕人因為沒有女伴，只好繼續坐在位子上冷眼旁觀舞會的進行。

這是一個花費不貲的豪華晚宴，在市中心最高級飯店裡的皇家宴會廳舉辦，香檳雞尾酒隨著六道菜肴送了上來，上菜間還穿插著有七人爵士樂團現場伴奏的舞蹈表演。婚宴的呈現更是氣派非凡。

儘管一切如此華麗，這位年輕人卻無法沉醉在這種歡樂的氣氛中。他向來不善於交際，也不覺得和兩百個陌生人待在一個房間裡是件有趣的事。全場他唯一認識的人，就是今天的新郎——一個多年不見的老朋友，而他也相當驚訝自己會在邀請的名單上。

他看著他的朋友和新娘跳貼面舞，看到他們如此快樂，不禁羨慕起來，心中揣想著這種美事何時才會降臨到自己身上。

「為什麼呢？」他暗忖，「其他人都可以安定下來，結婚、生小孩，可我卻無法跟任何女孩維持超過幾個月的關係？」

其實，他不是找不到女孩約會，最大的問題在於，很難找到適合的女孩來維持一段持久的關係，並讓他興起共度餘生的念頭。

有時候，光是想到自己的情況就讓他沮喪不已。他想，自己一定是有哪裡不對勁，才無法擁有一段持久穩定的愛情關係。但有時他又會告訴自己，他只是不夠幸運而已。也許，就如同朋友們告訴他的，愛情是一種命定的緣分，總有一天會發生，人是無法改變命運的。這聽起來真是毫無助益，不過，事實又好像的確如此。

他想起了兩年前的一段戀愛經驗，讓他真切體會到愛情的滋味，深深陶醉在愛河裡。然而，那段戀情卻只短暫維持了三個月。

失戀之後他真是傷心透了，茶飯不思，輾轉難眠了許久。至今，他仍深刻地記得那種傷痛。之後，他就決定再也不要讓自己被愛傷得這般嚴重了。

現在，他坐在那兒，看著婚宴裡的一對對佳偶，有的手挽著手坐在一起談笑風生，有的高興地手舞足蹈、引吭高歌。他告訴自己，還是單身最好吧！畢竟，有多少關係能夠真的維持下來呢？有多少人能夠永遠在一起呢？單身至少不用去忍受分離與失落的痛苦，也可以無拘無束地來去自由。

就在舞池中央，一對老夫婦緊緊相擁，深情微笑地看著對方的眼睛。這個年輕人目不轉睛地看著他們跳舞，心裡不禁納悶，有沒有可能會出現奇蹟，某個人正在某處等待著他？

相遇

「你自己一個人嗎？」

年輕人聞聲轉頭，看到一個中國老人站在他身旁。是一位瘦小的長者，鬢髮蒼白，頭髮幾乎全禿，眼睛是棕色的，正微笑著看著他。和宴會裡其他客人一樣，老人穿著黑色的晚宴西裝、白襯衫，打著黑色蝴蝶領結。

「是的，我一個人。」年輕人帶著微笑答道。

「我也是。」老人說，「不介意我加入你吧？」

「不介意。」年輕人回答。

「很棒的婚禮，是吧？」

年輕人聳聳肩，不置可否地說：「如果你喜歡的話。」

「怎麼？你不喜歡這樣的婚宴嗎？」老人問道。

「這種事看起來多少像個鬧劇，不是嗎？」年輕人把身子向後慵懶地靠著椅背。

「哪種事？」中國老人問。

「婚姻啊！」

「兩個不相愛的人結婚，才算是個鬧劇。」老人說。

「愛?!」年輕人喊道，「什麼叫愛？人們總是隨便愛來愛去，一開始他們為對方奉獻自己，後來卻演變成無法再多看對方一眼。如果你問我的意見，」年輕人繼續說，「我會說，愛只會造成悲慘和傷心。」

「這麼說太憤世嫉俗了。」老人說，「抱著這樣的愛情觀，會是你這輩子所犯的最大錯誤。以我為例吧，在我已接近生命盡頭的這把年紀，就會發現，生命中唯一有重大意義的事情，就是你曾付出和得到的愛。在你邁向另一個世界時，你唯一能帶走的就是愛，而你唯一能留下的也是愛，沒有別的。我看到很多人可以輕易承受生命中的各種苦難，卻還不曾發現有誰可以忍受一生都缺少愛。

「這就是為什麼愛是生命中最偉大的禮物，」老人繼續解釋道，「它為你的生命帶來意義，使生命值得延續下去。」

「是嗎？我不這麼確定。」年輕人喃喃自語。

「為什麼不啊？」老人問道。

年輕人沉默了半晌，然後答道：「你知道我是怎麼想的嗎？我認為戀愛只是一種浪漫的神話，我們都被它牽著鼻子走，還堅信總有一天會碰到某人而陷入熱戀。但這種情況卻很少發生，就算真的發生了，也不會持久的。」

「嗯……我明白，」老人說，「當然！你完全正確，戀愛是一個浪漫的神話。不過，我想……」老人凝神想了一會兒之後，搖搖頭說：「不！不！不！愛不是等著我們掉進去的陷阱，愛是我們創造出來的。人們把戀愛這件事情想錯了，想像有一天走在路上，看到某個人，然後『砰！』一聲，就撞到愛情了。但那不是愛。」

「那是什麼呢？」年輕人問道。

「那是生理的吸引力，是迷戀，絕對不是愛！當然啦！愛可能在身體的相互吸引力中成長，但真愛絕對不只是生理的。對於愛——真愛，你必須去瞭解一個人，進而真正地尊重他，真誠地為他著想。就像蘋果派。」

「蘋果派！什麼意思？」年輕人問道。

「你覺得可以光憑外表就知道一個蘋果派好不好吃嗎？」老人說。

「當然不行！我得吃吃看才知道。」年輕人說。

「這樣說就對了。換言之，你必須瞭解內在是不是跟外在一樣好，對不對？」

「是的。」

「人也是一樣的。」老人解釋道，「你不能光憑外表長相就判斷一個人的好壞，你必須明白他的內在本性、精神和靈魂等特質，才有可能全心全意地愛上對方。這些都是眼睛看不到的。在愛情裡面，你只有用心才能領會真情之所在。能不能持久的關鍵就在這裡了。愛情關係不是偶遇，不是電光火石間就發生的，也不是運氣的問題，而是需要培養和經營的。」

「那怎麼做才行呢？」年輕人問道。

「在我小的時候，媽媽教給我一則愛的黃金定律。」老人繼續說，「她總是這麼告訴我：『如果你希望被愛，就先去愛。很簡單。』任何人都有愛、被愛，以及在生活中創造愛的關係的能力。所以，如果有人要選擇活在沒有愛的生命裡，是件多麼悲哀的事啊！」

「你怎麼能這麼說呢？」年輕人辯解道，「怎麼會有人選擇活在沒有愛的生命裡呢？」

老人直視年輕人的雙眸回答道：「有人會寧願選擇不要愛，也不願承受因為分離和失落而導致的痛苦，而去勇敢地愛。」

年輕人霎時紅了臉，喉嚨一陣緊縮。他覺得很不自在，彷彿自己是個透明人，讓人看透他的心了。

「我向你保證，」老人說，「愛是任何人都有可能得到的，只是我們必須去選擇。」老人用手指向鄰桌正在激烈爭辯的一對伴侶，「你看那一對就是一個例子：兩個人都爭著辯贏對方，甚於要贏得愛。其實，生命充滿了選擇，我們可以選擇勝利，也可以選擇愛；我們可以選擇原諒，也可以選擇報復；我們可以選擇獨自一人，也可以選擇有伴侶。這些全都跟選擇有關。有些人的生命裡有關係，卻沒有愛。這種情況很常見，他們決定了一段關係的狀態。」

「人們決定自己的選擇權。」年輕人喃喃說著。

「當然！你的命運，或者你所處的狀態，都是你自己造成的。你是單身還是擁有伴侶；擁有快樂還是悲傷的關係，都只有一種原因，那就是自己的選擇。如果你不希望生命是與寂寞為伴的，那麼就用自己的力量來避免。

「很多人都以為，在別人身上發現愛的時候，自己的生活才有了愛。他們認為，只要適合的人進入他們的生命中，他們就可以馬上體驗到愛。事實卻是，他們永遠不可能從其他人身上發現愛，除非他們先在自己的身上找到愛。」老人繼續說，「所謂的『關係』並不會帶給我們愛的感覺，反而是我們把愛帶入『關係』。當我們能夠付出愛，愛的關係自然隨之而來。所以我才會說，每個人都可以愛和被愛，而且，不管在何種生命狀態下，人人都可以經營愛的關係。」

「可能是吧！」年輕人猶疑地說，「但你還是得夠幸運才行啊！幸運之神沒有降臨，就很難碰到與你合適的人，不是嗎？」

「幸運不在愛的方程式裡面。」老人說，「幸運與否不會影響一個人有沒有愛的關係。」

「也就是說，所謂的愛情是上天註定的。」年輕人回道。

老人微笑地看著他，緩緩說道：「命運會幫你一把的，可是你也得扮演好自己的角色才行。你想碰到另一個坐在角落的人嗎？光坐在這兒是不行的，你要站起來，主動讓這件事發生才行。」

「哪有這麼容易的事?!」年輕人以防衛的語調說。

「誰說它容易了？」老人回答道，「但如果你要得到愛，就必須鼓起勇氣，抓住生命中的機會。」

「什麼樣的機會？」年輕人問道。

「在我的國家有這麼一則故事，」老人說，「有個人在晚上碰到了一位天使，天使告訴他說，有件大事將會發生在他身上，將來他有機會變成巨富，在社會上獲得卓越的地位，並娶到漂亮的妻子。於是，這個人終其一生都在等待這個奇蹟。可是，卻什麼事也沒發生，他窮困地度過一生，最後孤獨終老。當他來到天堂門口時，又遇見了那位天使，就對天使說：『你說過要給我財富、很高的社會地位和漂亮的妻子，可是我等了一輩子，卻什麼也沒有。』

「天使回答他：『我沒說過那種話。我只承諾過要給你機會得到財富、受人尊重的社會地位和一個漂亮的妻子。可是，你都讓這些機會從身邊溜走了。』這個人迷惑了，他說：『我不明白你的意思。』天使答道：『記不記得你曾經想到個好點子，可是並沒有付諸行動，因為怕失敗而不敢去嘗試。』這個人點點頭。

「天使繼續說：『因為你沒有去行動，所以幾年後，我把這個點子給了另一個人，那人毫不畏懼地去嘗試了。後來，他變成全國最有錢的人。還有，你應該還記得，有回城裡發生了大地震，城裡大半的房子都毀了，好幾千人被困在倒塌的房子裡。你有機會去幫忙拯救那些存活的人，可是你怕小偷會趁你不在家的時候到家裡偷東西，所以無視那些需要你幫助的人，只是守著你自己的房子。』這個人不好意思地點點頭。

「天使說：『那是你去拯救幾百人的好機會，而那機會就可以使你在城裡得到很崇高的社會地位。』

「『還有，』天使繼續說：『你記不記得有位頭髮烏黑的漂亮女子啊？她深深地吸引了你，而你從不曾這麼喜歡過一個女人，之後也再沒有碰到過像她這麼好的女人了。可是你認為她不可能會喜歡你，更不可能會答應跟你結婚。你因為害怕被她拒絕，就讓她從你身邊溜走了。』他一面點頭，一面流下了眼淚。

「天使說：『我的朋友啊！就是她！她本來該是你的妻子，你們會有好幾個漂亮的小孩，而且跟她在一起，你的人生將會變得很快樂。』

「我們身邊每天有很多機會，包括愛的機緣。可是我們經常像故事裡的那個人，總是因為害怕而停下腳步，結果機會便悄悄地溜走了。」

「害怕？」年輕人重複唸著。

「是的，害怕！」老人說，「我們因為害怕被拒絕而不敢接觸他人，我們因為害怕被嘲笑而不敢跟他人溝通情感，我們因為害怕承受失落的痛苦而不敢對別人說出承諾。」

年輕人回想起以前害怕被拒絕的心理，使他即使面對心儀的女孩也不敢說話。他沮喪地想，自己竟然錯過了那麼多機會。

老人接著說：「不過，我們比故事裡的那個人多了一點優勢。」

「那是……什麼？」年輕人結結巴巴地問。

「我們還活著。我們可以從現在開始把握那些機會，可以自己創造機會。」

年輕人回味著老人說的這些話，陷入了沉思。他一直認為愛和被愛的關係都只是跟運氣或宿命有關，要麼就碰到相配的人，要麼就碰到不相配的人。愛情就是這麼一回事，你遇到了某個適合的人，馬上被吸引，然後開始約會、談戀愛，全部的過程僅此而已。可是現在，聽了老人的一席話，他不這麼想了。

老人看著年輕人，說道：「除非先學會愛，否則不可能擁有愛情的關係。一旦心中有了愛，你所期待的關係就會隨之而來。」

「你是說每個人都可以學會去愛？」年輕人說。

「當然！」老人微笑著說，「去愛你自己、愛別人，並且熱愛生命，這是自然定律。無論處於任何狀態、任何時空，我們都有去愛和被愛的渴求。只要我們通曉祕密之處，愛即是享之不完、用之不盡的。」

「什麼祕密？」

「愛的祕密。」

「愛的祕密？那是什麼呢？」年輕人問。

「愛的祕密是由遠古時代的智者和哲學家所流傳至今的。愛的祕密有十大原則，使人們不但能夠在生命中把愛啟動，更可以持盈保泰，讓愛永隨人生。」

「你在跟我開玩笑嗎？」年輕人不敢相信地說，「你是說每個人都可以找到真愛？」

「不！我是說每個人都可以『創造』出愛和愛的關係。」老人強調。

「你怎麼能確定呢？」年輕人問道。

「如果我拍拍手，能不發出聲音來嗎？推這張桌子，它能不動嗎？日出日落就是一種自然規律的循環。科學家已經發現了許多生理法則、運動法則和地心引力。當然，還有其他跟自然、人類有關的法則，跟健康、快樂、愛有關的法則等等。」

「愛的法則？」年輕人問道，「如果這些『法則』就如你所言，真的有作用的話，為何大家都不知道呢？」

「因為我們常常失去生命的方向，當我們心裡的幻想破滅或感到沮喪氣餒時，很容易就忘了那些法則，所以需要被提醒。」老人說，「生命裡如果沒有愛，世界會是一個非常冷酷而寂寞的地方；如果有愛，世界就變成了天堂。美國詩人桑頓・威爾德就曾寫過這麼一段話：『在生死兩岸，愛是中間的橋樑……愛是唯一的生機，愛是唯一的意義。』隨著愛的祕密去探索，你就會找到其中的奧妙，你的世界和生命終將不同。」

「快告訴我怎麼做吧！」年輕人說。

老人笑著取出一張小紙條遞給了他。年輕人小心翼翼地看著紙條，正面寫了十個人的名字和電話號碼。他正反翻著紙條，以為還有其他條文，可是反面沒有字，是一片空白。

「這是什麼意思呢？」年輕人抬起頭問，老人卻不見了。年輕人站起來，眼睛在房間四處尋視，甚至爬上椅子四周張望，還是不見老人蹤影。年輕人在桌旁等著，等待老人回來。三十分鐘過去了，老人還是沒出現，於是年輕人知道，今晚不會再見到那位中國老人了。

婚宴結束時，他特地前去和新郎、新娘道別，並給予祝福，感謝他們的邀請和招待，順便問他們是否認識一位中國長者。他們倆很確定地告訴他，邀請名單上沒有中國人。年輕人猜想，中國老人一定是侍者，於是，他又請領班幫忙找找中國侍者。可是，領班卻說根本沒有這樣的服務員。

年輕人更加疑惑了，這位中國老人是誰呢？他是從哪裡來的呢？他所說的「愛的祕密」又是什麼？他抓緊了老人給的紙條，心裡想，那十個人名和電話號碼是唯一可以找到中國老人的線索了。

祕密1 思想的力量

第二天，他打電話給紙條上那十個完全陌生的人，向他們請教有關愛的祕密。這著實令他既緊張又難堪，但讓他吃驚的是，這些人竟然都很歡迎他的來電，所以他很順利地分別和他們相約見面。

年輕人對名單上的第一個人特別好奇。他是雨果．普契亞，一位退休的社會學教授，在人際管理和公共關係方面頗為知名，並著有多本相關主題的暢銷書，常受邀至電台和電視談話節目擔任嘉賓。

普契亞博士最為精湛的觀點是：人類在追求科學和經濟發展的過程中，忽略了生命中最本質的事物。他經常引述古印度的哲學名諺：「只有當最後一棵樹木被砍下，最後一條河流被下了毒，最後一條魚被捕盡，你才會發現，原來金錢是不能吃的。」

普契亞博士是個六十幾歲的長者，手臂很長，頭髮全白，有著非常溫和、甚至有點孩子氣的臉孔，因而看起來至少年輕了二十歲。普契亞博士張開雙臂迎接年輕人，把他當作久別重逢的朋友般緊緊地擁抱著。年輕人頓時手足無措，因為他根本不習慣和任何人擁抱，即使是自己的家人。

「你見到那位老人了？」普契亞博士一邊說著，一邊請年輕人坐下。「他還好嗎？」他問。

「他看起來很好，」年輕人一坐下，便問道，「他到底是誰？從哪兒來的？」

「我和你有相同的質疑。我也只見過他一次，是在三十多年前。他改變了我整個教學和生活的方

向。我是剛在大學教書的時候遇到他的，當時我被安排擔任一年級六班的學生輔導員。十個星期後，我發現有一個學生失蹤了，是一個漂亮、活潑、聰明又敏感的年輕女孩。在她缺課後的第三個星期，我向坐在她附近的幾個同學詢問關於她的詳情。結果竟然沒有人知道，也沒有人在乎，他們甚至連她的名字都不曉得。

「下課後，我到教務處去，試著問出那位女學生的住處，以及她曠課的原因。教務處的人很訝異地看著我說：『喔！對不起！我以為你已經知道了。』教務處的人把我拉進辦公室內，告訴我說，那名學生在兩個星期前自殺了，從十樓高的大廈屋頂跳了下來。

「我被這個消息嚇呆了，坐在前廳發傻似地想著，是什麼原因讓一位有潛力的學生結束生命？在那兒待了許久……直到我突然發現他正坐在我身旁。」

「誰？」年輕人打斷他。

「那位中國老人。」普契亞博士說，「他問我為什麼困惑？我就把故事告訴了他。他沉默了幾分鐘後，說了幾句我永遠不會忘記的話。他說：『我們教導學生如何聽說讀寫、加減乘除，教導他們許多我們自認為良好的教育，然而我們卻忽略一件最重要的事——如何去愛。』

「他的話對我來說，有如醍醐灌頂，那也是我一直以來的困惑，只是沒有人清楚地點醒過我。我們坐在那兒談了好多關於愛和生命的觀念，就是從那位中國老人的口中，我首次聽到有關愛的祕密——十個不朽的原則，它讓我們把愛帶進生活中，讓愛的氛圍常駐生命。」

年輕人半信半疑地問：「你是說那些『愛的祕密』真的管用？」

「至少對我來說是，加上我有幾百個學生將之落實在生活中，得到了不錯的效果。」普契亞博士說。

「真是奇妙又不可思議！」年輕人說，「如果真的這麼容易，為什麼不是人人都奉行呢？」

「問得好！」普契亞博士回答，「在我們的心靈深處，渴求愛的心情比其他需求都重要，是我們忽略了它的訊息。我們熱中於追求其他的目標，譬如事業、金錢和財富的成就，還要追求休閒、娛樂的品質，卻忘了生命中最重要的事。你想想，還有什麼比真愛更重要呢？」

年輕人低頭在記事本上寫著，普契亞博士繼續說：「中國老人交給我一張紙條，上面有十個人名和電話號碼。我在七天之內跟所有人聯繫，透過他們，我學到了簡單而實際的方法，並且親身奉行，體驗出許許多多愛的感受。這些方法使我學會建立更持久的愛的關係。這十個愛的祕密同等重要，其中對我影響最大的，是『思想的力量』。」

「思想的力量？」年輕人重複說著。

「是的，這是改變我們生命最簡單的方法。如果心想著憤怒，就會覺得憤怒；如果有著興奮的情緒，心就會興奮起來；如果你心想著快樂，你就會真的快樂起來……以此類推，如果心裡有愛的思想，就可以體會到愛。改變思想，就改變了心的經歷。就是這麼簡單。」

年輕人揚起眉毛：「說起來容易，但做起來不簡單啊。」

「沒錯，當然不容易。這就是為什麼有人說：『打敗自己的心，比打敗天下人都來得偉大。』不過這是有可能做到的。我們應該可以相信自己的選擇，可是在成長過程中，我們卻被教導著去做錯誤的選擇。我們被教育成批判、歧視不同的人。其實，孩子是不在乎不同膚色或信仰的，他們只是單純地看待每種不同的人。你愛一個孩子，他也會回饋你，因為愛是人類的本能。問題是，童年時對愛的熱望常被他們的父母扼殺了。」

「怎麼說呢？」年輕人問道。

「孩子會以父母的行為來建構自己對愛的理解。如果孩子總是被喝斥或被體罰，就會學習這種行為，以這種方式來詮釋愛。所以，我們必須重新學習愛及被愛的真諦。只有改變我們的認知和態度，才能走向愛的世界。」

「那你是如何做到的？如何謹記在心呢？」年輕人問。

「你可以從一段『鄭重的宣言』來開始改變你的態度、認知和思想。」

「什麼是『鄭重的宣言』？」

「就是一段話，用肯定的語氣唸出來，不時重複唸誦，或對你自己不斷地重複敘述。舉例來說，如果你認為永恆的愛是不可能的話，用以下這段話來改變：『我要創造生命中的愛。今天，我要用愛去對待所有我見到的人。我可以很輕易地得到愛的關係。』或者這麼說：『我有無比的力量，可以創造愛的關係。』

「再舉一個例子，如果你不相信可以遇到理想伴侶的話，也可以對自己說：『我的理想伴侶會在最恰當的時機、地點出現。』

「以我的經驗來說，『鄭重的宣言』會改變我們的思想和潛意識。我們的思想決定我們的行動，行動產生行為，而行為造就我們的命運。」

「要多久複誦一次這種『鄭重的宣言』呢？」年輕人問道。

「盡你所能。有人把它寫下來，放在車上，或貼在冰箱上等顯眼的地方，讓自己隨時閱讀。不過，一天至少三次，早晨起床的時候、下午、晚上睡覺前各唸一次。」

「所以只要重複這些『鄭重的宣言』，就可以改變思想嗎？」年輕人問。

「不！這只是幫助你改變潛意識的認知，你還必須時時思考愛對你的意義，以及去愛別人的意義。據我所知，很少人會認真思考這問題。以你為例，你告訴我去愛一個人的定義是什麼？」

年輕人猶豫地想了想，結結巴巴地說：「嗯……這個嘛……我想……愛一個人就是……去關心她，當她需要你的時候，你會在她身邊，幫助她。」

「完全正確！」普契亞博士說，「換言之，就是表現出人性中最崇高的仁慈。可是你可以做到嗎？如果你不先思考對方的需求是什麼，你怎麼關心、幫助他們呢？」

「不能。」

「所以，當我們要去愛一個人的時候，最困難的地方就在於，我們必須先考慮到對方的需求和立場。」

普契亞博士繼續說：「剛開始投入工作時，我很天真地以為，老師就是教書嘛！教數學、物理、地理或社會學。可是，我很快就明白了，老師要教的不只是學問，更要因材施教。每個學生都不同，一個好老師必須發展出因人而異的教學方法，以便誘發不同學生的學習熱情。

「在生活層面也是一樣，我們要先考慮到他人的需要，才有可能擁有愛的關係。我們要把自己的腳放進他人的鞋子裡，意思就是要嘗試從別人的角度去看待事情。很多人的關係是沒有愛的關係，他們經常抱怨伴侶不愛自己。可是，如果他們不要總是問：『我的伴侶為我做了些什麼？』而是反過來捫心自問：『我能為我的伴侶做些什麼？』互相為對方設想、體諒和付出，結果會截然不同。這樣的伴侶彼此會有被愛的感覺，會把更多的愛回饋回去。如果我們經常對對方進行自私的考量，而非互相包容和關愛，那就很難得到愛了。」

普契亞博士繼續說：「凡事由心開始改變——愛的思想引導著愛的行為，以及愛的體驗。」

「嗯！不過我還有個問題，」年輕人說，「思想不能幫助人尋得或創造愛的關係。」

「恰好相反！」普契亞博士回答，「你的思想會幫助你吸引到愛的關係，當夢寐以求的女人一出現，你馬上會認出她來。」

「我不是很明白。」年輕人說。

「好，我的意思是，每個人都期望尋覓到一段動人的愛情，還可以白頭偕老，你同意嗎？」

年輕人點點頭。

「那麼，誰會是那位特別的愛侶呢？」

「我不知道。這就是問題之所在。」年輕人說，「我沒有那樣特別的愛侶。」

「你有！」普契亞博士肯定地說，「我保證你有，還沒碰到罷了。然而，當這女孩走進你的生命中時，你要如何認出她來呢？」

「要如何才能知道遇到的那個人就是我們所要的？」年輕人反問。

「用正確的方法來判斷囉，」普契亞博士說，「你先勾勒出自己的理想愛侶的各種條件，仔細地想想有關這個人的特質。」

「哪種特質呢？」年輕人問。

「身體的、心理的、情感的和精神的特質，譬如說，她的膚色是黑是白？高䠷或嬌小？她該有什麼顏色的眼睛呢？或者，外貌的特質對你來說並不重要。但是，她喜歡哪種運動，有什麼嗜好或興趣呢？她有精神上的信仰嗎？還有，她的性情脾氣如何？她最好活潑外向，還是文靜內向呢？她必須是有智慧的嗎？」

「老實說，我從來沒想過這麼多，」年輕人坦誠地說，「這真的這麼重要嗎？」

「是的！」普契亞博士非常肯定地說，「如果你不知道理想中的她是什麼樣的人、如何共同生活，當她走向你時，你又怎麼能夠辨認出來呢？」

「有的情況是，當這個人出現時，你就應該知道。」年輕人辯解道。

「有些人是吧！」普契亞博士說，「但他們還是事先已在心裡描繪出某種形象來。如果對這個理想中的伴侶沒有概念的話，你很容易被性的吸引力所影響而一時迷戀對方，甚至因為害怕寂寞，以致和一個不適合的人在一起。」

「比方說，你的伴侶必須喜歡寵物，對你來說這是很重要的。結果你遇到一個吸引你的人，可是你很快就發現，對方討厭寵物。這時你才覺得很不適合，再有吸引力都不是你想要的。

「所以愛情並非是盲目的，而欲望和性卻是。假如心中沒有一點想法的話，就會很隨便地找一個人。但如果先建構出一個理想形象，你遇見意中人的時候，就比較容易感受到。」

年輕人說：「現實和理想總有落差，你確定會有類似的人嗎？」

普契亞博士微笑了，「她們不僅『類似』，而且會完全符合。這就是『思想的力量』的精髓所在，要吸引某個人或某件事進入你的生命中，首先要想像他們已經是屬於你的了。當然，理想中的伴侶的某些素質，或許並不特別重要，我們在心裡想像的過程，會讓我們多加思考，到底什麼樣的特質是比較重要的。這個過程才是真正的重點。

「就好比去超市購物，如果你不知道要買什麼，就會很輕易地被廣告或促銷活動影響，回到家才發現要買的都沒買，買的全是一些根本不需要的東西。如果你事先想好，就會只買需要的東西了。

「尋找一段關係也是同樣的道理。如果我們終其一生都沒想過這種特質的問題，可能就會被外表或性欲所左右，但是當吸引力消失後，才發現所選擇的這個人根本不具備我們要求的重要特質。」

年輕人趕快低頭寫下來。普契亞博士繼續說：「愛情不是折磨，而是應該被好好經營。我們如果渴望愛情，就該用行動來創造愛，這才是『愛的祕密』的真正內涵，提醒我們去經營內在本質上的事情。」

「而選擇正確的思想是其中一項？」

「完全正確！擁有愛和被愛的能力、創造持久的愛的關係，以及吸引到你的理想伴侶……等等，都要從你的思想開始。」

當天晚上，年輕人整理了普契亞博士談話的一些重點：

思想的力量

◎愛始於我們的思想。
◎我們可以成為我們想要的樣子。愛的思想創造愛的體驗以及愛的關係。
◎「鄭重的宣言」可以改變我們對自己以及他人的認知與思想。
◎愛一個人，必須先考慮到他（她）的需求和渴望。
◎預先建構理想伴侶的形象，可以幫助你在人群中辨認出他（她）來。

他也開始在腦海中想像理想伴侶該有的模樣：她的外表、性格、信仰，她的喜惡、嗜好……他閉上雙眼，一個影像逐漸清晰起來。喔！她是美麗的，比他矮一點，有著及肩的金髮，大而明亮的綠色眼眸，以及迷人的笑容；她充滿自信、善良而大方；她有智慧，溫柔體貼又悲天憫人，不會太嚴肅；她愛寵物、關愛環境，喜歡一些簡單的戶外休閒活動，譬如在鄉間散步，在寒冬的夜晚坐在營火旁。

年輕人把這些特質寫在紙上，然後輕鬆地坐在沙發上再讀一次。

「嗯……」他自言自語，「只要……」他把那張紙整齊地疊好，放在書架上。

祕密2
尊重的力量

名單上的第二個人是一位名叫米莉・霍普金斯的博士，在市立大學教授心理學，也是該大學第一位女教授；她在學校很受歡迎，備受學生及同事的喜愛與尊敬。從她講話的語調可以明顯感覺到，她非常高興接到年輕人的電話，而且堅持要跟他坐下來好好聊一聊。他們約了第二天下午五點，在大學校區內霍普金斯博士的辦公室見面。

六十四歲的霍普金斯博士看起來充滿了大學新生的精力與熱忱。她身材勻稱嬌小，穿一件白色上衣和海軍藍套裝，及肩的金髮紮在腦後。雖然臉部皺紋不少，但表情溫暖友善。

一提到中國老人，她的聲音更加激動，顯得生氣勃勃。

「我是在二十年前遇見中國老人的，」她對年輕人說，「那時我染上毒癮，流落街頭，與今天完全兩樣。」

年輕人震驚得下巴都要掉下來了，結結巴巴地說：「妳……在跟我開玩笑吧？」

「是真的。」她認真地說，沒有一點害羞或窘困的神情，「我已經不記得進出醫院多少次了，總是因為服藥過量被送進醫院。出院後我又馬上回到街上，繼續嗑藥。

「有一天，我又被送到醫院灌腸。在病床上醒來後，我發現一位醫生正坐在我身旁握著我的手。

他看起來非常溫柔仁慈，語調很和善，因此我知道他是真心關懷我。多年來，他是第一個這樣面對面與我說話，把我當人對待的人。所以，我一直記得他。

「我們談了很久，我把一些從來沒有對其他人說過的事都告訴了他：我的家庭、我的童年、我流落街頭的不堪生活……光是對他傾訴，就已經讓我感覺好多了。他說他有幾個朋友可以幫助我，並把他們的名字和電話號碼給了我。然後我一一跟他們聯繫了，感謝老天！他們讓我得到了新生。」

「你指的是『愛的祕密』吧？」年輕人問道。

「是的！我之所以要學習這些祕密，是因為我的生命裡沒有愛，我也不愛自己。而這也是為什麼愛的第二個祕密對我特別重要，那就是『尊重的力量』。

「那時，我根本不懂得尊重，從不尊重任何人，別人同樣不尊重我。沒有尊重就沒有愛，所以我不愛別人，也不被人愛。你知道嗎？如果你要愛一個人，先得學會尊重那個人。而你首先要尊重的，就是自己。如果你不懂得尊重自己，就不會愛自己，而一個不愛自己的人，又怎會去愛別人呢？」

年輕人低頭記錄著米莉的話。

米莉接著說：「我最大的問題就是——我不愛也不尊重自己。」

「為什麼呢？」

「這也許要追溯到我的童年時代。」米莉解釋說，「我是個私生子，媽媽在我三歲的時候結了婚。她以我為恥，而我的繼父，不知道為什麼他就是恨我。我六歲的時候，因為媽媽抱著同母異父的妹妹，我覺得受到冷落，所以轉頭就跑。突然，我被人從背後狠狠推了一把，結果滾落到樓梯下。我永遠不會忘記繼父那張臉，他站在樓梯上，窮兇極惡地對我說：『她現在是我孩子的媽媽，你這個沒人要的醜八怪。』」

年輕人簡直不敢相信自己的耳朵，他問：「那你媽媽怎麼說？」

「什麼都沒說！她繼續抱緊我妹妹，我就好像是空氣一樣。難以置信是吧？怎麼會有這麼狠心的父母呢？可是，太多人從他們父母那兒得到的待遇比這更糟。我雖然不是經常這樣被揍，但也從不曾得到父母的愛和關心。他們刻意忽視我。我感到被拒絕、沒有愛，因此怨恨生命。這問題非常普遍，很多人從不尊重自己，他們要麼討厭自己的外表，要麼討厭自己的聲音、性格或智力，於是喪失自尊，自認低人一等。我就是這樣！所以，如果希望得到別人的愛，就必須先學會尊重自己、愛自己。」

「你是如何學會的呢？」年輕人問道，「這並不容易吧？」

米莉笑著回答：「的確不太容易，但還是可以做到。我們要學習接受自己，心懷感激，不在意別人的惡意批評。我們要知道，世界上任何人、任何事都有其安身之處。我們都是獨一無二的！這個世界上以前沒有，將來也不可能出現跟你一模一樣的人。這是真理！不論你是男人還是女人、富有還是窮困、黑皮膚還是白皮膚，每一個靈魂都值得尊重。

「猶太教義中有句話很美：『只要拯救了一個靈魂，就拯救了全世界。』這句話是要告訴我們，每個人都是可貴的，不論膚色、種族、宗教，每個人都有存在的權利。」

「理論上是如此，但實際上恐怕不太樂觀。」年輕人說。

「我同意你的看法，但這並不是做不到的。如果我可以做到，相信任何有心人也都可以，問題只在於要找到自己和別人身上的可敬之處。」

「什麼意思？」年輕人問道。

「我們大腦的結構很奇特，即使到了現代醫學如此發達的今天，人類對自身的大腦仍然一知半解。大腦的偉大功能之一，就是它可以回答你所提出的任何問題。雖然有時它會給出錯誤的答案，但不論如何，一定會給你一個答案。

「譬如，如果你自問，自己最值得尊敬的地方在哪裡？你的大腦會給出答案。事實上，中國老人就曾這樣嚴肅地問過我。最初我說，自己並沒有什麼地方值得尊敬或喜愛。他說：『但如果真的有，你想會是什麼呢？』於是，我繼續想。經過認真思索，我果然想到了。我知道我很聰明，學習上總是名列前矛；我也佩服自己，竟然堅持活下來；雖然身處絕望的境地，但我從不曾搶劫、欺騙或傷害任何人。這麼想時，我真的不那麼討厭自己了。」

年輕人抬起頭來，看著米莉．霍普金斯博士說：「所以，找到自尊的方法，就是問自己哪裡最值得尊敬或喜愛。是這樣嗎？」

霍普金斯博士點點頭說：「這方法對我來說的確有效。我想，它既然可以幫助我，就同樣可以幫助其他人。我相信，只要你自問：『我到底哪裡值得尊敬或喜愛？』你的大腦一定會給出答案。」

「如果沒有呢？」

「一定有的，而且答案常常不只一個，例如，你可能會覺得自己很誠實的這一點值得尊敬，或是你有一份正當職業，或是你定期運動，是什麼都沒有關係。久而久之，你就可以找到自己很多值得尊敬的特點。

「尤其是那些你不喜歡的人，你更應該問自己，他們有什麼地方值得你尊重。」

「為什麼？」年輕人問。

「當你這樣問自己時，多半會想到對方的一些優點，而不會只注意到他們的討厭之處。這時候，你會發現，自己漸漸可以對他們以愛相待。」

「以愛相待，你是說……」

「仁慈地對待他們，並且多考慮他們的立場。有些人總是把別人當做沒用的東西，用惡劣的方式對待別人，」霍普金斯博士繼續說，「然而事實是，我們都來自同一個創造者，都是上帝創造的，換言之，我們都是同母所生，是兄弟姊妹啊！我們不要低估了人類的個別性，每個人都擁有改變世界的力量，而世界也在被不同的人以不同的方式改變著。若是能夠尊重一個人的真實價值，也就會以截然不同的方式去看待他們。

「記得當年露宿街頭時，有一天晚上我突然被驚醒，發現一個員警正把尿撒在我的臉上。」

「什麼?!」年輕人驚叫起來，「天底下怎麼會有這種人！」

「他顯然只是瞧不起街友而已，」霍普金斯博士淡淡地說，「他根本不把我當人看。我永遠不會忘記他站在我面前哈哈大笑的樣子，那對他來說不過是個玩笑罷了。

「我相信，世上之所以有那麼多人覺得沒有愛，都是因為他們失去尊重的緣故——對自己、對他人、對生命的尊重。結果，就形成了一個沒有愛的世界。阿拉伯人和猶太人、白人和黑人、基督教和天主教——如果我們能夠尊重不同的信仰、不同的生命，能夠以愛來同等對待他們，又怎會出現那樣的結果呢？

「我們一旦瞭解並欣賞自己的價值，就會開始欣賞別人的價值，並且尊重他們。有了尊重，我們就能夠愛了。以我為例，在學會尊重自己，進而愛自己之後，我和別人在一起便顯得更加自在。因為我以尊重的眼光看待別人，態度也就自然而然地溫和起來，同時感覺自己更願意對人以愛相待。」

年輕人微笑著，努力做著筆記。這些話聽起來很簡單，也很有道理，只是他從未認真想過，尊重對創造愛和愛的關係是如此重要。

「可不可以告訴我，你是如何從露宿街頭的遊民變成大學教授的？」

霍普金斯博士笑著說：「中國老人給我的名單上有一位修女，她非常好，給了我很大的幫助。她帶我離開街頭，為我在社區教會找到一個住處。我住在那兒的條件就是，必須做事——煮飯、清掃、整理花園……等等，包攬所有的家務。

「從第一天開始，她們就視我為姐妹，把我當作她們家庭中的一員。她們從來不把我當做沒有用、嗑藥或低階層的人。對她們而言，我只是個需要幫助的人，而她們就給我幫助。那真是一種全新的體驗，我平生第一次感到被需要。

「那位修女還鼓勵我繼續求學，她說我天生有個好腦袋，應該好好使用。你知道嗎？從來沒有人這樣鼓勵過我！所以，我開始去上夜校。教會裡每個人都對我的努力不斷給予激勵，七年之後，我以優異的成績取得第一個學位。兩年之後，我拿到了碩士學位，再過三年，我獲得了博士頭銜。

「那天，是我這輩子最美好、最值得懷念的日子。教會裡所有姊妹都出現在我的畢業典禮上，當我被叫到名字，上台領取證書，然後手持證書轉身面向禮堂觀眾席的時候，啊！那一刻真令我永世難忘！我看到台下二十幾個修女站起來，對我鼓掌、吹口哨、歡呼。之後，我走下台階，看到有個人站在觀眾席最後面，是那位中國老人，他舉起雙手鼓掌，臉上洋溢著滿足的微笑。」

當晚，年輕人整理了他與米莉．霍普金斯的談話紀錄：

尊重的力量

◎在懂得如何尊重之前，你是無法去愛的。
◎你首先要尊重的人，就是自己。
◎獲得自尊的第一步，就是自問：「我有什麼是值得尊敬的？」
◎如何尊重他人，尤其是那些你不喜歡的人？方法就是，問自己：「他們有什麼地方值得我尊敬？」

祕密3 給予的力量

喬洛丁．威廉太太從出生的那一剎那起，就開始與快樂和愛搏鬥，因為她比常人少了兩條腿和一隻手。她是六〇年代那一波「撒利豆邁」（Thalidomide）悲劇中誕生的幾千個嬰兒之一。「撒利豆邁」是一種鎮痛劑，孕婦服用之後會生出肢體畸形的嬰兒。當年輕人看見威廉太太坐在輪椅上，伸出僅有的一隻手臂歡迎他時，他尷尬地張大了嘴。

「我真高興你打電話來。」威廉太太說著，引年輕人進入客廳，完全不在乎他不自然的表情，「遇見中國老人……喔！那已經是十多年前的事了，不過感覺恍如昨日。」

威廉太太讓年輕人坐在沙發上，然後將輪椅移到他對面。

「那是一個夏天的傍晚，夕陽暖洋洋地灑遍大地。學院裡正在舉行舞會，我卻獨自坐在公園裡，悲傷地想著，這個世界上除了父母，沒人會喜歡這樣的我。我怎麼也想像不出有誰會牽著我的手，邀我去跳舞。想著想著，我不禁哭了。

「突然，我聽到一個男人的聲音問我怎麼了。我抬起頭，看見了他……那位中國老人正站在我身旁。他遞給我一張面紙擦拭淚水，然後，在我身邊的長條椅上坐下，手臂輕觸著我的手。

「『也許我可以幫你。』他溫柔地說。

「『沒人可以幫我。』我低聲說。

「『為什麼?』他問。

「『我的問題是無法解決的。』

「他又說:『在我的國家,我們相信每一個問題都能豐富自己的人生。』

「『但我的問題不可能豐富我的人生。』我說。

「『我有位朋友,』他說,『他真是個了不起的人。大約十年前的某一天,他在街上騎著摩托車,一輛大貨車突然飛馳到他前面,他來不及煞車,為了不撞上去,當下唯一能做的就是滑到貨車底下。千鈞一髮之際,他真的連人帶車滑下去了,可是這時,摩托車的汽油蓋爆裂開來,他瞬間被火焰吞沒。

「三天之後,他在醫院中甦醒過來,全身百分之七十三被灼傷,臉部和手指都被燒得慘不忍睹,腰部以下全部癱瘓。但是,他具有一般人所缺乏的優點——不屈不撓。他的老婆因為不願和她所形容『被火融化的廢人』繼續共同生活,棄他而去。

「即便如此,他仍打算好好活下去。事實上,他現在是個百萬富翁呢!這位朋友的外貌令人不忍直視,下半身癱瘓,手指也沒了,只能靠輪椅行動。你很難想像他的痛苦,沒人相信他可以過正常生活,甚至擁有愛的關係。大家都說,他一定會生活在痛苦、怨恨和氣憤之中,因為自那次意外之後,他已經一無所有。

「但是,他們都錯了!他沒有痛苦、怨恨或氣憤,因為他知道,他的內在沒有變,還是同一個人。他仍然有夢想可以追隨。後來他成為一位很成功的商人,而且是身邊所有人的精神導師。還有,你一定不相信,他遇到了夢中的戀人,並和她結了婚!

「我看著中國老人,懷疑地問他:『真的有這麼一個人嗎?』他說:『相信我,是的!這個人對待生命的態度其實很簡單，他只是不想死罷了。』

「我後來又問老人，他的朋友是如何找到愛情的？中國老人真誠地說：『和別人一樣，他遵循了愛的十個祕密。』

「那是我第一次聽到有關愛的十個祕密，正如老人所言，它們為我們的生命帶來愛，而且是源源不絕的愛。」

「這聽起來實在太完美了，完美得不像是真的。」年輕人說。

「我起初也這麼想，可是我真的獲益匪淺。」威廉太太說，「我想它如果對我有用，應該也能幫助其他所有人。其中一個祕密對我的震撼最大，那就是『給予的力量』。」

「給予？」

「是的！它真是再簡單不過——你如果想得到愛，只要先付出愛就行了。而你給予愈多，得到的就愈多。」

年輕人掏出隨身攜帶的筆和記事本：「你可不可以說詳細一點，舉個例子吧！」

「好！如果你對人微笑，別人會怎樣？」

「回我微笑。」年輕人回答。

「如果你擁抱某人，那人通常也會擁抱你。一句問候、一份禮物、一通電話、一封信……等等，任何可以展現你關懷的形式，最終都會以不同的方式回應給你。」

「可是，並不是每個人都會這樣回應。」年輕人說。

「是的。不是每個人，但大部分人都會。愛就像迴力球，總會回到你這裡，也許不一定從你所付出的那個人身上回來，但它依然會回來，而且回來的，會比你付出的更多。可是你必須記得，愛不像物品、財產或金錢，送出去後，自己就匱乏了。正相反，愛是可以無限付出的，我們給別人愛，自己的愛卻不會因此減少。其實只有你不願意付出愛的時候，你的愛才會減少。」

「可是，嘗試去愛別人既浪費時間，又浪費精力。」年輕人說。

「為什麼？」威廉太太問道。

「因為有些人可惡極了，我真懷疑他們有沒有良心。」

「我問你，」威廉太太說，「如果你有一些種子，可以長出最美麗的花朵或樹木，你會把這些種子灑在哪裡？在美麗的森林裡？還是生機勃勃的綠色草原中？抑或空曠的土地上？」

「怎麼說呢？我不太懂你的意思。」年輕人說。

「我的意思是，什麼地方最需要這些種子？這些種子可以讓哪個地區擁有最與眾不同的風貌？」

「空曠的土地。」

「完全正確。如果這些種子就是愛，什麼地方最需要它們？是已經充滿愛的心靈？還是痛苦的心靈？或孤獨的人們？」

「喔！我明白你的意思了。」年輕人說，「可是這並不容易做到。」

「微笑不會比皺眉更困難；說一些友善或鼓勵的話，也不比批評來得費時。友愛待人，其實跟不友善或不關懷他人一樣容易。問題是，我們很多人都不願意先付出，我們只願意先得到，後付出。

「我們的愛總是有許多附加條件，我們會說：『如果你愛我，我就會愛你。』我們總是在等待別人踏出第一步，而這就是許多人很少體會到愛的原因——他們在等待別人先愛他們。這很荒謬，就好像一個音樂家說：『只有當人們開始跳舞時，我才願意演奏音樂。』

「真愛是無條件的，它不求回報。有一次我讀到一則美麗的故事：一個小女孩急需做骨髓移植手術，所幸弟弟的血型跟她的完全吻合。醫生跟小弟弟解釋說，他的姊姊如果不注入新的血液，就會死去，但不是任何一種血液都行，必須是他的。小弟弟毫不猶豫地答應幫助姊姊。被麻醉之前，小弟弟抬頭問醫生：『我死的時候會不會痛？』

「一個不到七歲的小男孩以為，要救活姊姊就必須付出所有的血液，以為自己會因此死去。而你所尋找的愛不至於像那小男孩對姊姊的愛一樣，那麼純粹而絕對。你不會因為付出愛而少了什麼。兩相比較，你的愛是無足輕重的。所以，何必害怕呢？」

「我知道。可是，愛自己的家人比較容易，不是嗎？」年輕人說。

「那可未必。有些人不但不愛他們的家人，而且還恨他們！」

年輕人點點頭。他想起了米莉．霍普金斯，那個從小被排斥、忽視的女人，長大後對家人絕望憤恨。

「我們都是上帝所創造的。」威廉太太繼續說，「我們骨肉相連、血液相同。我們都是同一個家庭裡的一員，我想，這就是愛的本質——從別人身上看到自我。

「所以，如果你想體驗源源不絕的愛，就應當無條件地、不求回報地付出愛，否則那就不是愛了。一份禮物如果不是自願地付出，那算禮物嗎？愛如果不是無條件地給予，就不是愛。體驗給予的歡愉和創造愛，最棒的方法就是付出無所求的慈愛。」

「那是什麼意思？」年輕人問。

「無所求的慈愛，就是沒有任何理由地自動給予，給予別人快樂。例如，在街上看到悲傷的人，就送他一束花，或是對別人的工作表現給予讚揚。無所求的慈愛就是，帶給別人驚喜或送他們微笑，以散播愛的種子。這樣的愛會跟隨別人一生一世。」

年輕人記下重點，他喜歡那句「實踐無所求的慈愛」。

「所以你認為，只要付出並實踐無所求的慈愛，自己就可以得到愛？」年輕人問。

「絕對是。這改變了我對自己的感覺。我以前一直覺得自己是個可憐的受害者，可是透過給予的力量，我發現自己雖有殘疾，還是可以為別人做許多事，而且還可以使別人的生活有所不同。

「你可曾毫無所求地為關心的人做些事情？」

年輕人點點頭說：「那當然！」他記得有一次，就在幾個星期之前，他看見一個母親吃力地推著嬰兒車上飛機的階梯。當時大家都在趕時間，紛紛從旁邊擠過去，沒有人伸手幫忙。於是他停下腳步，幫那女人把嬰兒車推上了階梯。

「感覺如何？你一定感覺很快樂吧。」

年輕人又點了點頭，當時他的確很開心，他因為幫助那女人而感覺活力充沛。

「這就是給予的力量。」威廉太太說，「不只讓你感受到愛，它還會助長愛的關係。這是永恆的事實。事實上，給予是兩人之間愛和快樂的火種。」

「為什麼？」年輕人問。

「在一段關係中，如果你只留意到自己能付出什麼，而不是得到什麼，你就可以維持這段關係。所有的關係都跟給予和獲得有關，這話你同意嗎？」

「我同意。」

「如果你希望得到的，比想付出的更多，你就必然會遇到問題。換言之，你只要想著自己可以拿什麼給伴侶，就錯不了。在承諾一段長久的關係前，大多數人只考慮到伴侶可以為自己做什麼，如果他們把問題倒過來，自問：『我可以為伴侶做些什麼？』他們就會專注於思考如何為這段關係奉獻自己，而不是簡單地思考自己可以從中獲得什麼。這種態度對愛的關係只會有益無害。」

年輕人思索著，他愈想愈覺得有道理。他一直以為，愛就是從別人身上得到東西。他從不曾感受到因付出而得到的愛，或許這就是過去那些關係出錯的關鍵；他只想從情人那兒得到什麼，沒想過自己可以為情人付出什麼。

「告訴你一件不可思議的事。五年前，我正在看一部電視紀錄片，是關於發生在墨西哥的一則藥物醜聞。即『撒利豆邁』在西方國家禁用二十五年之後，竟然還在當地被當做處方來使用。」

「真是不道德！」年輕人搖頭。

「我看到那麼多命運悲慘的畸形小孩，簡直不敢相信自己的眼睛。其中有一個七、八歲的小女孩，她跟我一樣，一出生就沒有雙腿，而且臉部畸形。她雖然已經學會如何應對，可是每天仍處於極度痛苦之中，人們幾乎看不到她的未來。

「她的家庭非常窮困，無法負擔一些基礎的醫療手術，譬如讓她能夠舒服地走路，或為她做最基本的臉部整形。她所穿戴的義肢非常簡陋，一點都不適合她，使她走起路來痛苦萬分，而且如果不先取下義肢，她根本無法坐下，也因為如此，校車司機還拒絕讓她上車！」

年輕人聽了，不可置信地搖搖頭。

「我知道那個地方有人需要我的幫助。記得我曾讀到過一句話：『愛是自己對別人的探索，愛是於眾人中找出那個人的快樂。』但直到那時，我才真正瞭解這句話的意義。我不只是單純地看見一個畸形殘廢的小女孩，還在她身上看到了自己，我們因為同樣的殘疾而緊密連結。那是我生平第一次想到，自己的苦難可能有些用處。

「接下來的那個月，為了幫小女孩買一副新的義肢，以及讓她接受物理治療，從而可以舒服地坐下，我舉辦了一項籌款活動。我也希望能幫助她接受臉部整形手術，於是又籌辦了花園宴會、抽籤義賣、跳蚤市場拍賣會，並四處籌措捐款。十八個月後，我籌募到一筆經費，還說服了一組外科醫師免費幫她做一些基本的整形手術。

「當她經過治療並裝上新的義肢之後，我飛過去看她。她一見到我，便飛奔過來，用手臂環抱著我，眼中飽含淚水，不斷地哭著對我說：『謝謝你！謝謝你！』我也哭了，那是我第一次體驗到如此豐盈的愛。在此之前，我從不曾流過這種喜悅的眼淚。

「那一刻，我終於理解中國老人曾經問過我的話：『你認為哪種殘疾比較嚴重呢？不能走還是不能說話？耳聾還是眼瞎？還是不能笑、不能哭、不能愛？』我完全釋然了，因為我知道，除了身體上的殘疾，我的內在還是跟別人一樣。那一天我也終於明白，當我們心中充滿愛的時候，生命竟然可以如此美好！

「一年後，我遇到一個溫和、仁慈、美好的男人。他是我加入的一個社區社團的義工，我們很快就成了親密的朋友。幾個月後，我夢想中的事竟然奇蹟般地發生了……他邀我參加一個舞會。

「又過了一年之後，我們結婚了，而且有了兩個漂亮的小孩。所以，中國老人是對的！每個難題都會為你帶來意想不到的禮物，並因此豐富你的人生。一旦你可以付出自我，一旦你願意奉獻，你就有能力找到愛。」

那天晚上，年輕人把他和威廉太太見面時所做的筆記重新閱讀一遍：

給予的力量

◎如果你希望得到愛，就先付出愛；你給予愈多，得到愈多。

◎愛就是貢獻自我，自願而無條件。

◎付出無所求的慈愛。

◎在承諾一段關係之前，先問自己能給對方什麼，不要只問對方能給你什麼。

◎快樂、長壽的祕方就是，永遠專注於你能給予什麼，而非能得到什麼。

祕密4 友誼的力量

名單上的第四個人，叫做威廉．巴赫曼，是位自由撰稿者，文章經常見諸報刊，還出過一本暢銷書《朋友和情人》；他身材高瘦，臉部線條分明、有稜有角，迎接年輕人時，雙眼閃耀出喜悅的光芒。

「這愛的祕密啊，完全改變了我的生命。」巴赫曼先生和藹地說道，「我用了十多年時間去尋找一種特殊的關係，也就是找一個特殊的人和我分享人生，卻遍尋不著。有時我甚至想，這件事不可能會發生在我身上。然而，學會愛的祕密後，我在一年內就找到了夢中情人，而且和家人及所有朋友間的關係也都改變了。」

「改變成怎樣了呢？」年輕人迫不及待地問。

「嗯，那些關係似乎變得……更親密、更牢固。」

年輕人半信半疑地問：「那些祕密的衝擊力真有這麼強烈嗎？」

巴赫曼先生微笑著，口氣卻堅定：「沒錯！我知道這聽起來太過完美，可是一旦去嘗試，你就可以親身證實！這些祕密在各個層面上對我都很有幫助，但是，其中有一個是我特別需要學習的，那就是『友誼的力量』。」

「友誼的力量?」年輕人反覆玩味著,「你可不可以解釋得更明確一點?」

「好。從前我一直認為愛只是兩個人之間的羅曼史,也的確是。但愛其實還有更多內涵,應該包括關懷,以及當別人需要你的時候,你會在他身邊。所以,愛不只是愛情故事,更包括友誼。」

年輕人掏出筆記本,開始埋頭記錄。巴赫曼先生繼續說:「就像其他人一樣,我無時無刻不想找個人來愛。我去單身酒吧、舞廳和夜間俱樂部,和許多不同的女人相遇、約會,但就是沒碰到合適的那個人。於是,我開始懷疑自己根本不會遇到。

「那天晚上,我正獨自坐在市中心的一家酒吧裡,不知什麼時候,中國老人已經坐在我旁邊了。他舉起酒杯對我說:『嗨!你好!』我也舉杯回應,我們就這樣聊了起來。

「他問我:『結婚了沒有?』我說:『沒有。』他又問:『女朋友呢?』我還是說:『沒有。』他繼續問:『為什麼呢?』我說:『因為還沒碰到適合的人。』然後,他說了一些令人深思的話。他說:『也許,你來錯地方了!』」

「來錯地方?」年輕人問,「那地方有什麼不對嗎?」

「我當時也是這麼想的。」巴赫曼先生說,「我說酒吧和夜間俱樂部這些地方都有很多異性,怎麼會來錯了呢?他驚訝地睜大眼睛瞪著我,然後哈哈大笑起來。我問這有什麼好笑的,他回問我:『你有在酒吧或俱樂部裡找到過約會對象嗎?』

「我回答說:『有啊!有一些。』可是當他再深入問下去,我不得不承認,那些約會最多只持續了幾個星期。」

「到酒吧或俱樂部尋找愛人,有什麼不對呢?」年輕人問道。

「沒什麼不對啊!」巴赫曼先生說,「有時你會很幸運。可是就如同中國老人告訴我的,如果你要尋找一段持久的關係或真情真愛,就不應該去酒吧那樣燈光昏暗、煙霧彌漫又嘈雜的小空間裡。在那些地方得用大吼大叫的方式對話，真不是個邂逅的好地方。」

「那什麼地方才是最好的？」年輕人問，因為他也經常滿懷希望地到酒吧或俱樂部找女朋友。

「得依人而定。」

「此話怎講？」

「中國老人曾告訴我：『如果希望找到真愛，你必須先找到真的友誼。』聽起來很簡單吧！可我從來都沒這麼想過。我們總是以為，愛最基本的要求就是在肉體上具有強烈的吸引力。但其實，是否具備這種吸引力在愛的關係中並不重要。如果我們要的是豐盈的、可以維持終生的愛，就必須超越人的表相。

「真愛根植於友誼，而非肉體的吸引力。如同法國作家安東尼・聖艾斯培利所說：『愛，不是由彼此的凝視所組成，而是兩個人一起向外，往同一個方向看。』《聖經》上也說：『兩個人除非信念相同，否則無法共同旅行。』分享共同的目標和興趣，是很共通的想法。成熟的尊重和彼此欣賞，是持久的愛的基礎。」

「這點真的這麼重要嗎？」年輕人從記事本上抬起頭問道。

「這是無庸置疑的！在一所美國大學裡，有幾位社會學家已經舉證出友情對愛的關係的重要性。他們對上百對婚齡超過五十年，至今還快樂無比的夫妻做了一項調查，想找出他們婚姻如此成功的因素。調查結果顯示了一個壓倒性的事實——真愛根植於友誼，每個人都說伴侶是自己最好的朋友。他們有共同的信仰、共同的興趣、共同的目標，以及共同的人生方向。其他如外型的美醜，以及物質、財產等，以長期的眼光來看，都無關緊要。友誼，是終生維持愛的關係的重要因素。

「我寫《朋友和情人》這本書，就是受到這個的激勵。許多人仍抱有錯誤的觀念，以為愛源自於肉體的吸引力。這種想法太短視了，肉體的吸引力終將隨著時光流逝而消失得無影無蹤。

「相反的，友誼是愛的磐石，每天都會加深我們對彼此的尊重。再美麗的女人也可能會說謊、欺騙，再有魅力的男人也可能會打罵女朋友。那些外表的東西不能帶來希望，只會導致痛苦。

「所以，不要讓你珍惜的關係根植在這些東西上面，最好還是找一個可以跟你分享生命、價值和目標的伴侶。」

年輕人點點頭，認為這個說法很有道理。自從跟普契亞博士見過面後，他就寫下自己對理想中的伴侶形象的一些要求，其中一項就是，必須能夠分享他對戶外生活的喜愛。

「我明白了。」年輕人說，「但我們是不是要先找到那個朋友？」

「沒錯。」巴赫曼先生回答，「要交到朋友，你首先要表現出自己的友善；而想交到特別的朋友，你得非常友善地和對方分享你的興趣與信仰。」

「這恐怕不易做到吧？」年輕人說。

「為什麼呢？你有什麼嗜好？你喜歡從事什麼活動？」

「嗯……我喜歡週末出去散步、衝浪，還喜歡聽歌劇。」

「那麼，你認為什麼地方比較可能交到這樣的朋友？是煙霧彌漫的酒吧？還是戶外俱樂部、衝浪團體或社區歌劇學會呢？」

「我明白你的意思了。」年輕人回答，「可是，如果沒有什麼嗜好或興趣呢？」

「得去找啊！每個人多多少少都有些嗜好，可能是一種運動，譬如足球、網球、游泳或騎單車；或是社交類活動，譬如跳舞、戲劇；甚至可能是政治性活動，都可以。當我們找到一種感興趣的活動，就比較容易找到可以分享的人，因為彼此有著共同的志趣。如果沒有任何共同志趣，你就很難與他們維持親密的關係。」

「這看似挺簡單啊！」

「是很簡單！可是我們經常忽視這一點。人們常常花太多精力找尋伴侶，但如果換個方式，彼此先建立友誼，你會發現，愛的關係也隨之出現了。」

「可是，你跟某人是朋友，並不表示你就認為對方有吸引力，可以發展愛的關係。」年輕人說。

「的確如此。可是，如果你們連朋友都不是，彼此的關係就很難持續了。」

「那可以用時間來解決啊！當兩人墜入情網，或即使最初只是肉體上互相吸引，也可以慢慢發展成為朋友，不是嗎？」

「這種情況當然也有可能，而且還很常見。」巴赫曼先生坦言，「但是你必須明白一個本質上的關鍵，那就是，在一生的愛情中，友誼是不可或缺的因素，因為這是愛情最重要的一部分。如果你不確定某人是不是最適合你的終身伴侶，可以問自己一個問題：『她是不是我最好的朋友？』如果答案為否，你必須在對她承諾愛的關係前，非常慎重地考慮：我真的要跟她共度餘生嗎？」

年輕人寫下重點，抬頭問道：「如果已經做出承諾了呢？這時再開始考慮友情的力量，會不會為時已晚？」

「一點也不晚。」巴赫曼先生答道，「友誼的力量可以拯救瀕臨破碎的關係，彼此可以再次成為朋友，並重建關係。友誼是可以建立的，兩人只需找出共同志趣，一起體驗，並彼此分享。永恆不變的真理就是，當友誼變得牢固，愛也成長了。」

年輕人準備離開之前，說道：「我還有最後一個問題，你遇到你的夢中情人了嗎？」

巴赫曼先生笑了，「當然！」他說，「我還娶了她。我是在一個戶外俱樂部裡認識瑞秋的，一開始，她的外表並不怎麼特別吸引我，而她也不怎麼留意我，直到我們比較瞭解對方之後，事情才有了轉機。我們覺得兩人共處很舒服，她是第一個我能向她傾訴某些個人隱私的人。我們發現，彼此可以分享許多話題，信仰接近，靈魂相通。漸漸地，我們成為很親密的朋友。直到有一天，我才突然發現，自己已經愛上她，並希望跟她一起分享人生。」

當天回家之後，年輕人重新閱讀了今天所做的筆記。他謹記著自己和巴赫曼先生的談話要點：

友誼的力量

◎要找到真愛，你必須先找到真友誼。
◎愛，不是由彼此的凝視所組成，而是兩個人一起向外，往同一個方向看。
◎真正愛一個人，是愛他（她）本身，而非他（她）的長相。
◎友誼是愛情種子成長的土壤。
◎如果你想建立愛的關係，必須先建立友誼。

祕密5 接觸的力量

第二天早晨，年輕人前往市立醫院，會見名單上的第五個人：彼得．楊先生。他是這家醫院的外科主治醫師。

楊醫師是個高大英俊的黑人，有著黝黑的短髮和暗褐色的眼珠。當年輕人踏進他的辦公室時，坐在桌後的他站了起來，伸手相迎。「嗨！真高興見到你。」楊醫師緊緊握著年輕人的手說道。

「你好！」年輕人說，「謝謝你抽空見我。」

「喔！那是我的榮幸。」楊醫師請年輕人坐下，並問道：「你想喝點什麼嗎？」

年輕人想了想說：「有茶嗎？」

「馬上來。」楊醫師邊說邊走向門口，開門請祕書幫忙送茶進來。

「你可以告訴我，」楊醫師說，「你是什麼時候遇見中國老人的？怎麼認識的呢？」

年輕人說了在朋友的婚禮上與中國老人相遇的情形，楊醫師像是在傾聽病人訴苦般，耐心地聽著。祕書此時送茶進來，楊醫師倒了一杯遞給年輕人，說道：「我遇見中國老人是十五年前的事了，當時我剛通過外科醫師的資格檢定，所以對這一行很瞭解——至少我當時這麼認為。我認為自己的工作就是剖開病人的身體，治療有問題的部分，然後再縫合起來。這些工作我做得很好，可是，我從不曾坐在病人的床邊。」

「為什麼？」年輕人問。

「我覺得坐下來跟病人談話是浪費時間，而且認為那是護士的工作。甚至連實習醫生花太多時間跟病人閒聊時，我也會責備他們。這聽起來很荒謬，可是過去我總被教導著，優秀的外科醫師是藉由雙手來展現技能。中國老人花了頗長一段時間才讓我瞭解到：一名優秀外科醫師的技能並非展現在他的手上，而是展現在他的內心。」

年輕人非常專注地聽著。楊醫師繼續說：「有一天，我正在做晨間巡房，一切如常，直到我走進一間病房，看到一個年老的看護坐在病人床邊，握著病人的手。

「『你現在不是應該做自己的工作嗎？』我對老看護說道。老看護緩緩地轉過頭來，用那雙深褐色的眼睛望著我，說：『是的，可是當你不做自己的工作時，必須有人幫你做。』

「我一聽這話，就失去了耐心，說：『你給我聽著……』我還沒講完，他就舉手阻止我繼續說下去：『請你先別開口，這位女士需要幫助。』

「我當場被激怒了，心想，這老看護竟然敢這樣跟我說話。因為那名病人的腦袋裡有一顆惡性腫瘤，已進入癌症末期，於是我說：『她已經要……』不等我說完，老人又舉手打斷我的話：『現在別說，拜託！』

「於是我走出病房，準備等他出來再說。過了一會兒，老人走出來，直視著我的眼睛，說：『她會活下去的，醫師。』

「我說：『什麼？她會活下去？她得的是惡性腦瘤。』

「他問我：『你曾看過你認為沒救了的病人，後來卻奇蹟般復原的嗎？』

「『當然有！可是……』我回答。

「『你認為是什麼使他們復原？』

「『我認為這不重要，他們是反常的。』

「『不！醫師，他們是奇蹟。』他說，『而是什麼讓奇蹟發生的？愛！愛是全宇宙最有效的藥方，比任何藥物都有效。沒有了愛，外科醫師不過是技工，不是醫生。』

「然後他交給我一張紙條，說：『你如果想學習如何做個醫生，必須去見這些人。』

「我低頭看著紙條，上面只有十個人名和他們的電話號碼。再抬起頭時，中國老人早就不見蹤影了。我對老人說的話感到震怒，便直接走進員工辦公室，想找他出來教訓一頓。可是我們部門的員工名錄裡並沒有中國老人。最初我想，這名錄一定有問題，因為電腦有時會出錯，於是又查了其他部門的員工資料，可是也沒有任何相關紀錄，所以我就沒再追究，直到第二天……」

「發生了什麼事？」年輕人問。

「看護小姐通知我馬上到那名女病患的病房。那個長了惡性腦瘤的女人竟然坐了起來，也恢復了食欲，還告訴我說她感覺好多了。我簡直不敢相信自己的眼睛，因為這病人已經被暈眩和噁心折磨了好幾個月，兩天前還接受過腦部手術。她感謝我為她做了一次成功的手術。真是不可思議！一個奇蹟發生了！我無法想像中國老人到底對她做了什麼，但我知道，他一定做了什麼事。為了進一步瞭解這個中國老人，我想，唯一的辦法就是聯繫紙條上的十個人。

「當然，那十個人都見過中國老人，他們都跟我談到了『愛的祕密』。這些祕密我聞所未聞，當然不太相信。可是我又很好奇，想知道中國老人到底如何幫助了我的病人。我從來沒想過愛和健康、治療有什麼關係，畢竟，我們在醫學院裡完全沒有學過這些東西。然而，它們的確是有關聯的。中國老人完全正確，愛具有最強的藥效。」

「是嗎？」

「是的，而且已經有研究可以證明。例如，那些享有快樂、愛的關係的人，罹患重病的機率比其他人少百分之十。臨床上也證實，藥物在擁有愛的病人身上，能夠發揮更快、更成功的療效。」

「真難以相信。」年輕人說。

「可不是嗎！」楊醫師說，「尤其對我們專業醫師來說，這項研究更是意義重大。而且，學會那些愛的祕密之後，我漸漸注意到，自己的生活改變了。」

「在哪一方面？」年輕人問。

「各方面。我和家人及朋友的關係改善了，我和女朋友的感情也融洽多了。不過，最大的改變在於工作。我開始把病人當成一個人看待，不再只是病歷號碼。我要特別強調的是，在醫學領域中，有一個愛的祕密是最特別的，那就是『接觸的力量』。」

「接觸跟愛有什麼關係？」年輕人問道。

「接觸的力量實在驚人！可以增進人們的溝通，打破人與人之間的藩籬，這是其他力量無法做到的。接觸是產生奇蹟的動力。不久前，研究學者在倫敦一所教學醫院做了一項有趣的實驗：主治醫師通常會在為病人動手術的前一天晚上，去病房探訪病人，回答病人的任何疑問，並解釋手術中常見的問題。這實驗的特殊之處就在於，當醫師在跟病人談話時，會握著病人的手。實驗結果顯示，這些病人康復的平均速度，竟然比其他病人快三倍。

「當我們以關懷的態度接觸某人時，彼此在生理上都會產生變化：壓力激素降低了、緊張的神經舒緩了、免疫能力增強了，甚至還會影響我們的情緒。學習到這些之後，我向醫院的看護人員發起一項『接觸』計畫。我鼓勵所有的看護去接觸、擁抱病人，或握著病人的手。這計畫實施得非常成功。

「我記得有一位病人，是一個年輕的男孩，他因為腦性麻痺而必須躺坐在輪椅上。我們見面時，我蹲下來擁抱他，突然，他緊緊抓著我的手，試圖開口說話，雙眼則滿含淚水。護士說，這是他三年來第一次對別人有反應。」

「真是太棒了！」年輕人說道。

楊醫師笑著說：「醫院的精神科對接觸的力量感到很好奇，幾年後，他們就在高速公路上做了另外一項實驗。他們請一位女士站在電話亭旁邊，請求每個經過的人讓她搭便車，結果，很少有人願意讓她上車。然後，同樣是這位女士，當她在請求搭便車時，嘗試碰觸對方的手臂。結果，大多數路過的車輛駕駛，不論男女，都樂意讓她搭便車。

「由此可見，我們透過碰觸、擁抱和握手，可以強烈地接收或傳遞愛的感覺；愛可以改變我們的生理狀況、精神面貌乃至情感。所以，接觸對愛而言，實在太重要了。」

年輕人點頭表示同意，他想起自己和家人、朋友都很少做身體上的接觸，很少擁抱，也很少互相碰觸。他會在他媽媽的臉頰輕吻一下，和父親則只是握握手。但是，這些舉動往往沒有真實而溫暖的情感在其中。

「碰觸或擁抱都不太容易。」年輕人轉頭看著楊醫師。

「怎麼會？」楊醫師答道，「你只需要張開手臂，每個人都可以做到啊！」

「是的。然而，雖然你只是想打破藩籬，拉近彼此的距離，但是你不知道對方會怎麼反應，有些人可能會拒絕，有些人甚至會產生敵意。」

「你不過是希望有更多能促使你去做的理由罷了。記住，愛需要勇氣！你必須主動去做，哪怕可能被拒或感到痛苦。但大多數時候你會成功的，人們會向你張開歡迎的手臂。如果我們總是等待別人先行動，恐怕要等到天荒地老。

「向他人張開雙臂的時候，你會發現張開的不只是手臂，你的心也同時張開了。接著，你就可以體驗到愛的魅力與真諦，而這些都來自接觸的力量。」

晚上，年輕人又讀了一次當天做的筆記：

接觸的力量

◎接觸是愛最有力的表現，可以打破人與人之間的藩籬，使人們緊密連結。

◎接觸可以治癒病痛，溫暖心房。

◎張開雙臂的同時，你也張開了心房。

祕密6 捨棄的力量

兩天之後的一個午後，年輕人坐在市中心的一間小咖啡館裡，對面坐著的女士是名單上的第六個人，名叫茱蒂斯·倫萩。

倫萩太太，三十出頭，結了婚，有兩個小孩。她可說是標準的古典美人：身材修長，面貌姣好，紅褐色的眼眸閃亮亮；鼻子嬌小挺立，有著毫無保留的親切微笑。

「我第一次聽到關於愛的祕密，是在大約十一年前。」她對年輕人說，「當時我和男友剛分手，正處於痛苦之中。我一蹶不振，失眠、食欲不佳、無心工作、日漸消瘦……這樣過了整整一個月，我發現自己還是不能接受分手的事實，我根本不相信這段感情真的結束了。

「有一天，我獨自坐在教堂廣場的木頭椅子上。後來，一位中國老人坐在我旁邊。他從外套口袋掏出一個小紙袋，用袋子裡的麵包餵鴿子。鴿子成群地圍著他，啄食他剩下的麵包屑。沒多久，他身邊竟聚集了上百隻鴿子。接著，他轉過身來，微笑著跟我打招呼，並問我喜不喜歡鴿子。我聳聳肩說：『不特別喜歡。』

「『可是我覺得妳喜歡。』他笑著說，『小時候，我們村裡有個養鴿子的人，他對自己所飼養的鴿子非常引以為傲，還常常對朋友說他有多愛鴿子。可是有一天，當他向我們這些孩子展示他的鴿子時，我開始感到疑惑：如果他真的愛這些鳥兒，為什麼要把牠們養在籠子裡，讓牠們無法展翅飛翔？對於我的疑問，他回答說：『如果不關進籠子，牠們就會飛走。』可是我還是不明白，如果真的愛牠們，為什麼要限制牠們的自由呢？在我的國家有一個說法：『如果你愛一樣東西，就讓它自由！如果它會回到你身邊，它就是你的，否則就不是。』」

年輕人又拿出筆記本，一邊聽，一邊記。

倫萩太太繼續說道：「我當時就有一種很奇怪的感覺，覺得他說的故事隱含了某種特別的訊息。我不知道自己為什麼會這樣覺得，因為他不可能知道我的困境。可是，他所說的，和我的情況如此接近；我一直試著強迫男友回到我身邊，我總是認為，只要他留下來，什麼問題都可以慢慢解決。現在回想起來，我當時其實只是不想孤單一人。可那不是愛，對吧？那只是害怕寂寞。

「老人說完，緩緩轉身繼續餵鴿子。我想著他剛才的那番話，沉思了幾分鐘，然後說道：『有時候很難放手讓自己愛的人離開。』他點點頭說：『可是，如果不讓他自由，表示你並不是真的愛他。』我們聊了很久，他提到了『愛的祕密』。那對我來說實在太不可思議了，以前我總認為愛由天定。

「我不相信愛或愛的關係是我們所能掌控的。後來我才明白，命運不是上天註定的，而是被我們的思想、選擇和我們的行為所支配。

「例如，我總是認為，只要找到了愛的關係，我就能夠體驗到愛的歡愉。可是倒過來想，我們是不是在體驗到愛的歡愉時，也創造了愛的關係？老人離開之前給了我一張小紙條……」

「上面寫了十個人名和電話號碼？」年輕人搶著說。

倫萩太太笑著說：「是的！在和這些人接觸的過程中，我愈來愈瞭解愛的祕密。最令人驚訝的是，它們真的有用呢！」

「在哪方面有用？」年輕人問道。

「在明白我們可以改變命運的這部分，我受益最多。我瞭解到，自己是掌控者，而非受害者。那些祕密或多或少對我都有助益，可是對於當時的我來說，其中一項最有效用，那就是『捨棄的力量』。

「愛是不能勉強的。我們必須讓愛的人自由，必須讓他們自由抉擇、自由生活，而不是由我們來決定他們的生活方式。否則，我們就與那個養鴿子的人無異。

「放手讓你愛的人離開並不容易，但那是唯一方法。如果不捨得，就會一輩子生活在痛苦、氣憤和沮喪之中。但是請注意，我們必須在關係仍持續時，就學會放手。」

「這是什麼意思？」年輕人問道，「如果你正處於這段關係之中，幹嘛要讓對方走呢？」

「因為我們都需要空間，人在一段關係中也是需要自由的，否則很快就會感到被束縛。如果愛一個人，就得尊重對方的希望和需求。如果緊巴著某人不放，你很可能使他窒息，而這種感情通常是妒忌、不安全或害怕，不是愛。」

「所以，放手的意思就是讓對方自由？」年輕人說。

「是的。不過，放手的意義還要再深入一點。我們應該學會捨棄，否則這可能會成為愛的障礙。」

「譬如？」

「譬如，我們必須學會捨棄對別人的偏見和價值判斷。」

「嗯……我不太明白。」年輕人從筆記本上抬起頭來。

「我再解釋詳細一點。如果說我們對某個人或某一類人有偏見，這偏見不可避免地會影響我們對他們的態度。如果堅持這種偏見，我們怎麼可能友善地對待他們？偏見就是，在真正瞭解一個人之前就對他們做出評斷。大部分偏見都不正確，把某些人分門別類是很可怕的。你想過人們有哪些偏見嗎？」

年輕人搖搖頭問：「哪些？」

「譬如『黑人都是罪犯』、『愛爾蘭人都是笨蛋』、『女人都是爛駕駛』、『猶太人都是吝嗇鬼』或『所有非猶太人都反猶太』……全屬胡說八道，還阻礙了我們去愛。

「此外，還必須捨棄『自我』。很少人意識到，人們的自我是愛的最大障礙物。」

「怎麼說呢？」年輕人問。

「你知道有多少人會為了一點芝麻小事爭論不休？即使爭辯的話題微不足道，他們還是會辯個面紅耳赤。甚至到最後，連自己都忘了是怎麼吵起來的！為了證明自己的觀點是對的，有人甚至不惜毀滅彼此的關係。」

「可是有時候，你得指正別人。」年輕人說，「如果他們的某些看法不正確，你應該向他們指出來，不是嗎？」

「我不一定會這麼做。」倫萩太太答道，「尤其是，如果對錯並不那麼重要的話題，為什麼要浪費時間辯論不休呢？證明自己是對的，別人是錯的，有什麼特別意義嗎？應該捫心自問的是：『別人的看法對我真的那麼重要嗎？』，以及『為了證明自己的看法而破壞彼此的關係，值得嗎？』。如果答案都是否定的，為什麼還要不厭其煩地爭辯呢？」

這道理挺簡單，年輕人當然理解。然而，因為他常常為了一些不重要的話題而跟朋友辯論不休，一想到此，他不禁有些心虛。

「有人說，」倫萩太太繼續說道，「生活中，有時候你得在『愛』和『對』之間做個選擇，或者贏得辯論，或者贏得愛。如果愛是你的優先選擇，何苦把時間浪費在證明『人錯我對』這樣一件無意義的事上？這時，就需要取捨了。

「記住，如果想得到愛，就必須排除任何愛的障礙物，『自我』只是其中之一。我們需要捨棄的，還有生氣、憤怒，以及怨恨。」

「但是，如何做到不生氣、不怨恨呢？」年輕人問。

「兩個字：寬恕。要體驗愛，必須先學會寬恕。」

「可是，不是有句話說『以眼還眼，以牙還牙』嗎？」

「如果冤冤相報，這世界上不是會有很多『瞎子』和『無齒』的人嗎？怨恨毀滅心靈，寬恕則讓愛的靈魂自由。世上沒有完美的人，學習寬恕的過程卻可以使我們擁有完美的人際關係。每個人都會犯錯，如果期待別人寬恕我們，我們當然也必須寬恕別人。人性本善，即使是最兇惡的罪犯，他的人生同樣也是從純潔的嬰孩時代開始的。試想，你如果也有那樣的成長經歷與背景，能保證自己不比那罪犯更惡劣嗎？」

「當然，捨棄是愛的十個祕密之一，而這十個祕密是同等重要的。可是，你不建議人們壓制憤恨和恐懼嗎？」年輕人說。

「不，」倫萩太太說，「生氣、憤怒和怨恨等情緒本身，就是與生俱來的。我的意思是，如果期待愛的經歷，我們必須捨棄這些負面的情緒。如果時刻緊抓著它們不放，等於是把自己關入情緒的囚籠，這會阻礙我們去愛。

「這些年來，捨棄的力量不只幫助我從情感創傷中復原，還使我在後來遇到許多困苦時，可以迅速重拾信心。我還記得罹患癌症的父親在醫院去世的那一天，是我這一生最痛苦的日子。我父親處於極度痛楚之中，我不願意他死去，卻也不希望他繼續受苦。那一刻我恍然明白，愛，有時候指的是捨棄，所以，我放走了父親，因為我愛他。」

那天稍晚，年輕人坐在房裡，再次閱讀當天的筆記：

捨棄的力量

◎如果你愛某樣東西，就讓它自由。如果它回到你身邊，它就是你的，否則，它就不是你的。
◎即使是在一個穩定的愛的關係中，人們也需要自己的空間。
◎我們如果要學會去愛，得先學會寬恕，並捨棄所有曾經受過的傷害和委屈。
◎愛，就是捨棄自身的恐懼、偏見、自我和憤恨。
◎今天，我要捨棄所有的恐懼，過去對我已經沒有任何影響。今天就是我新生命的開始！

回憶如潮水般湧向年輕人：父母在他六歲時就分開了，而個人感情的部分，多年來也是失意的時候居多。年輕人突然間明白了，遇到中國老人之前，自己有一種矛盾的情緒，既害怕孤獨一人，又對承諾一段關係充滿恐懼。他明白自己不能再這樣下去了，不能再拖著過去的痛苦活在今天。應該捨棄這些痛苦和恐懼，他決定要重新過好每一天。

可是怎麼做呢？年輕人回頭看看和普契亞博士見面的筆記，終於找到一個方法可以撫平過去那些負面的潛意識，那就是「鄭重的宣言」！突然間，彷彿奇蹟一般，一句「鄭重的宣言」閃過他的腦海：「今天，我要捨棄所有的恐懼，過去對我已經沒有任何影響。今天就是我新生命的開始！」

年輕人把這則「鄭重的宣言」寫在筆記後面，就在他和倫萩太太談話的筆記之後。

祕密7 溝通的力量

「多數人最大的問題不是不能愛，而是不會表達、溝通他們的愛。我們如果希望擁有愛的經歷，希望創造愛的關係，就必須跟他人溝通彼此的感覺。這也是我的大問題，所以，對我來說，愛的祕密中最重要的，就是『溝通的力量』。」

這天中午，年輕人和克里斯．培瑪先生坐在街邊的一張長條椅上，緊靠著一家專門為計程車司機提供三明治的店鋪。培瑪先生是名單上的第七個人，一位職業計程車司機，有著削瘦的五短身材、銀灰色的頭髮和淡藍色的眼睛，看起來有五十歲了。

「有趣的是，我竟然沒有意識到這個問題，直到遇見了中國老人。」培瑪先生說，「那天晚上，他向我招手時，我已經準備回家。他問我能不能載他去火車站，因為他要趕搭十一點二十分的火車去約克。雖然車站跟我家不同方向，我還是答應了。我們在車上閒聊——新聞、天氣、球賽……等等。可是，當我們無意中談到有關人際關係和愛的主題時，我告訴他，別跟我談愛。因為當時我跟老婆的關係正遇到瓶頸，所以我不要再想這種事了。隨後，他說了一些話，令我印象深刻。

「他說：『讓人類苦惱的最嚴重病症之一，就是沒有能力溝通。』我不懂，就請他再解釋清楚一點。他說：『有一個人已經不記得上一次跟太太說「我愛你」是什麼時候的事了，也不記得上一次跟太太說「謝謝」是在多久以前了。這人雖然想當好丈夫，可是他連跟老婆說愛的勇氣都提不起來。你能想像嗎？他竟然沒有勇氣說！』

「我當然可以想像啊！因為我的情況就跟那個人一模一樣。所以我就說：『可是，我敢肯定他老婆一定知道他愛她。』

「老人說：『她可能知道，也可能不知道，或許她每次都需要被提醒。你很難相信，親耳聽見別人跟你說「謝謝」或「我愛你」，會讓情況發生多大的變化。這是自然而然的，我們都需要真實地感覺到被感謝。』

「我說，我從來沒這麼想過。中國老人看著我繼續說：『這是愛的祕密之一——溝通的力量。』

「我希望老人再詳細解釋一下，可是車站已經到了。老人下車之後，轉過身對我說：『謝謝你載我這一程！你真是個敬業的司機，能坐到你的車真好。』

「我愣住了。開計程車這麼多年，從來沒有哪個乘客像他這樣真誠地感謝過我、恭維過我。他一邊遞上車費，一邊說：『再次謝謝你！』我一數，發現他付了雙倍的車錢。我大叫說你給太多車費了，他微笑著回頭說：『我沒有。』然後轉身就離開了。

「我再看看手上的鈔票，發現裡面附了一張小紙條，上面寫著『愛的祕密』，還有一串人名和電話號碼。我跳下車，追了過去，心想這張紙條也許對老人很重要。我跑進車站，直接跑向服務台，詢問十一點二十分開往約克的那班火車該在哪個月台上車，希望能追上那位老人。車站服務人員查了一下時刻表，說我一定搞錯了，沒有十一點二十分開往約克的班次！他說：『其實，下一班開往約克的火車要到明天早上才有。』

「第二天，我打電話給名單上的那些人，意外地發現，他們不但對中國老人印象深刻，而且都知道老人提到的『愛的祕密』。接下來的幾個星期裡，我分別和那些人相約見了面，也學到了更多關於愛的祕密。當時我很懷疑，也很好奇，可是那些祕密竟然真的對我也有效呢！它們真的改變了我，尤其是『溝通的力量』。

「你知道嗎，當我們與其他人的關係出現問題時，如果想一想問題的根源，通常會想到同一個答案——我們無法溝通。我們很少向對方傾訴自己的感受，也絕少仔細傾聽對方究竟要說什麼。很多人甚至在餐桌上不愛講話，反而是坐在電視機前吃東西時會說說話。如果這種情形一直持續下去，我們就等於杜絕了真正的溝通，也杜絕了愛。」

年輕人開始記筆記。

培瑪先生繼續說：「我們如果要學會愛，就得先學會溝通。這也是我以前很不擅長的，我總是把問題留在自己心裡，很少與別人分享感受。遇到中國老人之後，我決定告訴太太我愛她。我早就想不起來，上一次對她說出這三個字是什麼時候。我試了好幾次，可就是說不出口。最後，我做了一個深呼吸，迅速吐出了那三個字。太太很驚訝地看著我，她被嚇到了，帶著一臉不敢相信的表情問我剛剛說什麼？於是我又說了一次『我愛你』，這次容易多了。她的雙眼突然湧出淚水，她抱著我說：『我也愛你！親愛的！』

「這種感覺真好！雖然那時已經很晚了，但我還是決定打電話給住校的兒子，告訴他我愛他。自他長大以後，我就再也沒有跟他說過這三個字了。我在電話裡說：『賽門，我打電話只是想告訴你，我愛你，我想現在應該讓你知道。』電話那端安靜了一會兒，然後我兒子說：『爸，你喝酒了嗎？你知道我這裡幾點了嗎？』我忘了他那邊的時間比我這裡快兩個小時。我說：『對不起，把你吵醒了，兒子！我是很認真的，只想讓你知道我愛你。』我兒子說：『我知道啊，老爸！不過聽你這麼說我還是滿開心的。喔，順便告訴你，我也愛你！現在我可以去睡覺了嗎？』

「有些人會覺得光憑『我愛你』這句話能改變什麼，這太可笑了。可見他們顯然沒試過。」

年輕人深吸一口氣，他就是這種人，面對母親時，他都說不出這三個字，更別說對朋友了。

「我們如果不會表達、溝通我們的情感，」培瑪先生繼續說，「就無法接受或付出愛。我愈來愈覺得溝通很重要。仔細回想過去，我發現自己不僅從不曾對別人說過我愛他們，也很少恭維對方，或告訴對方我有多麼感謝他們。我太太幫我洗衣服、燙衣服，超過二十年了，我也從來沒有謝謝她。

「後來，發生了一件奇妙的事：當我開始跟太太，以及身邊的其他人分享感受，說出我對他們的關心與感激後，他們對我的態度也改變了。他們也開始告訴我，他們非常愛我，非常珍惜我。而且，當我真誠地敞開心胸與別人溝通，我跟其他人在各方面的關係也都得到了改善。」

「你先前說到，你從不曾與人分享感受，只把感受埋藏在自己心裡，」年輕人說，「這點很重要嗎？」

「是的，謝謝你提醒我。愛，表示分享和溝通。但是，這不只局限於分享你對某人的感覺，還包括你的希望、恐懼和難題。如果你把所有的想法都鎖在心裡，自己不但會變得心胸狹窄和沮喪，親近的朋友也無法適時地給予你幫助、同情或支持。」

年輕人想起中國老人說過的話：「每一個問題都會帶來一份禮物，豐盈你的人生。」威廉太太也說過同樣的話。或許，這的確是真的。

「我認為這點毋庸置疑。」培瑪先生繼續說，「人們如果要體驗愛，或增進彼此的關係，就必須先學會溝通。人們只有透過感激才能體驗到愛。我最重要的發現是，愛不是固定不變的東西。人們常以為，如果你愛某人，一切就塵埃落定，從此就會幸福快樂地過下去。事實卻是，愛就像一株植物，需要我們精心培育；植物如果不成長，不開花結果，就會凋零、死去。而溝通就像水，沒有水，植物是活不成的。」

年輕人抬頭看向遠方，心想，他從前總是不敢對別人說出他的愛和關懷。

「我明白了。」年輕人收回目光，轉向培瑪先生說，「可是，你是怎麼學習溝通的？尤其是，如果你並不擅長溝通技巧的話。」

「的確，我從來都不善於溝通，這也是為什麼溝通的力量對我最有幫助的原因。」培瑪先生說，「可是我保證，每個人都可以學會溝通的技巧，只需要克服自己的恐懼；有些人怕自己會因此顯得傻氣，或擔心別人會拒絕他們。我得到的最好建議就是，多思考以下問題：『如果你即將死去，但還能打一通電話，你會希望打給誰？你會說什麼？……還有，你還在等什麼？』

「你只要記得，每次你看見某人，都有可能是最後一次。要在你還有機會的時候，告訴他們你想說的話。生命中最悲慘之處就在於，你沒有在對方活著的時候對他們說出他們對你有多重要。

「我們必須靠溝通來預防一段關係出現問題。事實上，關係出現問題，經常是因為一方或雙方無法說出自己的想法或感受，結果產生了憤怒和怨恨，直到某一方的脾氣爆發出來。如果我們學著去溝通，就可以及早消除委屈感。也就是說，要向我們所愛的人表達自己，並且聆聽對方訴說他們的感覺。我們經常聽而不聞，聽著別人說話，卻沒有真正聽懂或聽進去。

「而且，如果不溝通彼此的感受，就無法建立關係。我的意思是，你如果不約一個女孩子出來，怎麼跟她約會呢？是不是？」

年輕人點點頭，轉頭望向別處，心想著，自己就是因為害怕溝通，平白放棄了多少機會啊！

「你還好嗎？」一陣沉默之後，培瑪先生看見年輕人正茫然地望著空無一人的對街。

年輕人回過神來，答道：「我很好，我只是在思考。」

「你知道嗎？」培瑪先生接著說，「當我們學會真誠地、開放地溝通，分享彼此的經歷和感受，人生是會改變的，就像那個迷失在森林裡的故事一樣。」

「那故事的內容是什麼？」年輕人問。

「故事是說，有一個人在森林裡迷路了，他試過好多條路，每次都希望能走出森林，可是每次都會回到原處。還有許多沒有走過的路徑，等著他去嘗試，但他又累又餓，便坐在地上思索，接下來該嘗試哪一條路。就在此時，他看到另一個旅人走向他。於是他喊道：『你可以幫幫我嗎？我迷路了。』那旅人彷佛也鬆了一口氣，說道：『我也迷路了。』於是，他們彼此分享各自嘗試不同的路的經驗，讓對方不再重複錯誤的路線。情況漸漸明朗，他們在談笑中忘了疲累和饑餓，最後，終於一起走出了森林。

「人生就像一座森林，總不免迷失或疑慮，如果能夠分享彼此的經驗和感受，我們就會覺得人生旅程沒有那麼糟，有時甚至能找到更好的道路、更好的方式。」

傍晚，年輕人開始閱讀今天所做的筆記：

溝通的力量

◎當我們學會真誠、開放地溝通，人生便會因此而改變。

◎愛對方，就要和對方溝通。

◎讓你所愛的人知道你愛他們、感激他們。永遠別害怕說出這三個神奇的字眼：我愛你！

◎永遠不要放棄任何讚美別人的機會。

◎隨時對你愛的人留下愛的語言——那可能是你最後一次看見他們。

◎如果你將死去，但還能打一通電話，你會希望打給誰？你會說什麼？……還有，你還在等什麼？

祕密8 承諾的力量

幾天後，年輕人見到了史丹利．康倫——名單上的第八個人。

史丹利．康倫是一所學校的教務長，那所學校位於城裡最混亂的一區；那一區犯罪率和失業率都嚴重偏高，街道建築陳舊破爛，商店鐵窗深鎖，人行道上滿是垃圾。年輕人根本不會選擇在這樣的地區工作或居住，然而，當他走進校門的時候，非常意外地發現，自己好像進入了另一個世界；步道兩旁的草坪修剪得乾淨整潔，美麗的花圃也隨處可見，和校門外的破敗環境截然不同。

康倫先生身型高大壯碩，臉上戴著一副細框眼鏡，這使他的雙眼看起來更小。他滿面春風地歡迎年輕人。

「這裡好找嗎？」他說。

「很好找。」年輕人說。

「請坐！」康倫先生說，「你是什麼時候認識中國老人的？」

「幾個星期之前。」年輕人問道，「那位老人到底是誰呢？」

「我不知道他到底是誰，也不知道他從哪裡來，只知道如果沒有他，我不會是今天這樣。」

「為什麼？」年輕人好奇地問。

「我遇到中國老人至今已經超過二十年了。」康倫先生解釋道，「那是在耶誕節之前的某一天，我坐在辦公室裡值班，一邊做事，一邊喝點小酒。不知什麼時候，中國老人已坐在我旁邊的椅子上。我請他喝酒，他禮貌地拒絕了。

「我們開始聊天，沒過多久，我就把所有心事都挖心掏肺地告訴了他。老實說，當時我才三十多歲，卻已經飽受工作和人際關係的困擾，生活毫無目的，隨波逐流，找不到人生的方向。接著，老人跟我提到了愛的祕密，但我卻只當做笑話來看待。事實上，我還以為那中國老人是我在夢中見到的。可是老人離開後，當我把手伸進外套時，竟發現了一張小紙條，上面寫著十個人名和電話號碼。」

年輕人微笑起來。

「當然，這時誰都會被激起好奇心。我想多瞭解一些關於中國老人的事，便聯繫了名單上所有的人。因為這一機緣，我學到了愛的祕密。回顧過去，我可以清楚看見那些愛的祕密是如何影響著我，如何改變了我的生活心態與精神面貌；我開始以全新的眼光看待自己和他人，世界好像也從灰白變成了彩色。」

年輕人拿出筆記，開始做紀錄。

「其中有一個祕密對當時的我特別有幫助，」康倫先生說，「那就是『承諾的力量』！人們都以為愛只不過意謂著浪漫的故事和虛無的激情。但是我要告訴你，愛其實還包含了更多意義，還與承諾有關。」

「可以請你詳細解釋一下嗎？」年輕人抬頭請求。

「當然可以！事實上這很簡單。如果你真想體驗源源不絕的愛，如果你希望愛人並且被愛，如果你真的很渴望持久的愛的關係，你就要對愛付出承諾。我發現我以前之所以不能擁有持久的愛，有一個重要原因，那就是，我害怕承諾。」

「為什麼？」年輕人問。

「兩個字：害怕！」

過去幾個星期以來，年輕人已經多次聽到這兩個字。「害怕是愛的最大障礙」，而大多數愛的祕密都在教你克服害怕：害怕被拒絕、害怕愚蠢、害怕失落。

「我想這是我從小就抗拒的東西。」康倫先生解釋說，「父母在我十歲時就離婚了，我目睹了分離的痛苦。我從來不知道何謂安定、安全的家庭。我想，這一定是導致我無法做出任何承諾的原因。

「當時，我還不瞭解，當我無法對自己承諾一段關係的時候，我就永遠無法創造持久的愛。實際上，你若真的深愛某人，就要對她和這段關係做出承諾；你要保證自己永遠在她身旁，並把她的重要性放在其他人或其他事之前。

「我相信，我們如果想要得到任何事物，尤其是愛，就必須想辦法克服恐懼，同時對我們所愛的人許下承諾。

「缺乏承諾是一個很普遍的問題。當然，如果你過去曾經被拒絕、傷害，你自然會避免重蹈覆轍。

「這就是為什麼有人在被傷害之後，潛意識裡都堅決不願意和別人太親近，因為他們不想再承受分離或失落的痛苦，他們對痛苦的恐懼遠大於對愛的渴望。所以，他們躲在灰色、無愛的世界裡，寧願生命中沒有愛的歡愉，也不願遭遇充滿失落的痛苦。最後，他們卸去了自己的感情和選擇，雖然知道可以擁有愛，卻害怕體驗失去愛時的苦痛，終至絕望地活著。」

「他們的確是有苦衷的，不是嗎？」年輕人說。

「不完全是這樣。這就好像小孩子說，我不要聖誕禮物，因為我怕有一天會失去它們。我個人認為，人們對承諾的無能為力，基本上就是關係出現問題的癥結所在。」

「怎麼說呢？」年輕人問道。

「每一段關係都有高潮、低潮、順利或不順利的時候，對嗎？」

年輕人點頭同意。

「不論遇到多麼棘手的瓶頸，只有承諾可以讓這段關係存活下來。例如一對伴侶，彼此之間一發生什麼不愉快，其中一方就威脅要結束關係的話，這關係遲早會結束。因為他們把彼此的關係當做犧牲品，他們看待這件事的態度不夠慎重，不覺得愛需要優先權。

「要建立成功的關係，必須雙方都把愛放在最重要的位置，比他們的事業或財物更重要，比他們的車子或衣服更重要。簡而言之，絕對不要想到分手。不管爭吵多嚴重，誰都不能威脅結束關係。一旦有分手的念頭，再微小的念頭都會帶來大問題。

「當你對某事付出承諾，工作也好，一段關係也好，甚至一場球賽，什麼都行，那麼，不論事情變得多困難，都不可以選擇放棄。這就是承諾的意義。有時候就因為我們沒有給予承諾，所以很容易放棄。

「每個人都需要愛和愛的關係，但真正的問題在於：『你對愛有多少承諾？你對自己有多少承諾？』」

「這句話是什麼意思？」年輕人迷惑地問道。

「這麼說吧，你是不是對自己有足夠的承諾，準備好面對被拒絕或失敗，並願意為創造愛做任何事？如果你想體驗愛的關係，除此之外別無他法。所以，如果你正在思考某段關係是否合適，可以簡單地問自己：『我對這個人和這段關係有無承諾？』

「承諾是生活中最基本的元素，畢竟，慈愛的母親不會對她的孩子說：『我今天愛你，可是我不知道明天還會不會愛你。』你瞧！母親是永遠愛孩子的，無論順境逆境，都不會改變。

「只有無法付出承諾的時候，才會出現問題。以我認識的兩個人為例，這兩人都有太太和小孩，其中一個把所有的時間都花在辦公室和高爾夫球場上；另一個刻意找了一份可以讓他有時間陪伴太太和孩子的工作。其中哪一個比較可能創造出愛的關係？你不用想也能猜到。」

年輕人想了想，說道：「你的意思是說，如果希望和愛人在一起，過著充滿愛和安定的生活，就必須對自己許下承諾？」

「我自己就是這麼做的。」康倫先生笑著說，「簡言之，你必須視愛為第一要務，而承諾可使你分辨出愛和喜歡的不同。我曾在一個電視談話節目中，看到一位美國參議員描述自己在二戰期間的經歷，他說，當時他背部受重傷，幾乎癱瘓。這位參議員一回想起這段經歷就潸然淚下：『我爸爸坐了三天三夜的火車來看我，他年紀大了，而且因為患有關節炎而跛著雙腿，可是，他竟在火車上站了三天。』參議員的聲音哽咽了，『他……的腿一定很痛，當他抵達的時候，我看到他的腳踝又紅又腫……可是，他做到了！』

「你知道了吧！這就是承諾！成千上萬的父母每天都在為孩子犧牲自己，他們把孩子的需求和欲望擺在第一位，甚至超越了他們自己。承諾是真愛的試煉品，如果無法對某人付出承諾，你就不是真的愛他們。」

年輕人說：「難道沒有例外嗎？」

「我想不出有什麼例外。再比如說，我為什麼會教書？就像之前提到的，我茫然地生活，對任何人、任何事都沒有承諾。遇見中國老人之後，我開始學習愛的祕密，決定做些有價值的事，並把這些幫助過我的知識分享給大家。

「接受這份工作的時候，我其實是有顧慮的。」康倫先生坦言，「二十年前，這所學校的問題很嚴重！有些孩子吸毒，甚至販毒，校內外每天都有人打群架，而且大多數孩子離開學校後就很少讀書。不過這也是我願意來這裡的原因。」

「你為什麼要選擇在這種學校教書呢？」年輕人不解地問。

「因為這是一項挑戰，我要讓這些孩子有所不同。我曾讀過一則故事，是關於在巴爾的摩一處貧民區的調查研究。市立大學的一位社會學教授要求他的學生到那個區域的學校裡做調查，然後針對每個孩子寫一份評斷他們未來的報告。毫無例外的，每一份報告的結論都一樣：『未來毫無希望。』

「二十五年之後，另外一位社會學教授決定延續這個調查，再度派出學生去尋找當年接受調查的孩子，看看他們的現狀如何。

「有二十個孩子已經搬離那個地方，無法追蹤。可是其餘一百八十個孩子當中，有一百七十六個得到了卓越的成就，包括合格的律師、醫生和各行專業人士。

「教授十分驚訝，他決定再深入調查，並與每一位受訪者面談。他問他們：『你成功的原因是什麼？』答案竟然都一樣：『我的老師。』

「那位老師依然健在，雖然已是年近九十高齡的老太太，但仍保持著旺盛的精力和年輕的心態。教授去拜訪這位老師，並請問她如何教導那些孩子，竟然能讓他們從如此惡劣的環境中脫穎而出，最終獲得成功。『這很簡單，』老太太笑著說，『我愛那些孩子！』

「這故事觸動了我的心弦，激勵我跟隨那位偉大教師的腳步。我明白，有了承諾的力量，任何事都可以成功。所以，我回到學校接受教師訓練，然後到這個貧窮的地區從事教學工作。一開始並不順利，甚至好幾次我幾乎想放棄，但我一直記得這個信念：一旦做出承諾，就沒有機會選擇放棄。

「現在你可以看到，我們以學校為榮。這些孩子至少擁有成功的機會，並非因為他們受了什麼特別的教育，而是因為我們關心他們、愛他們，我們承諾要幫助他們發揮出自己的潛力。」

當晚，年輕人讀著這一天所做的筆記：

承諾的力量

◎如果要得到源源不絕的愛，就必須對愛做出承諾，這承諾會反映在你的思想和行動上。

◎承諾是真愛的試煉品。

◎如果要得到愛的關係，你必須對這關係許下承諾。

◎一旦對某人或某事做出承諾，就沒有機會選擇放棄。

◎承諾可以幫你分辨一段關係是脆弱，還是堅固。

祕密9 熱情的力量

隔了一天，年輕人坐在名單上第九個人的辦公室裡。彼得．麥金特先生是一家大廣告代理商的資深決策者，位在大樓內的這間辦公室，視野很好，正對著城市的東南方。

「從我第一次聽到愛的祕密，至今已有十多年了。」麥金特先生說，「一切歷歷在目，彷彿就在昨日。那天晚上我在辦公室加班，大約八點鐘，我把桌子收拾乾淨，正想著該怎麼跟太太說我想要離婚。我們曾經瘋狂地相愛，可是不知怎的，一切都開始不對勁了。我們到底是從什麼時候開始感覺不再愛對方了？我不知道。我只知道，我們已經失去了彼此曾經擁有的，並且不再嘗試重新擁有。婚姻裡已沒有愛情，即使是週末，我們也很少在一起。

「那晚我堅決地想著，該結束了，而唯一的解決之道就是分手。忽然，辦公室的門被打開了，走進來一個清潔工——一位中國老人。他吹著口哨，是貝多芬第五號交響曲的調子。」

年輕人微微一笑。

「我問他為什麼那麼高興，他回答說：『戀愛的時候不該快樂嗎？』

「『戀愛？』我說，『你應該過了那年齡了吧？』

「老人說：『愛，讓我感覺年輕有活力。』

「我說：『那感覺一定很棒。』

「『是啊！』他露齒一笑，『我想，像你這樣的人一定知道戀愛的感覺吧！』

「『老實跟你說，那是好久以前的事了。』我說。

「老人說：『聽你這樣說，你就好像某個我認識的人——一個婚姻出現問題的朋友，他想離婚。』

「一聽這話，我不由得目瞪口呆、臉頰僵硬。老人接著說：『他們夫妻曾深愛對方，可是多年以後，彼此卻漸漸疏遠了。你知道為什麼嗎？』我搖搖頭，老人繼續說：『因為他們忘了愛的祕密。』

「這是我第一次聽到愛的祕密。他解釋說，愛的祕密包含十項永恆不變的法則，可以幫助我們創造愛和愛的關係……無限的愛。然而，我是個懷疑主義者，不太相信真有什麼愛的祕密可以改變我的現況。

「我雖然一心為自己的婚姻危機發愁，可是一方面出於禮貌，一方面又有點好奇，所以繼續聽老人說著。我得承認，他說的很多事情的確有道理。老人離開之前，拿出一張紙條給我，上面寫了十個人的名字和電話號碼。他說，我如果想學習愛的祕密，可以跟這些人聯絡。

「我把紙條塞進口袋，然後收拾東西準備回家。這時，辦公室的門又開了，進來另一位清潔工，這次是一個女人。我對她說，她的同事剛剛清理過了，她卻說她沒有同伴，辦公室的所有清潔工作全由她一人負責。

「我聽了背脊一陣發麻，立刻打電話去清潔公司詢問，他們也說，的確沒有這麼一個清潔工。真是太奇怪了，我生平第一次感到興奮，迫不及待地想把這件事告訴別人，便從辦公室打電話給我太太。以前我很少這麼做，她接到電話，還以為出了什麼事。等我說完事情經過，她竟然也跟我一樣覺得很有趣。

「那天晚上，很久以來第一次，我們一起坐在餐桌邊，認真地交談。我們好像攜手開始了一段探險，因為我們都想知道那位中國老人究竟是什麼人，以及他所說的愛的祕密到底是什麼。

「接下來的幾個星期裡，我們一起拜訪了名單上所有的人，並一點一滴地感受到那些祕密在我們生活中所造成的影響。難以置信的是，那些簡單的道理竟會對我們的生活如此重要。許多變化產生了，不只是我們夫妻之間的關係增進到剛結婚時那麼融洽，就連我們和朋友、家人以及工作夥伴的關係，也都有所改觀。

「一天早上醒來，我感覺自己又戀愛了，不只是和太太——還跟生活戀愛了。」

「這些祕密的影響力真有那麼神奇嗎？」年輕人問道。

「是的，這些祕密為我生活中的各個面向都注入了新的活力，不過，對我影響最深的，就是『熱情的力量』。」

「熱情？」年輕人不解地從筆記本上抬起頭來，「我還以為愛跟肉體的吸引力沒多大關係呢！」

「沒錯啊！」麥金特先生說，「我說的熱情並不在於性或肉體方面。熱情是指非常強烈的興趣和熱心，當你對某人、某事或某物持有熱情的時候，你會深深地關心他們，你會持續關心他們的福祉。正因為如此，我們如果對任何人或事失去了熱情，也就失去了愛的感覺。同樣，如果你對某人失去興趣和熱心，你就很難喜歡他。」

「嗯！沒錯。」年輕人表示同意。

「愛的關係需要用熱情來維繫，」麥金特先生解釋道，「大多數關係一開始都很不錯，彼此都懷有強烈的熱情，總是充滿亢奮、熱心和興趣。問題是，純粹肉體的熱情無法持久，雙方很快就會覺得無趣、無聊了。

「熱情是點燃愛的神奇火種，一旦失去這火種，關係就會慢慢死去。一開始熱情如火，什麼事都像奇蹟一般，可是有一天醒來，發現熱情走了，愛也就不復存在了。我跟我太太就是這樣，所有的熱情、奇蹟和浪漫都消失了。」

「可是熱情離開以後，你怎麼再找回來呢？」年輕人問。

「創造它。」麥金特先生說。

「熱情怎麼創造？」年輕人說，「我認為熱情是身體的化學作用的結果，有就是有，沒有就是沒有，怎麼可能無中生有呢？」

「熱情是一種強烈的興奮感和熱愛感，就存在於我們的興趣範圍內。」麥金特先生解釋說，「所以，熱情可以被我們身體的化學作用或性的吸引力激發出來，可是肉體的熱情很難持久，也無法維繫愛的關係。更強烈的熱情，是來自於我們的思想和感覺。我們對某事有興趣或渴慕的時候，就會變得非常熱情。這意謂著，在愛的關係裡面，我們會對對方十分投入。」

「這聽起來不錯。」年輕人說，「可是，如果對方已經沒有什麼可以引起我的興趣，更不要說讓我感到興奮，這時候又該怎麼辦呢？」

「那你就必須在對方身上找出能夠激起你的興趣的事，否則這段關係就會沒有熱情，兩個人也就無法在關係中獲得快樂。」

年輕人想了想說：「也許你是對的。就我而言，過去擁有的大多數關係，都因為我對另一方失去了興趣，終至結束。剛開始時，一切都是新鮮、有趣而令人興奮的，但當我們再進一步認識彼此，關係就逐漸變得陳腐、無聊。該如何防止這種狀況發生呢？有什麼實際的方法可以永保熱情？」

「的確是有方法的。」麥金特先生說，「首先，你可以把過去讓你產生熱情的經歷，再重新創造出來。譬如說，你可以帶著伴侶回到度蜜月時住過的旅館，或是去你們第一次約會的餐廳共進晚餐。

「你也可以做一些發自內心的事情，譬如，偶爾做些令伴侶驚喜的事……然後，神奇的事就發生了：對方也會做些讓你開心的事來回饋你。於是，你們的關係很快就會充滿驚喜。我和我太太會做的一件事就是，兩人一個月至少出去約會一次；第一個月由我做主，我太太要等到當天那一刻，才會知道我安排了什麼；下個月換我太太做主，而我也會得到一個驚喜。我們彼此承諾，不論發生什麼事，都一定要維持這樣每月一次的驚喜。

「我學習到熱情的力量之後，會刻意去做一些我知道她會喜歡的事：為她買一個意外的小禮物、花更多時間在家裡陪她，並對她的生活細節保持興趣。」

「你是說，你以前對她的生活不感興趣？」年輕人問。

「一開始當然有，可是漸漸地，每件事都一成不變了。日復一日，年復一年，千篇一律的生活使我們喪失了對彼此的熱情。許多瑣碎的事情將我團團包圍，我對她的生活不太在意了。我從不曾認真地問她日子過得開不開心，不曾問她每天做了什麼、去了哪裡……可是，當我開始留意她和她的生活時，神奇的事發生了——她也開始關心我和我的生活，這種關心就像滾雪球一樣，愈滾愈大。

「如果希望活得快樂，就需要別人對我們付出熱情，我們可以對工作、信仰和休閒娛樂感興趣，可是，最終還是需要別人給予我們關懷。愛和快樂，在這方面的本質是一樣的，我們要做的，只是每天都熱情地活著。」

年輕人回到家，把筆記又仔細地讀了一遍：

熱情的力量

◎熱情點燃愛，並讓愛永生。

◎持久的熱情並非來自肉體的吸引力，而是來自內心的承諾、關懷和興趣。

◎曾經讓你產生熱情的經歷，可以使你再次創造出新的熱情。

◎驚喜或發自內心的言行，都可以創造出熱情。

◎愛和快樂的本質是一樣的，我們要做的，只是每天都熱情地活著。

祕密10

信任的力量

年輕人自從遇到中國老人，並學習有關愛的祕密以來，至今已逾一月。毫無疑問，他的生活已經有所改變……可是，他依然單身，所祈求的特殊關係也沒有因此來到，他仍疑惑自己是否能找到這份愛。他寧願相信的確有個人正在某處等著他，只是他還沒有遇見。

名單上的最後一個人，是名叫桃樂斯．庫博的老太太，住在城北大約四十公里外的一棟平房裡。年輕人傍晚開車出門，四十五分鐘後抵達。

庫博太太雖然已經八十七歲，但還在公會擔任婚姻顧問；她是一個活力充沛、朝氣十足的女人，而且，她顯然對自己的工作充滿熱情。她笑容開朗，寶藍色的眼睛閃閃發亮，身體健康硬朗。年輕人覺得她看起來似曾相識，彷彿在哪兒見過她。

庫博太太張開雙臂迎接他，說道：「感謝你的光臨，我希望這段路程不會太遠。」

「還好，我不到一個小時就到了。」年輕人說。

「請進來，別客氣，就當是自己的家。」庫博太太說著，引年輕人進入屋內。

「你看起來很面熟，」年輕人說，「我們在哪兒見過嗎？」

「不會是因為我的工作關係吧?!」庫博太太說，「我有時會幫婦女雜誌寫文章。」

庫博太太領著年輕人走進她的工作室，一間看起來像心理醫師諮詢室的房間。

「你要喝什麼？」她問道，「我有蘋果汁、柳橙汁，還有一些不同口味的茶。」

「柳橙汁好了。謝謝！」年輕人欠身回答。

庫博太太出去準備飲料，年輕人開始環視這間工作室。他對庫博太太的書印象深刻——排滿整整兩面牆，絕大多數跟心理學、人際關係和愛有關；房間牆壁粉刷成溫暖的桃色和水藍色系，擺放著一張大橡木桌、一張沙發和三張椅子，牆壁上掛著幾幅描繪日落和海洋景觀的畫作；稍遠的牆壁上掛著一塊金屬銘牌，上面的銘文看不清楚。當年輕人正準備起身過去看個仔細時，庫博太太捧著一個托盤進來了，托盤上放著一壺柳橙汁和兩個玻璃杯。

庫博太太坐在一張輕便的椅子上，遞給年輕人一杯果汁。

「我第一次學到愛的祕密，是五十年前的事了。」庫博太太說，「那時我結婚才兩年，卻很不快樂。丈夫只要離開一會兒，我就會不開心。他有時出去見朋友，或者打一場高爾夫球，我就會覺得沮喪。這聽起來很可笑，可是我認為他是在拒絕我，我們也為此爭辯了好幾次。如果他出門做什麼事，卻沒有我在場，我就會感覺被排斥、拒絕，但他說我這樣是想把他悶死。

「一個週末，事情終於發生了。那天我們去海邊度假，可是入住旅館不到十分鐘，我就跑了出去。因為我丈夫跟一個漂亮的金髮服務員相談甚歡，我很生氣，就和他在服務台前大吵起來。我的脾氣有時候真的不太好。最後，我衝了出去，跑進旅館的庭園，坐在庭園盡頭一張正對海岸的長條椅上。我就坐在椅子上哭泣，哭到眼珠子都快要掉出來了。我們原本刻意選在週末度假，就是希望藉此彌補彼此的關係，結果才幾分鐘就吵架了。

「不知道在那兒坐了多久，背後突然傳來一個聲音：『打擾了！你還好嗎？』我轉過頭去，看到一位中國老人站在我身後。

「我含糊地回答說：『我很好，謝謝。』

「他看看海，說：『很美！是吧？』

「我抬頭，看見天空在地平線處呈現出漂亮的猩紅色，的確很美，但我實在沒心情去欣賞夕陽，因為我太沮喪了。這時中國老人又開口了，他說：『在我國家有一種說法：每一段經歷都會帶來使我們的生命更豐富的課題。』我沒有說話，他繼續說：『即使彼此的關係出現問題，也要期待這一課題。』

「我看著他，心想，他一定聽到我和我丈夫的爭吵了。於是我說：『我知道你是出於好意，可是我實在……』

「『我以前有一個朋友，』他打斷我，繼續說道，『是一個美麗的女人，她跟一位很優秀的男士結了婚，他們瘋狂地愛著彼此。可是幾年後，兩人開始發生口角，幾乎每天都在吵。你知道問題的癥結在哪裡嗎？她不信任他，只要他不在她的視線範圍內，或跟別的女人說話，她就會猜疑、妒忌。久而久之，他感覺被困得快要窒息。最終，她的恐懼趕走了所愛的男人。』

「我問他：『她為什麼要這麼做？是有什麼原因吧？』

「『事實上沒有。她丈夫沒有做錯什麼，她只是很沒安全感罷了。這也情有可原，因為她父親用情不專，幾次外遇之後，終於拋棄了她和她的母親。生命中最重要的這個男人拋妻棄女，這使得她潛意識裡不再信任男人了。』

「我感到口乾舌燥，因為他說的好像就是我的故事。

「老人接著說：『我們在人際關係上的困難，通常都源自童年的經歷。』

「然後我對他說：『可能你是對的，我們都被童年的經歷掌控了。』

「『除非我們願意讓自己被掌控。』老人回答，『過去並不等於未來。無論過去的經歷怎樣，我們都擁有改變現狀的力量。』

「我問他，如果這個女人打算改變，她的婚姻可能得救嗎？老人告訴我說，現在她的婚姻不但已經得救，他們夫妻也比以前更恩愛。」

「『她是怎麼做到的？』

「『愛的祕密。』他說。

「我還沒有反應過來，他就遞給了我一張紙。我看到紙上寫了十個人名和電話號碼，當我再抬起頭，老人已經走了。

「我回到旅館的服務台，想打聽那位中國老人的房號。我丈夫剛才搭訕的那位服務員仍在那兒，我為先前的失態向她道歉；她告訴我說，我丈夫只是問她可不可以推薦一家附近的餐廳，他想帶我出去享用一頓特別的晚餐，給我一個驚喜。老人說得對，是我的不安全感導致了現在的問題。

「我問她是否可以告訴我中國老人住在幾號房，她卻說沒有中國人住在這裡，旅館也沒有中國籍工作人員。

「我回到房間，看到丈夫，他仍然十分沮喪。我為先前的無理取鬧向他道歉，並對誤會他表示慚愧。然後我告訴他與中國老人的偶遇，以及老人提到的『愛的祕密』。中國老人說過，我們不能再像前兩年一樣總是爭論、吵架，一定得改變現況。於是，回家之後我就開始打電話，聯繫紙條上那些人，並請問他們，老人所說是否真有可能。」

「什麼東西有可能？」年輕人問。

「我們都有改變現狀的力量。」

「然後呢？真的可以嗎？」年輕人問道。

「是的。那些愛的祕密都非常重要，幫助我們創造了愛和愛的關係。不過，其中一項祕密對我最有影響力，那就是『信任的力量』。」

「信任？這跟愛有什麼關係嗎？」年輕人說。

「當然有關係。簡而言之，如果不能信任對方，我們就無法付出愛。」

「為什麼不能？」年輕人問。

「因為沒有了信任，我們會變得多疑、緊張，並且害怕對方背叛，彼此的關係就會因此承受巨大的壓力：一方覺得緊張，另一方覺得遭到囚困。

「有件事你要記得，一旦你瞭解了愛的祕密，並希望這些祕密能改善你的生活，那麼，婚姻幸福成功的機率會成倍增長。如果你全心全意地對雙方的關係做出承諾，那麼，你們的婚姻一定可以穩定下來。如果你能跟伴侶進行良好的溝通，使對方明白你的愛，對方就不會覺得恐懼、猶疑或不信任。」

「你的意思是，如果不能信任對方，這關係就會毀滅？」

「絕對是的。如果無法確定是否要和對方廝守終生，你可以問自己一個問題：『我是不是完全信賴她？永不後悔？』如果答案為否，你恐怕得在許下承諾之前再慎重考慮。當然，雙方都必須這麼做，對方也要完全信任你才行。

「在愛的關係中，『信任』是非常重要的一項因素。這項學習對我來說是最寶貴的。你不但必須信任對方，同時要能夠信任這份關係本身。」

「什麼意思呢？」年輕人問道。

「有些人會對一份關係的結局感到憂慮，他們會想著：『這一切太美好了，簡直不像是真的。太完美的東西一定不會長久。』我的意思是，許多人對婚姻感到很緊張，只因為離婚率年年攀升。他們在一段關係開始之前，就已經在自尋煩惱了。」

年輕人臉紅了。幾個星期前，中國老人也曾這樣對他說過。他清清喉嚨說：「是的，但是這些人也有自己的想法，不是嗎？」

「什麼想法？」庫博太太反問。

「離婚率那麼高，表示婚姻成功的機率並不高。不是嗎？」

「是的，不過婚姻成功的機率仍然高於離婚的機率。一心關注離婚的可能性，只會讓它更容易成真。所以，你要毅然信任這份關係，相信不論遇到任何事，這份關係都不會結束。」

「這樣有幫助嗎？」年輕人問。

「記住，思想和恐懼都是可以自我創建的。如果總想著可能出現問題，你的思想和恐懼會反射到行為上，最終就會真的出問題了。我就是這樣，因為不信任丈夫，於是讓妒忌感經常纏繞在心頭，幾乎迫使他離開我。」

「我明白你的意思了。」年輕人說。

「很多人在創建關係之前，就開始製造問題。可是，這無益於創造愛和快樂。唯一的方法，就是信任你自己、你的伴侶和你的生活。換言之，表現出信任，你的伴侶就沒有理由感到不安全。」

「可是，有那樣的童年經歷，你又該如何學會信任呢？你恐怕需要幾年的心理治療吧？」年輕人問。

「不見得。請跟我來。」庫博太太帶領年輕人走到房間的另一頭，指著先前年輕人注意到的那塊金屬銘牌，上面的銘文是：「當我們改變，生命就隨之改變。」

「這是我所見過最有力量的一句話，意思是，我們不需要做過去的犧牲品，我們擁有改變一切的力量。如同中國老人所言：『過去不等於未來。』我們寫了一本有關生活的書，下一頁不需要跟前一頁相同啊！我們可以從新的章節開始寫起，這就是愛的祕密要我們做的事——改變！過去發生什麼事都不要緊，只要依循愛的祕密，你就能夠改變。

「我見過很多單身的人，意志消沉，認為永遠不可能找到恆久的愛。我也認識很多人，他們感覺被無愛、不快樂的關係所纏繞，他們甚至放棄了希望，變得茫然、痛苦且憤世嫉俗。

「他們認為自己是受害者，於是他們真的成了受害者，陷入孤獨、寂寞，期待有一天，有個特別的人會進入他們的生命，為他們改變一切。然而事實卻是，世界上唯一有力量改變你一切的人，不是別人，正是你自己。」

此時，門打開了，走進來一位老先生。庫博太太對年輕人介紹說，那是她的丈夫。當老先生脫下外套，年輕人立刻想起在哪裡見過庫博夫婦。

「我想起來了！」年輕人興奮地說，「你們是不是在大約一個月前，參加了馬克・艾金和蘇妮亞・史培德的婚禮？」

庫博先生一揚眉：「對，我們是參加了，為什麼這麼問呢？」

「我就是在那兒見到你們的。我看到你們一起跳舞，多恩愛啊！我那時還想著，到底有什麼祕訣可以讓你們這樣相愛到老。」

「現在你知道了吧?!」庫博太太笑道。

「你們也在婚禮上見到中國老人了嗎？」年輕人問道。

「中國老人出現在馬克和蘇妮亞的婚禮中？」庫博太太驚訝地喊道。

「我就是在那裡遇到了他啊！」年輕人說。

當晚，年輕人在睡覺前，又看了一遍這天的筆記：

信任的力量

◎信任是愛的關係的基本元素。沒有信任，人們會變得多疑、緊張、恐懼；另一方則會感覺被囚困，感到窒息。

◎除非完全信任別人，否則你無法全心全意愛他們。

◎以實際行動，表現出你要永遠維持雙方愛的關係。

◎要確定某人是否最適合你，方法就是問自己：「我完全信任他（她）嗎？永不後悔嗎？」如果答案為否，你需要在許下承諾前再慎重考慮。

尾聲

年輕人獨自坐著，觀察周圍的一切。眼前的這場婚宴不像他曾經參加過的那麼豪華，但全場有一種活潑、友善的氣氛，近百位客人都很盡興。當樂團開始奏樂，年輕人的思緒不禁回到兩年前遇到中國老人的那場婚禮。當時他對愛情是多麼不屑啊！他不自覺地笑了。

他還記得自己拜訪過的那些人。雖然他們的話聽起來都很真誠且發人深省，但他還是有些懷疑。他不確定愛的祕密在自己身上是否可行，但毫無疑問，對其他人都滿有效的：那些跟他一樣，尋找愛情多年的人；那些對生活失去目標，孤獨冷酷地活著的人；甚至，那些發現自己陷入憂鬱、煩惱的關係中的人。

年輕人在一本小記事本上寫了三頁，節錄下愛的祕密法則，以及它們如何為生命創造截然不同的改變；他隨身帶著記事本，好讓自己可以隨時想起這些祕密，特別是在困難時激勵自己，並隨時把它們傳遞給其他人。

這些節錄的重點是：

愛的十個祕密——為你的生活創造愛

1. 選擇愛的思想。
2. 學會尊重自己和他人。
3. 專注於自己能付出什麼，而不是得到什麼。
4. 要找到愛，先尋找朋友。
5. 擁抱人們。張開你的手臂，敞開你的心胸。

6. 捨棄恐懼、偏見和批判。
7. 與別人溝通你的感受。
8. 承諾——讓愛成為你的首要之務。
9. 熱情地活著。
10. 信任自己，信任他人，信任生活。

愛的十個祕密——如何認出你生命中的伴侶

1. 他（她）在外貌、個性、才智和精神上的特質，是否符合你對理想伴侶的要求？
2. 你尊重他（她）嗎？
3. 你能夠為他（她）付出什麼？
4. 他（她）是你最好的朋友嗎？你們有共同的目標、理想、價值觀和信仰嗎？
5. 當你們擁抱彼此，你會產生擁有的願望嗎？
6. 你是否能給予彼此成長的空間與自由？
7. 你們能夠誠實且開放地溝通嗎？
8. 你們對這份關係是否都有所承諾？
9. 你是否對他（她）以及雙方關係懷有強烈的熱情？他（她）對你的意義是否重大？
10. 你們彼此完全信任嗎？

愛的十個祕密——如何把愛帶入你的關係

1. 設身處地想想伴侶的需要和期望。

2. 學會尊重自己和伴侶。問自己：「我有什麼是值得自己敬重的？」以及「我的伴侶有什麼地方值得我敬重？」
3. 想想你應該為這份關係付出什麼，而不要想著應該從中獲得什麼。
4. 和伴侶交朋友，找出雙方共同的興趣和追求。
5. 深情地擁抱、接觸你的伴侶，並向對方張開雙臂。
6. 捨棄過去，並且寬恕，從新開始。
7. 開放而誠實地與對方溝通你的感受。
8. 對這份關係做出承諾。把伴侶放在內心排序的第一位。
9. 在關係中重新創造熱情。
10. 信任你的伴侶，信任你們的關係，堅信你們的關係永遠不會結束。

當年輕人把這些愛的祕密融入生活中，他發現，一切都在悄然改變；從外表看不出有什麼特別、具體的變化，也無法衡量，然而，重要、意義深遠的改變卻已經真實發生了。

年輕人的家人、朋友，甚至同事們都注意到了他的不同；他總是以張開的雙臂和擁抱而非正式的握手，來迎接他們；他和人們談話的態度也變了，他專心地、謙恭地和他們交談，並注視著對方的眼睛；他給他們更多時間表達自己的興趣，並且真誠地關懷他們；他提醒自己記得別人的生日，打電話給一些很久沒見面的朋友，不只是為了說聲「嗨！」，還讓他們知道，他一直記掛著他們。

最奇妙的是，他還會做一些發自內心的仁慈行為，這些事對現在的他而言，已經不值一提了。他經常會買一束花，默默地送給街頭的陌生人，只是因為喜歡看到別人因驚喜而愣住的表情，他光是看到人們微笑，就感到開心。

朋友們發現，他不再整天發瘋似地想找個人來愛。他們都不知道，這個年輕人現在只專注於如何去愛，並且深信，愛會在最適當的時間、最適當的地方，來到他身邊，那時，他將遇見夢想中的女孩。

一些同事和朋友問他，到底是什麼改變了他，是新的宗教信仰嗎？還是他變富有了？或是他吃了什麼可以使心情亢奮的藥物？當他告訴別人關於他和中國老人相遇的故事，以及那些愛的祕密時，有些人相信他。他們認真聽了他的故事，幾個月之後，竟然都打電話給他，謝謝他告訴他們這些事，因為那些祕密也改變了他們的生活。

接著，一件很棒的事情發生了。一天晚上，他在家裡接到一個年輕女人的電話，詢問可不可以跟他見面。她說有位中國老人把他的電話號碼給了她。

「和愛的祕密有關。」她說。

第二天，他們見面了，而他竟然馬上被她吸引了。不僅因為她那溫柔的眼睛和漂亮的臉蛋，更因為談話時，他感覺遇到了一個心靈相通的人，一個他可以自由自在傾訴內心的人。

現在，她正走向他，伸出手來，她的容貌正如她溫柔而善良的心一樣美麗。此時，他感覺身邊充滿了愛，一切都圍繞著他倆，緩緩地移動；他看著她，幾乎有一刻停止了呼吸。這一刻，他終其一生都刻骨銘心；他終於瞭解到，什麼才是源源不絕的愛。

這是他夢寐以求的時刻。可是，在認識中國老人之前，他不相信自己會擁有這一刻。年輕人一直想再遇見那位老人，只為了謝謝他，至少讓老人知道，自己的生命因他而發生轉變，以及他多麼希望能邀請老人來參加他的婚禮。

當他牽著她的手走向舞池，客人們都起立歡呼、拍手。他穿著正式的灰色禮服，握著她的手，所有人的目光都集中在他身邊的麗人身上。她穿著式樣簡單、高貴的短袖白緞婚紗，驚豔的氣質被自然而然地襯托出來。

當他們走到舞池中央，轉身面對彼此，深深地注視著對方的眼睛時，歡呼和口哨聲又此起彼落地響起，樂隊也開始奏起音樂。

年輕人微笑著抬頭看向家人和朋友，他們正在幾步之外不停地鼓掌歡呼。當他環視大廳，立刻注意到一個身影——大廳後方出口處站著一個人。是他！中國老人正獨自站在那兒，微笑著。

愛的祕密箴言

◎如果你希望得到愛，就先付出愛。

◎你給予愈多，得到愈多。

◎讓你所愛的人知道你愛他們、感激他們。

◎永遠別害怕說出這三個神奇的字眼：我愛你！

◎持久的熱情並非來自肉體的吸引力，而是來自更深的承諾、關懷和興趣。

關於你的愛的祕密

你也在尋找那位中國老人嗎？

其實，他已經來過了，還交給你一個任務——

寫下你關於愛的祕密，同時散播四方！

第2部 快樂的祕密

你踏遍千山萬水，
只為尋求快樂，
然而，快樂就在每個人身上……
——賀瑞斯

前言

我問過許多人，這輩子最希望得到什麼？回答往往是：「我只要快樂。」既然大家都希望快樂，為什麼還有這麼多人不快樂呢？為什麼製藥廠生產最多的是抗抑鬱藥劑呢？

我相信，我們都擁有快樂的力量，更可以體驗到源源不絕的快樂，而這跟你有沒有錢、做什麼工作或住在哪裡都毫無關係。

快樂不只是遠離沮喪和不幸，更是一種欣喜的感覺、一種對生命的滿足與喜悅感。這並不是說你必須時時都感到快樂，畢竟，我們常因為某些不幸遭遇或失意，不知不覺陷入哀傷、痛苦和失望。但是，我們也有許多方法可以讓自己坦然面對生活，回歸快樂。

跟寓言故事不同的是，本書中所有的故事都源自真人真事（只有中國老人是我綜合許多有智慧的長者而成的角色）。當然，故事中人物的名字和背景都做了改動，他們最終也各自克服危機，找到了快樂。我希望這些故事能夠激勵您借鑒他們的經驗，找到生命中源源不絕的快樂。

一段車程

這故事要從一個又濕又冷的十月天說起。這天晚上八點鐘，年輕人剛剛結束這星期的第三次加班，開著車在回家的公路上。一整天，天空都陰霾沉重，這會兒，老天終於決定大肆發洩一番——大雨傾盆而下。

收音機裡傳出一個聲音，打斷了他的思緒；電台主持人在問一個很簡單的問題，而這是他從不曾思考過的一個問題。此刻，這問題令他感到困惑。

電台主持人問：「你快樂嗎？」

曾經有人拿這個問題做過全國抽樣調查，結果發現，受調查者中，只有百分之二認為自己是快樂的，而只有少於百分之十的人記得一次（或一剎那）真正快樂的經歷。

年輕人突然聯想到自己的生活——他的生活無可挑剔：他很健康；有一份好工作；收入足夠支付任何賬單，偶爾還可以奢侈一下；家庭很美滿，還有一些親密朋友。可是，他仍然感覺內心空虛，生活毫無夢想可言。他感覺生命中少了些什麼，卻又不知道是什麼。他可以用許多詞來形容他的生活，但絕不是「快樂」。

作家梭羅曾說：「大多數人都在他們寂靜的絕望中生活。」年輕人想，這倒是對自己很恰當的描述。日復一日，重複著大同小異的挫折與壓力，每天都像在戰鬥。年輕人愈來愈清晰地感覺到，自己已經陷入千篇一律、永無盡頭的單調生活中。少年時的希望和夢想到哪兒去了？童年時的歡樂時光到哪兒去了？現在這樣的狀態又究竟始於何時？

有哲學家說，生命就是一場持續不斷的掙扎。但年輕人無法接受這說法，他告訴自己：「生命當然不是這樣的。」他感到困惑、失落，彷彿走進了迷宮，卻不知道自己是怎麼進來的，也不知道出口在哪裡。

就在此時，年輕人的思緒又被打斷了——汽車引擎蓋上突然冒出了煙霧。「真該死，屋漏偏逢連夜雨！」年輕人嘟噥著把車子停到了路邊。他走出車子，打開引擎蓋，迎面撲來一股蒸騰熱氣，迫使他連退幾步。

他脫下夾克，蓋在頭上阻擋風雨，然後往前走了將近兩公里才找到一個電話亭。道路救援服務中心的接線生在電話裡告訴他，維修人員將在大約一小時後到達。他別無他法，只能回車裡等。

忽然，一個聲音在他腦中響起：「這一切都怎麼了？問題到底出在哪裡？」

他不知道答案，也不指望得到答案，耳邊只有汽車呼嘯而過的聲音。

又濕，又冷，又累，又沮喪，年輕人往回走著；他不知道這件事將是自己的生命轉捩點，也不知道自己正走在一條探索快樂泉源的道路上（但是幾年後，他微笑著贊同了）。

相遇

年輕人走回車旁，注意到有人正彎腰觀察他的車。這好奇的旁觀者是一位身穿白色罩衫、頭戴鮮黃色棒球帽的中國老人。他頭髮花白，神色祥和慈愛。但令年輕人印象特別深刻的是他的眼睛，深邃、暗棕色，似乎在微笑。

老人微笑著對年輕人說：「這暴風雨真是太棒啦，對吧？」

「又濕，又冷，又倒楣。」年輕人喃喃自語。

老人不以為然，繼續說：「你感覺到活力了嗎？還有空氣中那股新鮮的味道？不覺得這很棒嗎？」

「我可不覺得。」年輕人心想，但沒有說話。他打量老人，卻發現老人身上竟沒有一滴雨水，他不禁懷疑暴風雨是否曾停過。就在年輕人開口之前，老人又問：「你現在打算怎麼辦？」

「能怎麼辦？他們說修車的人一個小時後才會到，我只有等。」年輕人回答。

「人生真是充滿驚奇，不是嗎？」老人說著，微微一笑，「那，車子到底怎麼了？」

「我也不知道，」年輕人答道，「我才開了一半路程，引擎就開始冒煙，然後就壞了。」

「好吧！我來看看。」老人隨即捲起袖子，把頭探到引擎蓋下檢查。

幾分鐘之後，老人抬起頭，轉身對年輕人說：「別太擔心，這車子沒壞。」

「感謝老天！」年輕人鬆了一口氣。

「你可能要花一萬多塊錢……不過我保證修好。」老人說。

「什麼？你在開玩笑吧！」年輕人叫了起來。

老人把手搭在年輕人的肩上，笑道：「我當然是開玩笑的。」

老人轉身拿出一把鉗子，眼神接觸到年輕人目光時，他停了一下，然後轉向引擎，說道：「這可能永遠不會發生，你知道嗎？」

「什麼？」

「那些困擾你的事。」

「我沒有被什麼事困擾啊！」年輕人說。

「喔……那很好啊！」老人說著的同時，又拿起另一把螺絲起子，繼續在引擎蓋下修車。

「聽起來，你今天好像過得不錯？」年輕人說。

「當然！等你到了我這個年紀，」老人說，「只要還能踩在這片土地上，就是個好日子！」他轉身對年輕人說：「人生太短、太珍貴了，時間浪費不得。你知道人類的平均壽命是多少嗎？七十六歲！也就是三千九百五十二個星期！而其中有一千三百一十七個星期會花在睡覺上，也就是只剩下二千六百三十五個星期可以清醒地活著！你幾歲呢？」

「三十三。」

「所以即使你有幸能活到七十六歲的話，也只剩二千二百四十二個星期了！」

「你倒是很樂觀啊！」年輕人語帶諷刺。

「我只是告訴你時間很珍貴，別花在不快樂上。生命旅程應該是歡樂的，應該像晴天時在田野中散步一樣舒適閒逸，而不是像在永不停歇的暴風雨中痛苦搏鬥。」

年輕人感到背脊發麻，老人怎會知道他的感覺？一定是巧合。年輕人試著說服自己，畢竟，老人不可能看透他的心思。

「我常常覺得很驚訝，為什麼有那麼多人選擇不快樂。」老人說完轉向引擎，繼續修汽車。

年輕人湊過去，問道：「這話什麼意思？人們不會『選擇』不快樂，是否快樂，是由他們的境遇決定的。」

「你說的也對。但如果你的快樂取決於你的境遇，那為什麼有的人經歷相同，感受卻完全不同呢？我認識兩個在同一場車禍中受傷的人，但其中一個很沮喪，另一個卻每天都樂呵呵的。」

「他們的反應為什麼不一樣呢？」年輕人問。

「沮喪的那個人總是問自己：『為什麼這種事會發生在我身上？』另一個人卻說：『感謝老天，我還活著！』這就像一首詩所說的：『酒吧裡的兩個人看著窗外，一個看見塵土，一個看見星光。』我不認為一個人境遇的好壞，是讓人覺得快樂或不快樂的原因，而是你的觀點影響了你的感覺。畢竟，一個看見杯子裡有半杯水的人，和一個看見杯子已經半空的人，哪一個比較快樂呢？哈！我找到了……你可不可以把扳手拿給我？」老人伸出一隻手。

「喔！」年輕人把扳手遞給老人，接著說道，「可是，有些事一定會讓你感到快樂或不快樂。」

老人放下扳手，轉身看著年輕人，問道：「那，什麼會讓你感到快樂呢？」

年輕人想了想說：「我也不太確定，也許更富有就會讓我更快樂吧。」

老人彎下腰，從工具箱裡找出另一件工具，「你真的認為金錢能帶來快樂？」

「我不知道，可是至少能讓你在不幸中感覺比較舒服。」年輕人微笑著說。

「有道理。」老人也露齒而笑，「可是，比較舒服的不幸，還是不幸啊！你所處的環境可能比較舒適，但感覺卻跟一無所有的時候一樣不幸。如果金錢可以帶來快樂，那百萬富翁就是世界上最快樂的人了。但是眾所周知，他們的不幸與沮喪感跟窮人完全一樣。金錢只能買到物品，比如說你的車子，但這只能帶來暫時的滿足，並不能使你的快樂持久。」

年輕人望著馬路上一輛輛飛馳而過的車子，頓時陷入沉思，老人則拿著鉗子繼續修車。

「換一份工作怎樣？」年輕人突然說，「我想，我如果換一份工作的話，可能會快樂一點。」

「你現在有點像個石頭切割工人了。」老人笑著說。

「什麼石頭切割工人？」

「有則故事的內容是說，有一個不快樂的石頭切割工人，他希望能擁有與眾不同的身分和地位。有一天，他路過富有的員外家，看到員外家裡陳設富麗，心想，這員外多麼受人敬重啊！他很羨慕，希望自己也能成為員外，這樣就不用再做一個卑微的石頭切割工人了。

「這時，他竟然真的變成了員外，擁有以前想都想不到的權力和豪華生活，很多窮人也都非常羨慕他。可是，他同時也擁有了敵人。有一天，一個更有權力、更受崇敬的官員經過城裡，官員的車隊被許多僕人和侍衛簇擁著，每個人都向官員跪拜。曾經是石頭切割工人的員外又希望自己能跟這個高官一樣，有眾多的僕人和侍衛保護他的安全，而且比別人更有權力。

「願望又實現了，他馬上變成高官，成為全國最有權力的人，每個人都要向他鞠躬跪拜。可是，這高官也是老百姓最害怕、最討厭的人，所以才需要這麼多侍衛和僕人。坐在馬車裡的他覺得非常悶熱，便抬頭望著天上的太陽，心想：『多麼偉大啊！真希望我就是太陽。』

「馬上，他又如願變成了太陽，高掛天空照耀大地。但是，一大片烏雲飄了過來，遮擋了陽光。他又想：『雲真是太了不起了！真希望我是雲。』結果，他馬上就變成了遮擋陽光的雲。不久，一陣風吹來，雲就散了。他又想，『真希望我能跟風一樣強大。』於是他又變成了風。強大的風可以把樹整棵拔起，也可以摧毀整個村莊，可是怎麼也吹不動大石頭。『石頭真是太堅強了，我多麼希望自己像石頭一樣有力啊！』他想著。

「然後，他變成了可以抵禦狂風的大石頭。現在他終於滿意了，他是世上最有力的東西了。可是他突然聽到一個聲音：『鏗！鏗！鏗！』斧頭敲擊著石頭，一片一片地把石頭劈開。『還有什麼比我更強大有力呢？』他頓生疑問，低頭一看，拿著斧頭的正是……一個石頭切割工人！

「許多人終其一生都在尋找快樂，卻從來不曾找到，原因就在於他們找錯了方向。如果面對東方，就看不到夕陽；如果遇到困難就慌張，就找不到快樂。石頭切割工人的故事告訴我們，僅僅改變環境是無法讓你找到快樂的，除非，你改變自己。」

「可是我還是不明白，」年輕人說，「人們如果面對悲劇和失望，怎麼還能快樂起來呢？」

「我們就像一艘船，」老人繼續說，「在人生的海洋上航行，像狂風暴雨這類的自然災難和悲劇不過是暫時的，只要控制好舵和帆，就可以航行到任何地方，狂風暴雨都阻止不了你。事實上，暴風雨可以使你的人生更豐富。」

「我不太明白。」年輕人說。

「暴風雨會使空氣更清新，並帶來雨水。生命怎麼能沒有雨水呢？沒有雨水就不會有彩虹，萬物將不能生長，生命也不會豐盈。你若知道如何駕馭船隻，就可以利用風的力量使航行更順利。」

「我明白你的比喻，可是我不同意。厄運怎麼可能帶來好處呢？」年輕人說。

「你沒聽說過因禍得福嗎？」

「當然聽說過，但那只不過是句諺語，我從來沒有碰過這種事情。」

「也許是因為你從來沒去注意。每一件事都是有因、有果的。很多人在人生中飄流，被形勢所困，任暴風雨擺布，是因為他們忘了自己還有舵和帆，也不知要如何利用它們；他們不知道如何駕馭船隻，卻責怪天氣。其實不管環境和形勢如何，他們都可以選擇讓自己快樂。」

「可是，你不可能任意選擇自己的感覺啊！」年輕人堅持。

「只要你相信，感覺就是真實的，你自然會很小心地選擇自己的感覺。」老人說。

「少來了！」年輕人爭辯道，「你能肯定一個人不管遭受什麼困難，都可以選擇快樂？一個或瞎或聾或啞的殘疾人，怎麼可能快樂？」

「你顯然沒遇見過殘疾人士。」老人說，「一個比你不幸的人會比你更快樂，這聽起來有點奇怪，但卻是真的。你知道美國的海倫．凱勒吧！一個終生又瞎又聾又啞的人，別人問她，有這麼多身體缺陷，該怎麼生活下去呢？知道她怎麼回答嗎？」

年輕人聳聳肩。

「她說：『我的人生如此美妙！』而偉大的作家彌爾頓也是個盲人，他說：『當一個盲人並非不幸，不幸的是無法忍受看不見。』同理，財富、健康、名聲和權力並不能保證你會快樂。拿破崙是法蘭西帝國至高無上的皇帝，有人問他是否快樂，他回答說：『我所記得的快樂時光不超過六天。』」

年輕人十分驚訝：「一個殘疾人士如此快樂，而一個擁有財富和權力的人卻不快樂。這是為什麼？」

老人停下修車的工作，轉向年輕人，說道：「快樂是生命中最偉大的禮物，而且人人都有。你找不到快樂？那就去創造它！不管境遇如何，你都能夠創造快樂。」

「怎麼創造呢？」年輕人問。

「宇宙運行是有規律的，萬事萬物皆有規律可循。從日升、日落，到四季更替，都是自然規律使然。科學家也已經發現了地心引力、自由落體和磁性原理等法則。當然，還有一些法則是人們不太熟悉的，其中之一就是快樂的法則。」

「快樂的法則？」年輕人疑惑地問，「那是什麼？」

「是十項永恆不變的法則，遵循這些法則，就可以創造出快樂。許多人在追求財富的過程中放棄了一些原則，也有很多人根本忘了。不過還是有些人相信，相信自己可以找到這些法則的『祕密』。」

「我該怎麼找呢？」年輕人問道。

「等一下……就快好了。好……完成了！跟新的一樣。」老人把手放在衣服上擦拭著，說道，「你很快就會知道。這個……拿著。」他拿出一張紙條遞給年輕人。

年輕人低頭看看紙條，發現上面只寫了一排人名和電話號碼，於是他翻到紙條反面，以為上面會寫些祕密或法則，可是沒有，反面完全空白。

「這是什麼？祕密寫在哪裡？」年輕人抬起頭，老人不見了。「喂！」他叫著，在車子附近走了一圈。「你在哪裡？這只是一張名單啊！」他一邊叫著，一邊在高速公路上來回張望，就是不見老人蹤影。

一輛維修拖車慢慢地靠過來，停在了年輕人的車子前面，年輕人快步上前，打開拖車的門。

「這只是一堆人名，沒有什麼祕密……」年輕人的話音戛然而止，那個維修員並不是中國老人。

「怎麼了？」維修員爬下車來。

「等一下，」年輕人說，「老人呢？」

「什麼老人？你在說什麼？」維修員一臉疑惑，「你打電話說車子壞了，不是嗎？是你吧！」

「對！可是已經有人來過了，並且把它修好了……是那位中國老人……」

「什麼中國老人？我打電話回去問問看，可能有人先來過了。沒什麼，這種事經常發生，服務中心的人很忙，有時候會把一樁故障訊息通知給兩個維修員。」

維修員爬回駕駛座，用無線電接通了服務中心。幾分鐘之後，他又爬出來。「他們說只通知了我，電腦上有紀錄。而且，今晚我是這個區裡唯一的值班員。不管怎樣，我先幫你檢查一下。你可以發動車子嗎？」

汽車很快就啟動了，引擎運轉得很順利，維修員伸手示意年輕人可以熄火了。

「一切正常，」他說，「看不出有什麼問題。」

維修員離開之後，年輕人仍然坐在車裡，百思不得其解：老人為什麼突然失蹤了？他到底是誰？從哪裡來的？他說的快樂的祕密又是什麼呢？

過了幾分鐘，年輕人啟動汽車，繼續往家的方向前進。他沒有找到問題的答案，唯一的線索就是手中的紙條，以及上面的十個人名和電話號碼。

祕密1 態度的力量

一回到家，年輕人就拿出老人給他的紙條，開始撥打上面的電話號碼。他聯繫上了六個人，另外四個不在家，不過他都留了話，請他們回電。在打電話過程中，年輕人注意到一件奇怪的事——這些人聽他說到中國老人時，都馬上變得很熱情、很主動。於是年輕人開始安排見面時間。

貝利．凱斯特曼是年輕人聯繫的第一位，他是當地學校的老師，答應在下課後跟年輕人見面。

年輕人走進教室時，凱斯特曼先生正在批改學生作業；他看起來很年輕，年輕人猜他頂多四十歲出頭，甚至可能不到四十歲，年紀絕對不會太大。

「嗨！請進！」凱斯特曼先生熱情地握著年輕人的手說，「見到你真高興，請坐。」

年輕人坐定之後，凱斯特曼先生繼續說：「你昨天遇見中國老人了？」

「是的！他幫我修好了車。」

「我的天！他真是樣樣精通啊！那他跟你提過快樂的祕密了？」凱斯特曼先生說。

「是的！你知道內容嗎？」年輕人問道。

「喔！當然！」

「真的有效嗎？」年輕人又問。

「是的！十五年前，我陷入人生最大的低潮，沒有工作，沒有朋友，獨自住在一間離家鄉五百公里遠的小套房裡；感覺糟糕透頂，幾近崩潰。我好像快被一堆烏雲吞噬，看不到未來。

「有一天，我獨自坐在公園裡的椅子上，眼前是美麗的湖景，心裡卻塞滿了各種爛泥巴似的問題。幾分鐘之後，我突然發現有一位中國老人不知何時坐在我旁邊。」

年輕人想起自己和中國老人相遇的經歷，心裡不禁發涼。

「我可以把你的話記下來嗎？」年輕人問道。

「當然可以。」凱斯特曼先生繼續說道，「當時誰都看得出我心事重重，但我還是很驚訝，這位老人竟然完全知道我的心事，好像可以看透我似的。交談片刻之後，我得知，他正要去拜訪一個心情低落的朋友。他說：『我的朋友其實只是忘了快樂的黃金定律而已。』我當然沒有聽說過什麼快樂的黃金定律，不過他很快又解釋說：『很簡單，只要有決心，你想要多快樂就可以多快樂。』

「我當時並不太明白，後來才發現，他說的果然不假，而且老實說，那些簡單定律是我有生以來學會的最重要課程。其中，對我來說最重要的，就是『態度的力量』。」

年輕人聽得入神。凱斯特曼先生繼續說：「一直以來，我和許多人一樣，認為是某些事情會讓我快樂。事實卻是，我們可以讓自己快樂。記得我曾經看過一場催眠秀，台上的人被催眠後，催眠師給他們一顆生洋蔥，並告訴他們，這顆生洋蔥是他們這輩子吃過最美味的水果。於是這些人開始舔著嘴唇，大口大口地吃洋蔥。接著，催眠師又給了他們一顆桃子，告訴他們，這顆桃子是味道難聞的胡蘿蔔。這些人咬了一口桃子，馬上就吐出來，好像吃了什麼噁心的東西似的。

「這就是他們在催眠狀態下，被要求對洋蔥和桃子採取的『態度』。由此可見，問題的關鍵在於，我們在成長過程中，經常以負面或消極的態度面對事情，而這態度就是造成我們不快樂的原因。」

「負面消極的態度是怎樣的態度？」年輕人問道。

「譬如，我從小被教導要以最壞的打算來面對事情，因為這樣就不會太失望。」

「對啊！我也是被這樣教導的。這說法很有道理，不是嗎？」年輕人附和道。

「大家都這麼認為，不過卻是錯的。」凱斯特曼先生說，「這會摧毀我們的夢想，阻止我們體驗快樂。」

「怎麼會呢？」年輕人說，「如果已經對事情的結果做了最壞打算，最後果真如此的話，你也不會太失望，因為已經有了心理準備；如果結局不是最糟的，你反而會很驚訝。希望愈大，失望愈大啊。」

「這聽起來是很有道理，但如果你總是期待最糟的，就可能總是碰到最糟的結果。我可以證明這一點。現在，你環顧這房間，注意所有棕色的東西。」

年輕人環顧房間：木製畫框、椅子扶手、木質窗櫺、書桌、書，以及其他許多小東西都是棕色的。

「好，」凱斯特曼先生說，「現在閉上眼睛……」

年輕人閉上了雙眼。

「告訴我，你看到的所有……藍色的東西。」

年輕人笑了：「我沒注意到有什麼藍色的東西。」

「張開眼睛，」凱斯特曼先生說，「你看看，其實很多。」

藍色的東西的確很多，包括：藍色花瓶、藍色相框、藍色地毯，桌上有個藍色的資料夾，書架上也有藍色的書，甚至，凱斯特曼先生穿的也是藍色襯衫。愈注意，就發現愈多物品是藍色的。

「看看這些你沒有注意到的東西！」

「可是你騙我。」年輕人說，「你要我找棕色的東西，而不是藍色的。」

「這就是我要說的重點，」凱斯特曼先生說，「你要找棕色的，所以眼裡只有棕色，而忽略了藍色。人生也是如此，你一直在期待最糟的，所以只看到最糟的，而錯過了那些美好的事物。

「正因為如此，很多富人和名人，那些擁有你所能想到的所有東西的人，還是會沮喪，很多人還迷上了嗑藥或嗜酒；他們專注於自己沒有的事物，而忽略了已經擁有的，所以只看到人生中的貧乏。

「相反，很多人生活條件一般，卻依然十分快樂，那是因為他們看到了自己所擁有的。這也就是為什麼一個看到杯子半滿的人，會比看到杯子已經半空的人來得快樂的原因。

「任何身外之物，比如金錢、車子、名聲和財產，都跟快樂無關，是對待生活的態度決定了我們快樂與否。所以，我們如果要體驗快樂，無需更多的金錢、更大的房子或更好的工作，只需改變自己的態度即可。英國文學家約翰生博士寫過這麼一段文字：『人的思想源自他的內心，一個對人類內心本性知之甚少的人，最終只會悲傷於自己所失去的。』」

「我從不曾在意過這一點，」年輕人說，「不過，聽起來很有道理。」

「很有趣吧？如果你一直想著最壞的結局，就會把事情往最壞的方向引導。」凱斯特曼先生說。

「真的？」年輕人問。

「嗯，再比如說，你將在上百人的場合發表一場演講，可能會很緊張，還不斷想像著各種最糟的意外情況，譬如，你可能會當場忘了演講詞，可能會緊張得結結巴巴，還可能使上百個聽眾覺得自己看起來像個白癡。如果你一直想著這些，又怎麼準備演講詞呢？你會因此更自信？還是更緊張？」

「當然是更緊張。」年輕人坦承。

「是啊，誰不會呢？人們在生活中常遇到這樣的事。躺在床上的兩個人，一個想著今天將會發生什麼不幸，一個認為今天將會很美好；哪一個比較容易從床上爬起來，面對新的一天？哪一個比較容易享受這新的一天？」

「我明白你的意思了。可是，萬一碰到出乎意料的糟糕局面，該怎麼辦呢？」

「謹記黃金定律：你可以選擇自己的感覺！任何情況下，你都可以選擇注意藍色還是棕色。同樣地，你可以從任何情況中看到好的那一面。」凱斯特曼先生說。

「如果沒有好的那一面呢？」

「當然，當悲劇降臨我們的生活時，可能很難從中找到好的一面。但是，應對悲劇的方法就是去積極面對，在悲傷中尋找意義。這樣的事情很多很多，例如，父母最大的悲劇可能就是失去孩子……唯一能使我們走出悲痛的辦法，就是去做些積極、有意義的事情。

「譬如，在美國加州，有個十三歲女孩在路上被酒醉駕駛撞死了。當這個女孩的母親發現，那個駕駛以前就有酒醉駕車的肇事紀錄，卻沒有相關法律可以保障大眾免受這類人的危害時，她就發起成立了一個全國性組織——反酒醉駕車婦女組織。這個組織成功地遊說美國國會通過了一項反酒醉駕車法案，並且很快就被引入加拿大、英國和紐西蘭等國，拯救了上百，甚至上千條人命。這完全是因為一個母親把失去女兒的悲痛，轉化成為更積極正面的行動。

「人生中的每一段經歷，都別有意義，只要我們選擇去尋找，就可以找到。以我為例，當年遇到中國老人之前，我丟了工作，一心以為自己是個失敗者，可能永遠找不到工作。可是和中國老人談過之後，我發現，失業可能給我帶來某種非常正面的價值。」

「失業怎會帶來正面價值呢？」年輕人問道。

「失業給了我一個機會，讓我可以開創新事業。」凱斯特曼先生說，「所以，失業後，與其終日沮喪，還不如以熱誠、樂觀、開朗的態度去面對。請記住：『事件的意義，而非事件本身，可以決定我們對事件的感覺。』

「從這個角度出發，失業意謂著我將有一個新的開始。那是一個人生的轉捩點。當我誠實地面對自己，我承認，自己對工作從不曾熱誠過。而現在，我有機會可以重新思考自己到底想做什麼；我希望能夠做點不一樣的事情，有正面價值，並對社會真正有貢獻。於是我決定當一名老師，便重新回到學校進修。

「再舉個例子，」凱斯特曼先生說，「想像你跟女朋友分手了，你可以認為這意謂著你是個沒有吸引力、不可愛的人，永遠找不到女朋友，即使遇到別的女孩子，也無法再發展戀愛關係。你也可以認為，這意謂著你有機會找到更好的、更適合自己的人。截然不同的態度，就看你怎麼選擇。

「你可以給予生命中任何一段經歷正面的意義。有些民族甚至認為死亡是值得慶祝的，因為他們相信，人死後靈魂會回到真正的家，和所有的愛人、家人相聚。」

「可是，要從每件事當中都找出正面意義並不容易啊！」年輕人堅持道。

「如果你不想找，當然不容易！如果你看不到正面的意義，那是因為你根本不想去找。我們也可以用正面的問題來問自己，尋得正面的意義。要問自己：『我可以從這次經歷中吸取什麼教訓？』而不是問：『為什麼這種倒楣的事會發生在我身上？』」

「這樣問就可以了嗎？能不能再說清楚一點？」年輕人說。

「你每天都要問自己問題，關於你的所見、所聞，以及你做過、必須做和將要做的每一件事。從早上起床開始，到晚上就寢為止，你要一直有意識地問自己。思考的過程，不過就是一連串的自問自答。有問題才有答案，不同答案則會帶來不同感覺。因此，如果你覺得不快樂或沮喪，往往意謂著自己問錯了問題。

「大多數人在面對困難時，常常問自己：『我怎麼會碰上這種事？』或『我該怎麼辦？』這些都是消極、沒有建設性的問題，只會帶來消極的答案，而且只會導致自憐自艾、絕望和沮喪的感覺。如果我們用積極的問題來問自己，便能夠由此產生完全不同的感受。」

「什麼樣的問題才是積極的？」年輕人問。

「可以創造力量和希望的問題，譬如，我身陷困境時，會問自己三個有力的問題，而這些問題可以改變我看待事情的角度。第一個問題是：『這件事最棒的部分是什麼？』」

「如果這件事沒有最棒的部分呢？」年輕人打斷他。

「那我就再問：『這件事有什麼意義嗎？』然後，就像你刻意在房間裡找藍色的東西一樣，你會刻意去尋找那件事的意義。凡事都『禍中有福』，你若積極地看待任何遭遇，就能感受到生命的充實。這就是第一個快樂的祕密。

「老人給我一張名單，名單上的人都教了我一些快樂的祕密。他們當中很多人都曾經歷過人生的困境，但他們都走過來了，因為他們學會了如何為每一種情況建構出正面積極的意義。

「第二個問題是：『美中不足的地方在哪裡？』這是假設事情將會很完美，比問自己『哪裡錯了』更能創造出不同的感覺來。第三個問題是：『怎樣讓這件事如我所願，怎麼做會更有趣？』這個問題會讓你找出一些補救的方法，並在過程中獲得樂趣。

「我來舉幾個例子，看看這些問題的效果如何。昨天晚上，你的車子出現故障時，如果你自問：『這件事最棒的部分是什麼？』你可能會想到：『還好我沒有受傷』、『還好救援服務中心會幫我』，或『還好車子不是在荒郊野外故障』。

「然後再問：『還有什麼美中不足的地方？』答案當然是：『我的車壞了。』接著，你再問：『怎樣讓事情如我所願，怎麼做會更有趣？』所以，你在等待救援的時候，可以趁機放鬆一下，看看報紙、看看書，或聽一個以前無暇去聽的廣播節目。你甚至可以順便計畫下一次的旅遊、寫信，或者開始寫那本一直想寫的書，或者你可以躺到後座去，在維修人員到來之前休息片刻。

「再比如說，你因為太胖而心情不好。這也很好！因為你終於確定太胖會讓自己不快樂，並且決定改變這個事實。還有一個好處是，你終於知道減肥的重要了，否則太胖可能導致罹患心臟病。有什麼美中不足之處？你的體重和體型。那麼，該如何改變它呢？去瞭解導致肥胖的原因，並調整飲食結構，開始運動。該如何讓減肥計畫更有趣呢？去參加減肥俱樂部，這樣就可以遇到同道中人，或者參加你喜歡的運動課程，譬如跳舞也可以減肥。還可以吃健康的食物，或去學習烹煮健康、低熱量的食物。」

「真有趣。」年輕人說，「所以，期待最好的事物、留意生活中的美好，以及問一些積極的問題，就可以藉此改變自己的態度了。」

「沒錯！」凱斯特曼先生說，「創造健康、快樂的生活態度，可以用一個詞來概括——感激！簡而言之，快樂的祕密就是要培養感激的態度。」

「你是怎麼做到的？」

「尋找事物中值得感激的部分，」凱斯特曼回答，「每天問自己：『有什麼事值得我感激？』」

「如果沒有什麼值得感激的呢？」年輕人固執地問。

凱斯特曼先生揚眉看向年輕人，說道：「幾年前，我去拜訪一個罹患絕症的朋友，醫生說他活不過一年，我以為他會很沮喪，結果發現他竟然很開朗、很愉快。」

「真奇怪，一個活不過一年的人怎麼愉快得起來呢？」年輕人不解。

「我也是這樣問他的：『吉姆，你為什麼這麼快樂呢？』他說：『因為我今天早上醒來時，發現自己還活著！』我聽了之後，感覺很慚愧。一個將死的人尚且能夠充滿感激之情，我們這些健康的人為什麼反而不能？」凱斯特曼先生繼續說，「不管情況有多糟，總有一些事——通常會有很多——值得我們感激。一個活在快樂世界裡的人，和一個活在悲慘世界中的人，區別不在於他們所處的環境，而在於他們的態度。態度就像一枝心的彩筆，我們可以自己描繪生活的顏色，任何我們喜歡的顏色。」

在回家的路上，年輕人心想，今天所學到的東西對於改善他的生活，的確很有幫助，更重要的是，他終於明白自己為什麼總是不快樂了。

這天晚上，年輕人拿出筆記，對當天的筆記做了一次復習：

態度的力量

◎我的快樂源自我對生活的態度。

◎我想多快樂，就可以多快樂；從今天起，我選擇快快樂樂地生活。

◎我如果期待最好的，就會得到最好的！

◎快樂是一種選擇，無論何時、何地、何事，我都可以選擇快樂。

◎任何經歷都帶有正面積極的意義。從現在起，我將能從每件事、每個人身上尋得快樂。

◎遇到困難或壓力時，問自己三個有力的問題：

1. 這件事有什麼最棒的地方？
2. 還有什麼美中不足的？
3. 我該如何補救這個狀況，並在其中尋找樂趣？

◎感激是快樂的種子，我的心從此將充滿感激。

◎我快樂與否決定於自己的態度，而非所處的環境。我能把握自己的態度，從而把握快樂。

祕密2 當下的力量

「這件事發生在廿年前。當時我工作不順，家庭也有問題。某天下午四點左右，我走在市中心的街道上，想去拜訪一個客戶。突然，我聽見汽車長鳴的喇叭聲和一個女人的尖叫聲，抬頭就看見一輛車正直直對著我衝過來。

「彷彿慢鏡頭似的，我呆站在那兒，充滿恐懼地望著迎面衝過來的車，腦子裡快速閃過的念頭是——完了！我死定了！就在這千鈞一髮之際，突然有人抓住我，猛地往後一拉。說真的，就差一點點了，我甚至能感覺到車子擦過我的外套。差一釐米我就被撞到了，那必死無疑。我轉過身，驚魂未定地看著救命恩人——竟然是個矮小的中國老人！」

湯尼．布朗四十來歲，是位專業攝影師，作品常見諸全國性報紙和雜誌。在位於市中心的工作室裡，年輕人和他見了面。

「我被那意外嚇呆了，全身發抖地癱坐在路旁的椅子上。」布朗先生繼續說，「中國老人也走過來坐在我身旁，關心地問我有沒有事，我說還好。『好險！』他說。我說：『我知道，謝謝你救了我一命！』我解釋說自己在過馬路時有點心不在焉，然後他說：『在我國家有一個說法：安身立命，活在當下！』」

「我們聊了一會，離開之前，他給了我一張小紙條……」

「上面寫了十個人名和電話號碼？」年輕人接著說。

「是的。」布朗先生微笑著說，「我因此學到了快樂的祕密。」

「他們是如何幫助你的？」年輕人問。

「他們教我如何找到快樂，其中有一項祕密使我獲益良多，就是『當下的力量』。」

「僅僅『當下』這麼一剎那，就包含了快樂的祕密？」年輕人問。

「涵意不在於一剎那，而在於『活在那一剎那』。」布朗先生說，「快樂不是花幾年、幾個月、幾個星期或是幾天就能找到的，而是就在當下。」

「這是什麼意思？」年輕人還是不明白，「你的意思難道是說，快樂不會超過一分鐘？」

「當然不是。我的意思是說，你只能在當下體驗快樂。看那些照片，」布朗先生指著牆上的照片說，「你看見了什麼？」

年輕人抬起頭，仔細端詳牆上的照片：母親餵哺嬰兒、一對父子笑著在玩球、兩個老人相擁、兩個朋友在機場淚別，還有一群孩子在學校操場玩耍。每一張照片都捕捉到一種神情。

年輕人一一看完照片之後，說道：「嗯，這些人物的感受和情緒都很有張力，每一張都很不錯。」

「謝謝！」布朗先生說，「這些都是我嘗試去捕捉的情緒。照片的美麗之處在於，它記錄剎那間——一個無法重複的時間——在那一刻我們所體驗到的情緒。你有沒有仔細思考過人們如何衡量價值？譬如電視機、電腦、汽車、金錢、衣服、珠寶……所有的東西都可以被輕易地複製。生命中的時間是永遠無法複製的，但我們卻認為它沒什麼價值。時間是我們最寶貴的資產，我們卻總是浪費時間。我們把時間浪費在回想過去、擔心未來。事實上，現在——此時此刻——才是我們擁有的，也是我們僅有的。」

「我好像還是有些不明白。」年輕人說。

「當你回首過去，」布朗先生解釋道，「想起過去的快樂時光，腦海中出現的是什麼？」

「嗯……我想想。」年輕人說著，然後看向遠方。

他想到自己五歲生日那一天，那時父親還活著，他們全家在海邊度假，還有大學畢業的時候……

「你如何記住那些時光？」布朗先生補充道，「你是用年、月、日……還是時刻去記憶？」

「我不確定。」年輕人猶豫地說。

「好，回憶一個特別的快樂時光。」

「嗯，我的五歲生日聚會。」

「你真正感到快樂的時刻呢？」

「我記得聚會開始之前，母親抱著我，喃喃地說：『你是我的小寶貝，我愛你！』有時候，當我閉上眼睛，還依稀聽見她在我耳邊這麼說。」

「很好！」布朗先生對年輕人的描述很滿意，他說，「這就是一個時刻！每個孩子都曾有過這種快樂的時刻。想像一下，如果你那時心裡想著學校的功課，可能就聽不到你母親對你說的話，也根本感覺不到快樂。而你的母親也可能因為你的反應，失去了快樂的感覺。」

「我明白了。」年輕人說。

「我們的記憶是一個個時間片段——一些我們看見、聽見或感覺到的時刻。我們不記得一整年、幾個月，甚至幾天裡發生的每一件事，而某個時刻、某一剎那卻會留在我們的腦海中。只有快樂地度過每個時刻，我們才能快樂地生活。如果有某個時刻是特別的、神奇的，我們的生活也會因此變得特別而神奇。祕訣就是，盡可能去收集更多那樣的時刻。時間是不會停留，也不會重複的，你應當把每一個時刻都好好地過，好好地體會。永遠記住，這一刻可能不是你所渴望的，卻是你所能擁有的。」

年輕人想起了凱斯特曼先生對他說過的一則故事，一個走到生命末期的絕症病人，卻還能天天快樂，因為他感謝活著的每一天。年輕人想，那位病人一定知道活在當下的祕密，才能夠每一天、每一刻都活在快樂而非病痛中。

布朗先生繼續說道：「一天天地過，日子可能不好過，可是一分一秒地過，日子就能輕鬆度過。當我們把每件事都分割成許多小段，所有的事情都會變得很容易。如果你真正地活在當下，你就沒有時間後悔，沒有時間擔憂，只會專注於眼前。」

年輕人還是有些疑惑，「你如何保證每一刻都是快樂的呢？」他問。

「你要自己去體會這一點。」布朗先生回答，「詩人但丁說過：『想想吧！今天的黎明不會再回來！』如果你不知道有人給了你一個蘋果，你就不會去拿。就像一個排名頂尖的網球選手在一場重大比賽中，首先面對一個無名的選手時，心裡卻想著最後將會遇上的勁敵，結果，一失手就輸了一分。他心裡記掛上一個失分，無法專注地打下一球，於是，他又失誤了。他為前兩次失誤感到懊惱，並開始擔心：『萬一輸掉了這一局怎麼辦？』結果不用說，擔心尚未發生的事令他心神不寧，無法專注於眼前的戰局，結果，他又失掉一分。在他察覺到這種情形前，比賽已經結束，他輸了這一局。

「我們也會遇到同樣的情況。我們思索過去，擔心未來，結果是：我們永遠無法專注於現在。這是個惡性循環，如果我們不能活在當下，我們就無法贏得人生這場遊戲，於是，我們會一直為已經做過的事感到後悔，為尚未發生的事感到擔憂。」

年輕人從筆記本上抬起頭。顯然，他從來沒有用這種方式思考過時間的重要性。

「我們如果希望快樂，」布朗先生繼續說，「就必須學會感激我們所擁有的——此時此刻所擁有的。今天的抉擇意謂著明天的事實，我們必須學會把握眼前，而當它們走時，就該放手。就像蘇格蘭的散文家、歷史學家湯瑪斯．卡萊爾所寫的：『我們該做的，不是看著遠在天邊的東西，而是著眼於手上的事物。』如果把焦點放在未來，我們可能會變得患得患失，整天擔憂那些還沒有發生，甚至可能永遠不會發生的事。

「法國的散文哲學家蒙田也曾經寫道：『我的人生充滿了可怕的不幸……然而，大部分從未發生。』這就是為什麼有那麼多人背負著沉重的壓力和擔憂的原因，因為他們沒有今天，而是永遠處在昨天，永遠擔憂明天！活在當下的人是沒有時間悔恨過去和擔心未來的，他們只專注於眼前的事情。

「所以，活在當下——只專注於現在這一刻，是克服憂慮和恐懼的最好方法。很多宗教都傳播這種思想。你知道基督徒怎麼禱告嗎？他們會說：『感謝主賜給我今天的麵包和食物。』注意喔！不是明天的麵包或下個星期的麵包，而是今天的麵包。想要擺脫悲傷的生活，方法就是只過好今天的生活，如果這樣的思維可以讓我們度過最艱苦的時刻，那麼將來只會更好。你一定聽說過這句話：『每一天都是新的開始！』我在生活中一直謹守這樣的態度。」

布朗先生接著從牆上取下一塊畫板，說：「我每天讀一次，以提醒自己時時刻刻活在當下。它讓我盡可能過好每一天，這樣，我的人生就很完美了。」

布朗先生遞給年輕人的畫板上，有一篇印度詩人卡利達撒所寫的短詩：

向黎明問好！
看看這一天！
這就是生活，純粹的生活。
在生活這堂課裡，
你真真切切地感受到充滿成長的喜悅、生命的榮光，和美麗的色彩。

因為昨天終究是場夢，而明天不過是想像；
但是，華麗的今天讓每個昨天都成為一場快樂的美夢，
讓每個明天都成為希望的想像。
所以，向黎明問好吧！
因為每個黎明都將帶來美妙的一天。

布朗先生說，「從今天起，把你的心思放在眼前，不要放在你已經做了，或將要做的事情上。」

「我想我明白了，」年輕人說，「可是，難道我們都不需要考慮未來嗎？」

「只有活在當下，才有可能創造出自己想要的未來。每個時刻都提供給我們許多選擇，而這些選擇形成了我們的未來。具體地說，思想是行為的種子，行為養成了習慣，習慣形成了性格，而性格決定了未來。

「我們在每一個時刻所選擇的思想，將決定我們下一步的方向。所以我說，我們在每一刻所做的抉擇和行為會創造我們的未來。當你和人們交談，很快就會發現，大多數人經常是活在過去或未來，活在另一個時段的另一個地方。我就曾經如此，經常想著其他時候的其他事情，最終差點兒因此喪命。」

「但是，你的意思該不是建議人們不必事先計畫吧？」年輕人又問。

「當然不是。計畫是我們開展所有行動的先決條件。但是，當你做這件事時，別去計畫另一件事；當你在計畫這件事時，也不要去做別的事。不管你正在想或做什麼，都要專注，要心無旁騖。你和別人談話，就一心一意地談話；你工作的時候，就專心工作，別犯跟我同樣的錯誤！」

「什麼錯？」

「當你過馬路時，注意過往車輛！活在當下可以減少你的緊張和憂慮感，讓你的工作表現更出色，增進你的人際關係，讓你的生命變得更充實。這就是當下的力量。」

這次會面之後，年輕人開始努力讓自己全神貫注於正在做的事。讓腦子始終專注於某件事並不容易，但是他漸漸能夠做到了。面對一桌子待處理的公文，他不再六神無主；他專心致志、有條不紊，一次只處理一件公文，第一件處理完再處理第二件。於是，進入公司三年來，第一次，在下班前他的「待辦」籃子空了。他和同事談話的時候也全心全意，結果讓他非常意外，一個同事對他說：「謝謝你聽我說話，你真的幫了我很多忙。」此時，年輕人真的感到快樂無比。

下班之後，年輕人用過晚餐，舒舒服服地坐在客廳沙發上，拿出筆記本，把和布朗先生談話的紀錄復習一遍：

當下的力量

◎快樂不是需要花幾天、幾星期、幾個月，甚至幾年才能找到，快樂就存在「當下」。

◎想過一個完美的人生，只要好好度過每一刻就行了。

◎回憶是由許多特別的時刻所組成的——盡可能去收集更多的特別時刻。

◎活在當下可以讓你避免悔恨，克服焦慮，減低壓力。

◎記住！每一天都是新的開始，新的生活。

祕密3 想像的力量

年輕人過了許久才有機會見到名單上的下一個人：露絲．摩斯。她解釋說，她將出城去為她的考古學課程進行田野調查，但是，她很樂意回來之後馬上與他見面。

在露絲．摩斯的公寓，他見到了一位稍微年長、穿著粉紅色襯衫和藍牛仔布工作服的女士。

「嗨！」他說，「我找露絲．摩斯。」

「你好！」這位女士微笑著說，「請進。」

她領著年輕人進入大廳。

「別客氣，把這裡當成是你自己的家。」她說，「水剛剛燒好，你要不要來點茶？我有伯爵茶、不含咖啡因的咖啡和一些加味的水果茶，有甘菊、薄荷和柳橙口味。」

「薄荷茶好了，謝謝！」年輕人回答道。

幾分鐘後，這位女士捧著一壺開水、兩個杯子、一小瓶蜂蜜和一碟自製小餅乾進來。她坐在年輕人面前，把茶倒進杯中。

她說：「我很高興接到你的電話，能不能再對我說說你和中國老人相遇的經歷？」

年輕人一臉疑惑地說：「對不起！……妳……妳就是露絲．摩斯女士？」

「當然！」她笑著說，「不然你以為是誰？」

「嗯……我不知道……可是，我記得妳在電話裡面說，妳是個學生，不是嗎？」

「是啊！我最近正在修讀考古學學位。老天保佑！明年我就是個碩士了！你要不要在茶裡面加點蜂蜜？」

「喔！不了，謝謝。」

她把茶杯遞給年輕人，並往他的盤子裡添了幾塊餅乾。

「你不是在開玩笑吧？」年輕人說。

「開什麼玩笑？」

「你真是個研究生？」年輕人難以置信地說。

摩斯太太微笑：「是的，我當然是。」

「喔……嗯，對不起，」年輕人努力掩飾自己的驚訝，他說，「我以為你是個年輕的學生。」

「我是個年輕的學生啊！」摩斯太太笑著堅持道，「確切地說，是八十二歲的年輕學生。」

年輕人笑了，「八十二歲的確年輕。」他說。

「我能幫你什麼忙呢？」摩斯太太問道。

年輕人敘述了自己和中國老人相遇的經歷。

「你看這個。」摩斯太太遞給年輕人一張照片。

年輕人端詳這張黑白照片，裡面是一個老女人拄著拐杖，他問：「這是誰？你媽媽嗎？」

「不是，那是我。或者說，是二十年前的我。」

年輕人再把照片拿近一點仔細看，發現照片中的人在臉型、髮色和嘴型上，的確有一點像坐在他面前的這位摩斯太太。

「你看起來比照片中年輕多了。天啊！發生了什麼事？你是如何做到的？」

「我遇見了一個改變我一生的人……一位中國老人！大概在二十年前吧，我剛退休不久，生平第一次感覺自己老了。晚上很難睡著，白天又容易疲倦。我的注意力和記憶力開始下降，四肢也感覺僵硬而沉重。你可以想像，當時我有多糟糕。後來有一天，一切都變了。那天我正在等公共汽車，旁邊站著一個背著登山背包的中國老人。

「他對我微笑，我也報之以微笑，然後，我們就攀談起來。他說他正在環遊世界。我簡直不敢相信，像他這種年紀，怎麼可能還背著背包去環遊世界？我提出質疑，他卻笑答：『我們只不過跟自己想像的一樣老罷了。』我們開始談起六十歲以後的事情，我在這種年紀只看到問題和重重困難，他卻能看到機會和新奇事物。『一個充滿經驗和智慧的年齡。』他說。然後，他問了一些我以前從未想過的問題：你的生命為什麼會因為活得夠久而開始走下坡呢？他說：『生活應該愈過愈好才對，因為你已經練習了這麼多年。』

「跟中國老人談話後，我體會到：『人老心不老！』讓人老去的原因，不在於年紀，而在於內心。我跟他相談甚歡，結果至少錯過了四輛公共汽車。我成了快樂的祕密的俘虜——一些適合任何人、任何年齡、任何膚色的祕密——可以為你的生命創造快樂的祕密。就好像新生一樣，一切都從黑白變成了鮮豔、美麗而明亮的色彩。但是，當然啦，事實上除了我自己，什麼也沒有改變。而這些祕密當中，對我來說最有價值的祕密，就是想像的力量！」

「想像？」年輕人疑惑地重複。

「是的，即你如何看待自己，你對自己有著什麼樣的信念。這世上為什麼會有這麼多人不快樂？原因就是，他們在內心深處並不喜歡自己。許多人的成長過程經常伴隨著某些觀念，有些是關於身體的，譬如『我的鼻子太大』、『我長得太醜』、『我看起來太幼稚』，或『我看起來太老氣』；有些是心理方面的，譬如『我不像別人那麼聰明』；也有人相信自己有某種性格上的缺陷，譬如『我沒有幽默感』或『我讓人覺得無趣』。不管是什麼理由，如果對自己不滿意，又如何能過著滿意快樂的生活呢？」

年輕人馬上想到自己的那些觀念，簡直數不勝數。「這些觀念是怎麼產生的呢？」他問。

「來自我們的生活，通常是童年的經歷。記得有一個人曾對我說：『我天生有我父親的說話方式、我父親的模樣、我父親的觀念……而我母親非常蔑視我父親！』

「我們對自己的印象首先來自孩童時期，那時期，我們不知道自己是誰？是什麼？應該成為什麼？但是，我們身邊那些比較年長、有智慧的人，會給予回答。

「舉個例子：小吉米從學校帶回一張表現不佳的成績單，上面沒有甲也沒有乙，只有丙和丁。於是他就想：『我的成績為什麼這麼不好呢？可能是因為我看了太多電視，或是不夠努力用功、太笨、太懶惰了。』父親看過小吉米的成績單之後，便對他說：『你至少還算誠實。』可是他看了老師的評語之後，生氣了。他說：『吉米，你的問題就是，不愛用功，又懶又笨！』

「吉米從此真的以為自己又懶又笨，並且抱著這樣的想法終其一生。每次遇到挑戰，他會對自己說：『我又笨又懶惰，我做不到。』所以他避開任何挑戰，自認矮人一截，瞧不起自己。」

「我們該如何糾正這種負面的觀念或想法呢？」年輕人問。

「問得好。首先，我們必須問自己一個最重要的問題：『我是誰？』或『我是什麼樣的人？』」

「為什麼這樣問呢？」

「因為這個問題的答案，可以讓我們意識到自己是個多麼特別的人。譬如說，在你父親和母親相遇並結婚之後，生下你的機率不到三十億分之一！他們有三十億個機會生下跟你完全不同的人，結果卻生下了你！不只這樣，全世界，包括人類歷史上，也不會有跟你一模一樣的人，將來也不可能會有人跟你一模一樣。

「第二個要問的問題是：『我認為自己是什麼？』」

「譬如『我是醜的』或『我是笨的』？」年輕人打斷她。

「是的。然後再思考：『我怎麼知道這個判斷是對的？』是因為有人這麼說或做過嗎？還是你自己知道這是真的？大多數時候，我們以別人的說法來建構對自己的認知。別人就像是我們『心裡的鏡子』。來，我讓你看一樣東西。」

摩斯太太從抽屜中拿出幾面鏡子，她把每面鏡子都舉起來，讓年輕人可以看到自己。這些鏡子裡的鏡像都是扭曲不平滑的；鏡中，年輕人一會兒腦袋變得很長，一會兒耳朵看起來像對翅膀，一會兒又變成了全世界最肥的人。他看著鏡子，忍不住笑了起來。

「哪一個像你？」摩斯太太問。

「都不像。」年輕人說。

「你怎麼知道？」

「因為這些都是哈哈鏡，照不出真實的模樣。」

「可是，如果你從來沒看過真正的自己，該怎麼辦？你可能會被這些哈哈鏡嚇倒了。還好，你知道自己的真正模樣，因為你從正常的鏡子裡看到過。可是，你什麼時候從正常的鏡子裡看到過自己內心的模樣呢？我們可以從鏡子中看到自己的外表，卻沒有辦法看到內心的長相。

「於是，我們從別人的反應來看自己的內心。如果別人說你是自私的，你就可能相信自己是自私的。同理，如果有人說你是愚蠢的，你也可能相信。別人就是你的鏡子，但卻是一面不平滑的鏡子——他們的偏見會讓你的形象產生扭曲。

「我們可能犯的最大錯誤，就是去依賴並相信別人對你的評斷。當父母或老師說一個小孩子：

『你真頑皮』、『你真自私』、『你真懶惰』，或『你真愚蠢』時，他們便對孩子創造了一個負面、也是錯誤的自我想像。雖然這孩子可能真的說了或做了什麼頑皮、自私、懶惰或愚蠢的事，但這是孩子的行為，不是孩子本身。這之間的區別可能很小，但卻非常重要。『你是一個淘氣的女孩』和『把果汁倒在地毯上是淘氣的』，這兩種說法完全不同。」

「可是，其實不就是一回事嗎？」年輕人說。

「你有沒有做過錯事或後悔的事？有沒有犯過愚蠢的錯誤，或做過不明智的選擇？」

年輕人點點頭說：「不是每個人都會嗎？」

「對。但是做了一件蠢事，並不等於你是個蠢人啊！」

「喔！我明白了。」年輕人說。

「很多人把行為和個人混為一談，這使我們對自己建構了許多不必要的負面看法，這些看法甚至從此跟隨我們一生。」

年輕人迅速記下一些重點，並且說道：「我明白我們是如何在自己身上建構錯誤的負面觀念了。可是，一旦形成這些觀念，該如何擺脫呢？」

「首先要確認這些觀念的來源，」摩斯太太說，「有時候只要察覺到問題之所在，就可以解決問題。然而，有些想法已經在心裡根深柢固，要將之連根拔除的話，僅僅察覺到問題本身是不夠的。這時就可使用另一個解決方法——『正面的提示』。」

「怎樣的提示？」年輕人問。

「就是對自己說的一段聲明，可以大聲唸出來，或在心裡默讀。譬如：我是一個可愛、聰明而且特別的人。」

「這樣說有什麼幫助呢？」

「如果我們經常聽到什麼說法，」摩斯太太說，「聽的次數多了，我們就會相信。這通常是我們信念的緣起——就像小孩一樣，一遍又一遍聽同一件事，最後就學會了。廣告人經常使用這種技巧。他們想出一句簡短的口號，然後在電視上一次又一次地播放，漸漸地，我們就相信它了。

「想要把握你的人生，就必須先把握你的信念。方法之一就是使用這種提示。」

「我要重複多少遍這種正面的提示才會開始相信？」年輕人問道。

「這要依你負面觀念的強弱來決定重複的次數。當然，認真地唸出這個提示，好像你真的相信一樣，會比你只是隨口唸唸要有效得多。我建議你一天至少唸三次——早上、中午和晚上各一次。你也可以把它寫在一張小卡片上，隨時隨地讀它。

「另一個可以幫你改變自我想像的技巧，就是表現出與你的觀念相反的行為。譬如，如果你認為自己沒有吸引力，那就表現得好像自己很有吸引力；或者如果你缺乏自信，那就表現出好像很有信心的樣子。」

「是不是假裝你擁有某種自己缺乏的特質？」年輕人說。

「對！但是當你表現得好像很有吸引力、有自信而且快樂的時候，奇蹟就發生了……你會真的感覺自己有吸引力、有自信而且快樂。舉例來說，假想有一個自認為沒有吸引力的女孩跟朋友們去跳舞，她整晚都站在沒人注意的角落裡，結果始終沒有人來邀請她跳舞，這一點都不奇怪，對吧？

「但是，那個女孩如果想表現出很有魅力的樣子，她可能會穿上更有誘惑力的服裝，並可能會找更多機會與人攀談，可能會更放鬆，也更快樂。自然而然，她對別人來說，就有魅力多了。

「或者你可以想像一個將要發表演說的人，非常緊張，緊張得膝蓋都在發顫。如果這人一直感到緊張，可能就會臨陣退縮。但是，他知道自己必須完成這件事，所以，他刻意表現出很有信心的樣子。他以自信的語調做了簡短的開場白之後，觀眾鼓掌了，他也開始真的感到信心十足。

「同理，有時候我們並不快樂，但如果我們表現出很快樂的樣子，並且見人就微笑，通常人們也會回你一個微笑，而這會讓你真的快樂起來。另一個增進自我想像的方法，就是在自己身上尋找長處。」

「聽起來不錯，可是實際做起來容易嗎？」年輕人邊說著，邊從筆記本上抬起頭來。

「非常容易，」摩斯太太說，「你只需問自己：『我喜歡自己哪一點？』或『我擅長什麼？』」

「可是答案很可能會是『很少』或『完全沒有』。」年輕人說。

「人類腦子的最精妙之處在於，永遠可以為任何問題找出至少一個答案。大多數時候，我們會問自己負面的問題：『我為什麼沒有吸引力？』、『我為什麼這麼愚蠢？』、『我為什麼找不到工作？』。而你的腦子一定可以找出答案：『因為你的鼻子很大』、『因為你生來腦袋就比別人小』、『因為你不善於跟別人溝通』，什麼稀奇古怪的回答都有，但是，你一定找得到答案！

「當我們問自己正面的問題時，通常可以得到正面的答案。如果你實在想不出自己有什麼地方值得喜歡，可以把問題改成：『如果我有一點喜歡自己的話，那會是什麼？』這個問題會引導出一個正面的答案。其他可以改變我們自我感覺的聰明問題，還包括了：『我有什麼實力？』、『我擅長什麼？』、『我可以在哪些方面做出貢獻？』。

「正面提示自己、裝得若有其事，以及對自己提出正面的問題，都不難辦到，也是改變自我感覺的有效方法。而下一步就是必須停止接受別人對於我們的錯誤反應。」摩斯太太繼續解釋，「一定要記住，別人是我們的鏡子，但卻是有偏見和不平滑的鏡子。

「記住這一點：批評很容易，既不需要天分、不需要思考，也不需要人格。只有上帝能創造出一朵花，可是任何愚蠢的孩子都可以把它剝成碎片！當人們做出粗暴或魯莽的舉動，當他們說出殘忍而愚蠢的話時，通常都是因為他們自己的靈魂出了問題，而不是你的問題。因此，不要聽信別人對你的評斷——除非他的評斷是正面積極的。

「如果我聽信別人的話，你想，我還可能在這種年紀進大學念書嗎？如果我接受別人的評斷，你想，我能以六十五歲的高齡去學滑雪嗎？或在六十八歲時去學畫畫？如果我聽信別人之言，我可能要麼已經死去，要麼就活在過去的回憶中。

「人們說我在這種年紀還去學習是愚蠢的，許多人甚至覺得我有點瘋瘋癲癲。或許是吧！可是，我活得可快樂呢！有篇文章說，人生中最棒的事，就是瞭解自己，因為只有到那種境界，你才可能真正超越別人加諸於你的評斷與限制；依自己的意願去生活，那是真正的快樂和自由。」

年輕人感到無比振奮，他說：「聽起來簡單，卻很有道理。可是……這些真的有效嗎？」

摩斯太太微笑著對年輕人說：「只有一個方法能知道是否有效——去試試看！」

這天晚上入睡前，年輕人把當天的談話紀錄拿出來復習：

想像的力量

◎「人老心不老！」認為自己行，自己就一定行。如果對自己不滿意，你將終生不快樂。因此，如果要一生都快樂，必須先對自己感到滿意。

◎每個人都是獨特的。每個人都是勝利者，因為他們是在三十億分之一的機率下出生的。

◎別人是我們的鏡子，但他們是扭曲的鏡子。

◎要糾正自己錯誤和負面的觀念，並創造出正面積極的自我想像。必須找到這些錯誤觀念的來源，確認它們是否真實。（如果是真的，就想辦法改變。）

◎每天都對自己說出「正面的提示」，說出自己希望擁有的特質。
◎表現出自己希望擁有的特質。
◎自問喜歡自己的哪一點，或自己擅長什麼。

祕密4 身體的力量

名單上的第四個人，叫做羅德尼．格林威。他是個知名的健康顧問，不只創辦了一家有名的健康俱樂部，還出版過好幾本關於健康的國際暢銷書。

早上八點鐘，年輕人在約定的時間抵達格林威先生的健康俱樂部，並在門口遇見一個身材高大、肌肉發達、穿著白色圓領衫和藍色牛仔褲的男人，這個人就是格林威先生；他膚色黝黑，深褐色的頭髮修剪得很短，淺綠色的眼珠在微笑時，閃爍著光芒。

格林威先生帶領年輕人進入辦公室，兩人坐下之後，格林威先生開口問道：「你要不要吃什麼或喝點什麼？我們有新鮮果汁、礦泉水、青草茶……」

「果汁好了，謝謝！」年輕人回答。

格林威先生倒了兩杯新鮮蘋果汁，遞了一杯給年輕人。

「我能幫你什麼嗎？」他說。

「我也說不清楚。」年輕人接著開始簡短地敘述與中國老人相遇的故事。

「快樂的祕密！」格林威先生說，「我是在十年前學到的，那時我還是個律師。」

「律師？」年輕人驚叫起來，「你是說，你放棄律師的工作，成了健康顧問？」

「沒錯。」

「為什麼呢?你竟然放棄自己學了許多年的專長,而那樣的職業又是人人羨慕的,還可以讓你生活無憂。」

「很簡單,」格林威先生說,「我不快樂。在學生時代,我根本不確定自己該從事哪個行業,而法律看起來是個還不錯的選擇。如果考取了律師資格,即使我不喜歡,但那樣的資格會是很棒的踏腳石,可以讓我輕鬆地跨入別的行業。」

「可是,絕不是跨入健康顧問這一行吧?」

「喔!那當然。我成為一個健康顧問是因為我喜歡。我曾經做了幾年律師工作,可是我的心不在那兒,我變得愈來愈容易疲倦、沮喪,甚至每天早上愈來愈難從床上爬起來。」

「我很明白那種感覺。」年輕人說。

「有一天,我正在辦公室加班,有個清潔人員走了進來,他看得出我不太對勁,因為我把頭埋在手裡,還不停地揉著眼睛。他問我怎麼了,我告訴他我還好,只是情緒有點兒低落。他就問我要不要來點『興奮』的感覺,我說:『喔不!謝謝!我不嗑藥。』結果他說:『誰說要給你藥吃啊?』我就很不解了,除了迷幻藥之外,還有什麼可以讓人感覺『興奮』?」

年輕人聽著格林威先生敘述自己的故事,便從口袋裡掏出筆和記事本,開始做筆記。

「結果你知道那個清潔人員說什麼嗎?他說:『運動!』」

「運動?」年輕人抬起頭重複道。

「對!就是簡單的身體運動。」

「天底下哪有什麼運動可以讓人『興奮』?」年輕人半開玩笑地說道。

「運動不只有利於身體健康,同時也可以長期維持生理和情緒的健康。你一定聽別人說過,沮喪的時候最好找一點別的事來做，最好是體力勞動。這真是個不錯的建議，而我則利用GOYB。」

「GOYB是什麼？」年輕人問道。

「就是『Get Off Your Backsid』——抬起你的屁股！」

年輕人笑著記了下來。

「為什麼說這建議不錯呢？因為它真的有用。就像愛爾蘭戲劇家蕭伯納說的：『你想要過得悲慘一點嗎？祕訣就是，沒事時想想你是否快樂。』別花時間胡思亂想，站起來就是了。站起來做點什麼事，不只可以讓我們的心思遠離問題，還可以緩和情緒，緩解問題帶給我們的壓力。」

「運動怎麼可能改變我們的感覺？」年輕人不太相信。

「我今天就是要告訴你一件很重要的事：行動影響情緒！」

年輕人低頭記錄。

「當我們移動身體時，我們也改變了情緒狀態。眾所周知，一個人如果不運動的話，漸漸地，會導致肌肉萎縮、骨骼缺鈣、身體虛弱，而且比定期運動的人更短命。但是，可能很少人知道，不愛運動的人會慢慢變得自閉、緊張和神經質，而且更容易受到壓力、焦慮和疲倦的折磨。」

「何以見得？」年輕人問道。

「科學家發現，運動會讓人的大腦釋放出某種化學物質和荷爾蒙安多酚，而這會使人感到精力充沛，或者像我們說的『興奮』。」

「你的意思是，定期的運動會讓我們感覺更快樂一些？」年輕人說。

「對！」格林威先生點頭。

「怎樣的運動呢？」

「有氧運動。我並不是說你得馬上去上有氧健身課。」格林威先生說，「『有氧運動』的字面意思是『吸入氧氣的運動』，所以不管什麼運動，只要你在活動的時候會吸入氧氣，譬如游泳、騎自行車、慢跑，甚至跳舞都是有氧運動。另一方面，無氧運動就是指在運動時沒有用到氧氣，那些活動是在屏息的狀態下進行的，譬如短跑或舉重，對情緒健康就沒有多少好處了。」

「為什麼呢？」年輕人好奇地問。

「因為當你在做無氧運動時，身體不是在燃燒氧氣，而是在燃燒另外一種物質。」

「要運動多久才會開始對身體有益？」年輕人問。

「每天大約三十分鐘就夠了。」

「聽起來不難嘛！」年輕人說。

「是不難！」格林威先生說，「但是，就像改變生活習慣一樣，你必須持續地定期運動，讓它成為一種習慣。」

「持續的運動可以讓人快樂？」

「是的。」格林威先生說，「那天晚上，我跟那個清潔人員談了很久，他提到了快樂的十個祕密。我向你保證，每一個祕密都對我的生活產生了重大的影響。不過，其中有一個祕密是我特別需要學習的，也是我現在最有資格教給你的，那就是『身體的力量』。」

「身體？我想你指的就是運動吧？」年輕人說。

「不！我們的身體還有其他許多同樣重要的力量，也都對情緒有深入而迅速的影響，運動只是其中之一。」

年輕人非常專心地記筆記。

格林威先生繼續解釋道：「第一個是姿勢——也就是我們站立、坐著和走路的方式。如果姿勢不好，譬如彎腰駝背或身體偏向一邊，都會使我們的健康和情緒受到影響。」

「有這麼嚴重嗎？我們的站姿或坐姿怎麼可能影響情緒呢？」年輕人問道。

「我解釋給你聽，」格林威先生說，「你想像外面有一個人疲倦、沮喪、萎靡不振，你想他會怎麼站立或坐著？」

「我想不出來。」

「嗯，他會抬頭挺胸還是垂頭喪氣呢？」

「可能會垂頭喪氣吧。」

「他的胸膛會挺起來？還是縮進去？」

「我想是縮進去吧。」

「他的臉部表情是微笑，還是凝重？」

「我想他不至於微笑。」年輕人笑著說。

「他的呼吸是沉穩的？還是輕淺的？」

「輕淺的。好，我可以想像他的樣子了。」年輕人說，「我們的姿勢會因情緒不同而迥異，對吧？」

「完全正確。不過這影響是雙向的，我們的情緒會影響姿勢，姿勢也會影響情緒。如果經常彎腰駝背，我們就會容易沮喪；相反地，我們如果振作精神，抬頭挺胸，馬上會覺得好多了。聽起來難以置信是吧？改變姿勢的確可以影響心情。你如果抬頭挺胸、深呼吸並保持微笑，就不容易沮喪。

「科學家曾經找來一些憂鬱症患者，其中有些人已服用藥物超過二十年，然後用攝影機記錄他們對不同姿勢的感覺。最後科學家驚訝地發現，當他們站姿良好時，幾乎不會感覺憂鬱，也不需要服用任何藥物。你能想像這有多神奇嗎？」

「不過，我想你不至於認為要解決問題的話，只需把時間花在深呼吸、抬頭挺胸和面帶微笑上吧？」

「當然不是。不過這樣做是個好的開端。這的確會讓人感覺好些，而且真的有用啊！這是一個用身體姿勢來控制情緒的簡單方法。快樂的祕密之一，就是隨時注意你自己的姿勢。我們常不知不覺地養成壞習慣，像是工作的時候駝著背，或彎著腰坐在電視機前，這些都會讓你感覺沮喪。」

「可是直挺挺地站著不太舒服。」年輕人說，「簡直像站崗的軍人嘛！」

「習慣成自然，好的姿勢要靠長期養成。事實上，如果要用到太多注意力，那就是不好的姿勢。健康的姿勢應該是自然伸直背部，並且放鬆，你不應該感到任何緊張或疼痛才對。有一種簡單的技巧可以幫助你糾正姿勢，我把稱之為『繩索技巧』。」

「繩索技巧？聽起來真好玩。」年輕人笑著說。

「是個非常簡單有效的辦法。你只需想像自己的身體是一根繩子，有個人在你頭頂輕輕拉著繩子。」

年輕人照做之後，馬上感覺自己站得比較直了，個子好像也變高了。

「你在這樣做的時候，會有一些些向上伸直的感覺。」格林威先生說，「而且你會覺得比較舒服。另一個很有效的技巧，可以讓身體幫助你改變情緒，叫做『下錨』。」

「下錨？」

「對。很簡單，而且絕對有效。就像俄國生理學家巴卜洛夫的狗一樣，巴卜洛夫每次餵狗時，鐘聲就會響起。久而久之，這條狗在潛意識裡就把鐘聲和食物聯想在一起，每次一聽到鐘聲，牠就會流口水。人類也有同樣的情形。當你聽到牙醫的電動鑽子聲時，有什麼感覺？緊張？不舒服？因為我們把鑽子的聲音和痛、不舒服及緊張聯想在一起了。

「通常，我們的潛意識會製造一些『錨』，那會阻礙你快樂。例如，有兩個人經常吵架，以致他們一看到對方，或聽到對方的聲音就會生氣。」

「可是我還是不明白，這些跟快樂究竟有什麼關係？」年輕人打斷格林威先生。

「我的意思是，我們有負面的『錨』，也有正面的『錨』。你一定看過運動場上，即將上場比賽的同隊隊友常會把手疊在一起，然後大喊：『加油！』因為這會讓他們感覺有信心、有力量。你現在自己試試看，感覺一下。」

「嗯，我會記住你說的方法。」年輕人猶豫地說。

「別只是記住，現在就試試看。」格林威先生說，「站起來，握緊你的拳頭，然後大喊：『加油！』」

年輕人站起身來，握緊了拳頭說：「加油！」

「不對！不對！不是用說的，要喊出來。」格林威先生說。

於是，年輕人重做一次，卯足了勁大喊：「加油！」說也奇怪，他馬上就感到精力十足。

「太神奇了。真的有用啊！」年輕人興奮地說道。

「那當然！」格林威先生說，「不只這樣，你還可以創造出別的『錨』。我教你怎麼做——回想一個令你特別開心的時刻。」

於是，年輕人想起了十年前，得到第一份工作的時候。

「盡可能清晰地回想。閉上眼睛，試著重新感受一次。當時你說了什麼？做了什麼？盡量留意所有細節。」格林威先生說。

年輕人仔細回想那個場景，突然，他感覺到格林威先生碰觸了他的右肩。

「現在，再仔細回想一遍。」格林威先生重複說。

年輕人已經可以看到那個畫面了。格林威先生又一次碰觸了他的右肩。

「你在做什麼？」年輕人說。

「別擔心，我們得多重複幾次。等一下我會解釋為什麼。」

這過程就這樣重複了七遍，直到年輕人終於忍不住問道：「這是在幹什麼？」

「我正在幫你創造『快樂的錨』。回想你的經歷，感覺我的手。」格林威先生笑著說。

「我不明白……」年輕人說道。

「我在幫你創造『快樂的錨』。」格林威先生又輕觸了年輕人的肩膀，重複說道。

漸漸地，年輕人感到一點點莫名的快樂湧了上來。

「我在幫你把潛意識裡的快樂和右肩的觸感聯想到一起。」格林威先生解釋道，「你看，用『下錨』可以創造出快樂的感覺。你要做的，只是記住你真正快樂的經歷，然後，在你回憶最快樂的那一刻時，做一些不太尋常的動作——摸摸耳朵、皺皺鼻子或轉轉手腕。只要是你平常不怎麼做的動作都可以。」

「為什麼呢？」年輕人插話。

「就像巴卜洛夫的狗啊！如果牠整天都聽到鐘聲，就不會把鐘聲和食物聯想在一起了。最棒的是，你可以用『錨』來引發各種不同的情緒，比如自信、憐憫或愛。基本上任何情緒都可以。」

「聽起來真是不可思議！」年輕人說，「所以，舉例來說，如果需要自信，我只要回想以前充滿信心的經歷，然後在回憶的時候做一個特別的動作，譬如拉拉耳垂，重複多做幾次，漸漸地，當我拉拉耳垂就會感覺有自信了？」

「對！就是這樣。你可能需要多練習幾次，仔細回想過去的特別經歷，然後，在你真的體驗到那次經歷的情緒高潮時，做出『下錨』的動作。習慣之後，你就知道這其實很容易。」

「這聽起來好像太簡單了！」年輕人說。

「我知道，可是真的有用呢！事實上，廣告界很多知名的廣告人都知道這個祕訣，他們常常使用這個祕訣，讓你把美好的感覺和他們所要推銷的產品聯想在一起。」

「為什麼？」年輕人不解地問，「廣告人又碰不到你。」

「這個『錨』可以是任何一種感知——碰觸、聲音、味覺、嗅覺或視覺。巴卜洛夫的狗用的是聽覺，你記得我剛才說的例子嗎？兩個經常吵架的人，只要一聽到對方的聲音或看到對方就會生氣。」

「喔！我明白你的意思了。」年輕人說。

「廣告人常常會找一個當紅的明星，把他們的歌曲拿來當廣告配樂，久而久之，人們一聽到那首歌或看到明星就會感覺很好，並很容易就把這種感覺延伸到廣告產品上。不然，為什麼有飲料商會願意付麥可・傑克遜一百五十萬美元，把他和他的歌放進廣告中？廣告人經常玩這種把戲，而我們也可以將同樣的方法運用在自己身上。這就是身體的妙用之處。此外，用身體來影響情緒的方法還有很多，例如食物也可以。」

「食物也跟這有關係？」年輕人說。

「我們所吃的食物會影響我們的感知，譬如，白麵包、蛋糕和巧克力，都會增加人體血糖的含量，這會讓人感覺疲憊、易怒；咖啡、茶和酒具有刺激作用，會導致抑鬱；其他一些人工添加劑也會使人沮喪。某些飲料和食物宣稱『無糖』，其實都含有一種人工甘味，研究報告指出，這種東西也會讓某些人感到沮喪。」

「有沒有什麼食物可以讓我們感覺好一點呢？」年輕人問。

「醫學研究證實，蕎麥中含有某種可以影響腦波並緩解壓力的物質。我們應該多食用水果、蔬菜和穀物雜糧，譬如糙米、燕麥、小米、大麥、豆類，以及沒有去麩的麵粉做成的麵包和通心粉等。因為這些都有助於穩定血糖、排解憂鬱及減緩壓力。」

年輕人想起自己平時吃的食物——那些速食，其實根本談不上新鮮、營養，說不定這就是導致他倦怠憂鬱的原因之一。

「還有一樣東西是好心情的必要條件，」格林威先生補充說，「那就是我們身體所需的自然陽光。」

「自然陽光？」年輕人連忙低頭記錄，然後問道，「這東西我們都有，是吧？」

「如果是這樣就好了。但很不幸的是，很多人的工作場所是沒有窗戶的，或者是常年緊閉窗戶，這就阻隔了陽光的進入。在晝短夜長的冬天，情況更糟糕。人因為缺乏陽光而產生的憂鬱，在醫學上叫做『季節性憂鬱』，由於冬天缺乏陽光，所以人更容易在冬季自殺。」

「那怎麼辦呢？」

「如果不能每天出門曬一個小時的太陽，那至少也要去做做人工日光浴。」

「聽起來挺有意思的，」年輕人興奮地說，「我從來不知道身體有這麼重要，但為什麼大家都不知道呢？」

「所以我們才叫它『祕密』啊！」格林威先生說，「其實，我們都知道如何利用身體來調動自己的快樂感覺。這是最自然不過的本能，只是我們生活在高度現代化的社會中，早把這些本能遺忘了。

「我第一次瞭解到這些的時候，就開始嘗試，並使它成為我的生活習慣：每天早上在工作前慢跑；隨時提醒自己保持良好姿勢；攝取大量的蔬菜、水果，以及天然的米、麥、通心粉；每天出門去曬一個小時的太陽。

「結果非常驚人。一星期之後，我感覺身心健康、情緒大好，於是開始跟其他人一起分享心得。後來我每週抽出幾個晚上，再加上週六下午，在物理治療中心和一些私人健康俱樂部授課。幾個月之後，事業愈做愈大，我就開始做全職的健康顧問。那種樂在工作的感覺真是太棒了。

「也不能說是工作啦！說玩樂可能比較準確。」

「我想這都要感謝那個清潔工人。」年輕人說。

「沒錯！幾個星期之後我曾試著聯絡他，想感謝他的幫忙。可是，竟然沒有人聽說過他。」

「等一下，」年輕人警覺地問，「他是不是……一位中國老人？」

格林威先生笑著回答：「你說還會有誰呢？」

回到家中，年輕人馬上坐下來閱讀自己的筆記：

身體的力量

◎行為影響情緒。

◎運動可以舒緩壓力，使大腦釋放出能夠讓人感覺快樂的化學物質。要定期運動——可以的話，每天運動三十分鐘。

◎姿勢影響情緒，正確的姿勢帶來快樂的心情。

◎快樂的感覺可以用「下錨」的方式來形成聯想。

◎食物影響我們的感覺，要避免咖啡、茶、酒、甜食及人工添加劑。攝取大量的新鮮蔬果和五穀雜糧。

◎缺乏自然陽光將使人感到憂鬱和沮喪。如果可以，每天都出門去曬一個小時的太陽。

祕密5

目標的力量

兩天之後，年輕人見到了名單上的第五個人——朱利斯．法蘭克博士。法蘭克博士是市立大學的心理學教授，雖已年屆七十，卻依然步履矯健，這讓年輕人想起了那位中國老人。

「我是在許多年前遇到中國老人的，」法蘭克博士說，「那是在第二次世界大戰期間，我被關在遠東地區的戰俘集中營裡。那裡的情況簡直不堪忍受，烈日炎炎，食物短缺，水質骯髒，許多戰俘都得了痢疾、瘧疾或中暑等疾病。有些人無法忍受這樣的身心摧殘，認為死亡就是最好的解脫。我自己也想過一死了之，但是有一天，一位中國老人的出現扭轉了我的人生。」

年輕人非常專注地傾聽著法蘭克博士訴說那天的遭遇。

「那天，我坐在囚犯放風的廣場上，身心俱疲，心裡想著，要衝上通了高壓電的鐵絲網是多麼輕而易舉的事。不知何時，我發現身旁突然坐了一位中國老人，當時我很虛弱，還以為這是幻覺。畢竟，在日本的戰俘營裡，怎麼可能突然出現一個中國人？」

「他問了我一個問題，一個很簡單的問題，卻救了我的命。」

法蘭克博士停頓了一下。

年輕人馬上提出自己的疑惑：「究竟是怎樣的問題可以救人一命呢？」

「他問的是，」法蘭克博士繼續說，「『當你活著離開這裡時，想做的第一件事情是什麼？』

「這是我從來沒想過，也從來不敢想的問題。但我已經有了答案：我要再看看我的妻子和孩子們。然後，突然間，我想到自己必須活下去，那件事情值得我活著回去做。那個問題救了我一命，因為它給了我某種已經失去的東西——活下去的理由！

「從那時候開始，活下去變得不再那麼困難了，因為我知道，每多活一天，就離戰爭結束近一點，也離我的夢想近一點。中國老人的問題不只救了我的命，還給我上了一課——我從來沒學過，卻非常重要的一課。」

「是什麼？」年輕人問。

「目標的力量。」

「目標？」

「是的，目標，企圖，值得為之奮鬥的事。目標給予我們生活目的和意義。當然，我們也可以沒有目標地活著。但是，如果我們要真正快樂地活著，就必須有生存的目標。有位偉人曾說過：『沒有目標，生活便會結束，碎裂消失。』」

「什麼東西碎裂了？」年輕人問。

「靈魂。你知道為什麼很多人退休之後很快就變得衰弱，然後死去？你是否覺得奇怪，為什麼很多富人和名人最後竟然也嗑藥或酗酒？」

年輕人點點頭，他的確常想不通為什麼很多人一退休之後，很快就會變「老」，也不明白那些名人富豪坐擁豪宅數座、家財萬貫，還有幸福的家庭和發達的事業，但不是嗑藥、酗酒，就是莫名其妙地自殺了。

「原因之一，就是他們覺得生活沒有目標、沒有意義。」法蘭克博士解釋道，「你聽說過海倫·

凱勒吧？」

「聽說過。我知道她又瞎又聾又啞，但熱愛自己的生命。」

「沒錯！但你知道她為什麼熱愛生命嗎？」法蘭克博士說，「因為她賦予自己的生命意義。當被問到為什麼有這麼多身體缺陷，還能如此快樂時，海倫回答：『很多人都錯估了快樂，快樂並非來自於自我滿足，而是來自於對目標的堅持。』人類最基本的需求就是尋求生命的意義，而這意義就是『目標』所帶來的。

「目標會創造出目的和意義。有了目標，我們才知道要往哪裡去，去追求什麼。沒有目標，生活就會失去方向，使我們成為迷途的小羔羊。人們生活的動力通常有兩個：遠離痛苦與追求歡愉。目標可以讓我們把心思緊繫在追求歡愉上，同時也讓我們更能夠忍受痛苦。」

「我有點不太明白，」年輕人猶豫地說，「目標為什麼可以讓人更能夠忍受痛苦呢？」

「嗯，我想想該怎麼說……好！比如你肚子痛，每幾分鐘就會來一次劇烈的疼痛，使你忍不住呻吟，這時你有什麼感覺？」

「太可怕了，我可以想像。」

「如果疼痛愈來愈劇烈，而且間隔的時間愈來愈短，你有什麼感覺？你會緊張？還是興奮？」

「痛得要死了，怎麼還可能興奮？除非你有被虐待傾向。」

「不，想像一個臨盆的孕婦！她忍受著痛苦，知道自己最終會生下一個孩子。在這種情況下，孕婦甚至可能期待痛苦來得更頻繁些，因為她知道陣痛愈頻繁，就愈表示她快要生了。這種疼痛包含著有意義的目標，因而使得疼痛可以被忍受。

「同理，如果你已經有了目標，就更能忍受達成目標之前的痛苦。當時我也是因為有了活下去的目標，所以更有韌性，否則可能早就撐不下去了。後來我看見一個情緒非常消沉的戰俘，就問他同一個問題：『當你活著走出這裡時，想做的第一件事情是什麼？』他聽了我的問題，臉上的表情漸漸變了，他因為想到了目標而雙眼發亮；他要為未來而奮鬥，他知道，努力地多活每一天，便離自己的目標更近一步了。

「看到一個人的改變這麼大，自己的話又給了他很大幫助，那種感覺太棒了！所以，我又有了新目標——每天盡可能地幫助更多人。度過最困難的時期也好，走過最幸福的時期也罷，其中的祕密都一樣——『目標』。如果目標可以讓一個被關在戰俘營裡的人產生活下去的欲望，那麼，對生活在和平年代中的人不就更有幫助嗎？

「戰爭結束之後，我在哈佛大學從事一項很有趣的研究。我調查一九五三年那屆的畢業生，問他們在生活中是否有什麼企圖或目標？你猜多少學生有特定的目標？」

「百分之五十。」年輕人猜道。

「錯了！事實上，低於百分之三！」法蘭克博士說，「一百個人裡面，不到三個人對自己的生活有一點想法。我們持續追蹤這些學生達二十五年之久，結果發現，那些有目標的百分之三畢業生，比其他百分之九十七沒有目標的人，婚姻更穩定，身體更健康，財務情況也比較正常，生活也更快樂。」

「為什麼有目標會讓人比較快樂？」年輕人問。

「因為我們的活力不只來自食物，更來自心中的一股熱忱，而這股熱忱來自目標，來自對某個事物的企求與期待。為什麼有這麼多人不快樂？主要原因就在於，他們的生活沒有意義、沒有目標，早上沒有起床的動力、沒有目標的激勵，也沒有夢想。因此，他們在生命旅途中迷失了方向和自我。」

「如果我們擁有追求的目標，」法蘭克博士繼續說，「生活的壓力和張力就會消失，我們就會像參加障礙賽跑一樣，為了達到目標，努力衝過一道又一道關卡和障礙。所以，我總是建議我的病人去學『搖椅技巧』。」

「那是什麼？」年輕人問。

「是一種很簡單的技巧。想像你已經活過了大半輩子，此刻正坐在一張搖椅上回想你的一生。你會希望想起什麼？你曾經做過什麼？你想去什麼地方？你的社交狀況如何？最重要的是，你希望自己是個什麼樣的人？」

年輕人低頭記錄著。這些都是充滿力量的問題，但他以前卻從來沒有想過。

「這個技巧可以幫助你創造出長期的目標。然後，我們再按同樣的方法想出短期目標——十年、五年、一年、六個月、一個月，甚至一天的目標。我會要求我的病人把這些目標都寫下來，每天早上醒來後第一件事，就是讀它一遍。這樣，每天都會有一個積極的目標激勵你起床，並讓你在這一天充滿熱忱與興奮。」

「我會試試看，」年輕人說，「早上我總是很難從床上爬起來。」

「如果在白天和晚上睡覺之前都能再讀一遍，也會讓你把這些目標都牢牢記住。」

「若我改變主意，決定放棄其中某個目標呢？」年輕人問。

「好問題。我們的價值觀和優先考慮的事情，的確會因為年齡的增長和經驗的累積而有所改變，所以，只要根據自己的想法改變目標就可以了。所以，『搖椅技巧』應該經常做，至少一年一次，這樣就會有一些自己已經想清楚的目標可以追求，也可以為自己的生命創造目的和意義，讓生活更有動力。

「目標為我們提供快樂的基礎。人們總以為舒適和富裕是快樂的基本條件，事實上，真正讓我們感覺快樂的，卻是某些能激發我們熱情的東西。缺乏意義和目標的生活是無法創造出持久快樂的，所以快樂的最大祕密，就是我所說的『目標的力量』。」

「你有再遇到過中國老人嗎？」年輕人突然問。

「沒有。有時候我甚至覺得，他可能只是我幻想出來的虛構人物。」法蘭克博士說。

「為什麼？」

「因為我以前從來沒有在戰俘營裡見過他，之後也沒有再遇到他——有時候，烈日的確會讓人頭昏眼花。但戰後不久，我發現他真的存在。」

「你怎麼發現的？」年輕人問。

「我收到一個年輕人寄來的信，他說，我的地址就是中國老人給他的。」

年輕人回到家後，把與法蘭克博士面談的紀錄拿出來復習了一遍：

目標的力量

◎目標賦予我們的生命意義和目的。

◎有了目標，我們才會專注於追求喜悅，而不是避免痛苦。

◎目標讓我們早上有起床的動力。

◎目標可以讓痛苦的時光好過一些，而快樂的時光可以更快樂。

◎「搖椅技巧」幫助我們決定一生的目標——包括短期和長期。寫下所有目標，在以下時間讀一遍：早上起床後、白天的某個時間、晚上睡覺之前，記得至少每年重複一次搖椅技巧，以確定自己的目標仍然適用。

祕密6
幽默的力量

「這可能有點荒謬，我原以為這只會讓我覺得自己的問題很好笑，後來才發現，這是克服頹喪的最好方法，同時還可以創造快樂。」

說話的是約瑟夫．哈特先生，一個身材矮小但精力充沛的五十多歲男人；他是個有執照的職業計程車司機，也是年輕人名單上的第六個人。

「十年前，」哈特先生繼續說，「我的生意被幾個大客戶拖垮了，他們簽給我的幾張大額支票全跳票了，害我資金周轉不靈，又籌不到款項，我只能眼睜睜看著自己辛苦經營做大的生意垮掉，自此一無所有。

「我完全看不到希望，非常生氣，也很沮喪，於是在市中心希爾頓大酒店的十三樓租了一個房間——信不信由你，我當時準備跳樓自殺。」

年輕人聽到這話，驚訝得說不出話來。

「我坐在床沿，雙手抱著頭，極力想鼓起一點勇氣來做已經計畫好的事。最後，就在我鼓起勇氣，走到陽台欄杆邊緣的時候，身後突然傳來聲響。我轉身，看見一個服務生走進房間，向我問好；接著他也走到陽台上，問我需不需要服務。我說不用了。他俯瞰城市，一陣風吹過來，他深吸一口氣，說：『多美好的一天！』

「『有什麼美好的？』我沒好氣地說。他隨即說了一句話，讓我彷彿被潑了一頭冷水。他說：『如果你能試著失去一點點，之後就會發現什麼才是美好的。』我因為長期處於壓力之中，一聽這話，竟然當場哭了出來。他問我到底怎麼回事，於是我告訴他，我已經一無所有。

「他看起來很迷惑，說：『這是什麼意思？你還看得見吧？』

「我說：『當然！』

「他說：『很好！所以你還有眼睛嘛！你還聽得見，也能說話，而且也還能走啊！那麼，你到底失去了什麼？』我說是金錢，還有我的所有財產都沒有了。『啊！』他叫起來，『你指的就是錢啊！』然後他又潑了我一盆冷水，他說：『你願意自己是一個得了絕症的百萬富翁？還是一個健康的窮光蛋？』

「我當時完全答不出話來。那個服務生繼續解釋說，許多人只是因為一時看不到前途，就變得不快樂。與服務生的交談雖然沒有解決我的問題，卻使我開始從不同的角度看問題，而這已經足以讓我重新思考自己的生活。可是我一直沒有機會告訴他，他那些樸實的智慧阻止了我當時的計畫——自殺。

「他在離去之前，給了我一張小紙條，上面寫著十個人名和電話號碼，他說這些人可以幫助我解決問題。我原以為他的意思是，這些人可以借錢給我。事實上，這些人給我的是比金錢更有價值的東西——快樂的祕密。

「就是那些祕密讓我學會重新站起來，為自己創造快樂。我還有很多快樂的祕密需要學習，包括信心的重要性，以及我們的態度、身體的健康、寬恕和關係……但是，其中一個祕密是我特別需要掌握的，那就是『幽默的力量』。我本來是那種對待任何事都很嚴肅的人，但是，如果從來不笑，就很難快樂起來。」

「這不是本末倒置嗎？」年輕人說，「應該是先有快樂的感覺，然後才會笑，也才不會把事情看得那麼嚴肅，不是嗎？」

「沒錯。不過，笑既是快樂的產物，也是製造快樂的元素。你看，在笑的過程中，包括微笑，你的腦子會釋放出一種化學物質，使你產生一種興高采烈的感覺。專家學者曾經指出，笑的時候，血液中的壓力荷爾蒙——腎上腺素和可體松會降低，所以我們才不會感覺到焦慮。」

「可是，為什麼很多諧星反而都患有嚴重的憂鬱症呢？」年輕人反駁說。

「我可以向你保證，人們並不會因為笑得太多而變得沮喪。」哈特先生說，「很多人本能地利用笑或幽默的力量幫助自己擺脫憂傷。但你要記住，幽默只是快樂的十個祕密之一，如果要創造快樂，就必須把這十個祕密都結合起來。只使用幽默的力量就希望能夠得到快樂，就好像一個人只知道運動有益健康，卻不知道飲食、休息、減壓等因素也會影響身體的健康。

「科學研究分析也指出，笑，會增進我們的專注力，對於解決心理問題也很有助益。馬里蘭大學的研究者在幾年前做過一個非常有趣的實驗：讓兩組人解決一個問題，不同的是，第一組人在解決問題前，先看三十分鐘的教學錄影帶；另一組人則在試驗之前看三十分鐘的喜劇節目。結果，那組看喜劇節目的人，解決問題的平均速度比另一組人快了三倍。」

年輕人問道：「可是當某人遇到問題，或感覺沮喪、憂鬱、緊張、擔心時，怎麼可能還笑得出來呢？」

「沒錯，他們會笑不出來。但這就是問題所在了！如果他們能夠笑一笑的話，就可以改善狀況，因為笑不僅會讓他們感覺比較好、比較沒有壓力，也可以讓他們更容易地解決問題。你是否曾因為某件事而生氣或沮喪，但幾個星期之後，竟然可以把那件事當笑話一樣講給朋友聽？」

「有，我想每個人都有過這種經歷吧！」

「你在打趣這件事時，會覺得不妥嗎？」

「怎麼會呢？」年輕人笑著說。

「這就是我要說的重點！」哈特先生說，「當然沒什麼不妥！所以，如果我們能夠早一點笑出來，不就能早點解決問題嗎？這有什麼不好呢？」

「我明白你的意思了。可是，事情發生當時，怎麼笑得出來呢？」

「祕密就是，『找出』好笑的地方。我們可以選擇自己的思想，選擇要把心的焦點放在哪裡。不要去注意：『這件事有多糟？』我們可以輕鬆問自己：『這件事有多好玩？』」

「如果這件事一點也不好玩呢？」年輕人固執地問。

「那就問自己：『能不能好玩一點？』每件事總有一部分是可以拿來笑一笑的。笑通常就能解決一半的問題，關鍵就是去找出那個有趣的部分。」

「好像言之有理，可是並不是每件事都那麼容易找到有趣之處。」年輕人堅持道。

「當然不是每件事都可以拿來說笑。」哈特先生表示同意，「但大多數是可以的。重點在於，如果你想找出事情有趣的一面，就一定可以找到。我曾聽過一個有趣的故事，那故事是關於美國阿波羅登月計畫中的第一個太空人約翰．格林。在約翰準備登上太空梭的時候，一個記者攔住他，問：『約翰，萬一太空梭的動力引擎在太空中突然失靈，使你無法返回地球，你會怎麼辦？』約翰笑著對這個記者說：『那真的會毀了我那一天！』

「天底下有幾個人會在有生之年遭遇約翰所面臨的巨大壓力？恐怕大部分人都不會碰到。可是，如果我們都能夠以他那種幽默的態度去面對挑戰，就可以在人生旅途中體驗更多的快樂。

「阿波羅計畫成功之後，另一個記者又在一場記者會上問約翰：『當你成功地返回地球，進入大氣層時，心裡有什麼想法？』約翰回答：『我進入地球大氣層時，心裡想著：我乘坐的這架太空梭是由最低價投標的廠商所製造的！』

「這個想法的確很恐怖，但約翰以他的幽默克服了恐懼。我這麼說的目的是想告訴你，不管你面對的挑戰或困難有多棘手，你最適合問自己的問題就是：『這件事有什麼有趣之處？』，或『這件事能不能有趣一點？』。

「大多數人看待人生的態度太嚴肅了。其實我們可以停下腳步，問自己：『十年之後，這件事對任何人會有什麼影響嗎？』如果答案是『不會』，那就不會真有多嚴重，是吧？這有點兒像抗壓的兩階段祕方。」

「抗壓的兩階段祕方？那是什麼？」年輕人問。

「第一個階段是：別在意小事。」

哈特先生停頓了一下。

「那第二個階段呢？」年輕人問道。

「第二個階段就是：大多數事情都是小事！」哈特先生繼續說，「我這裡有一張小紙條，是一位罹患了重病的八十五歲老太太所寫的，其中藏有很大的智慧。」哈特先生把紙條遞給年輕人。

如果可以重新來過，我會試著多犯一些錯誤；我將不再如此完美，我會輕鬆一點，愚笨一點。其實很多時候，我都可以不必太認真，可以瘋狂一點。

我會珍惜更多機會，攀更多山峰，游更多河流，去更多沒有去過的地方旅行；我還要吃更多的霜淇淋，少吃一點豆子。

我願意面對更多實際的問題，而不要只是在腦中想像。我就是那種身體健康、心智健全、平平安安度過每一天的人！

如果可以重新來過，我要擁有更多自己的時間。

我曾經是那種沒有溫度計、熱水瓶、漱口水、雨衣和雨傘就出不了門的人，如果可以重新來過，我要更輕便地去旅行。

如果可以重新來過，我要在春天來臨之前就光起腳丫，直到秋末。

如果可以重新來過，我要欣賞更多次日出、日落，要和更多的小孩一起玩。

可是，我無法重新來過。

年輕人微笑著說：「你說得對，這訊息很有用。我可以保留一份嗎？」

「當然可以。」哈特先生笑著說。

「謝謝你跟我分享這一切。」年輕人說，「我今天得到了很多啟發。」

「太好了！很高興可以幫助你。」哈特先生說，「我有沒有告訴過你，美國著名喜劇演員喬治・伯恩所說的快樂的祕密？」

「沒有。」

「喬治・伯恩說：『快樂的祕密是什麼？很簡單，一根好雪茄、一頓好餐點和一個好女人——或一個壞女人，一切以你能掌握多少快樂而定。』」

年輕人起身告辭，走到門口，又轉頭問哈特先生：「你還沒告訴我，你是怎麼認識那位中國老人的？」

哈特先生微笑道：「我沒告訴你嗎？他就是那個酒店服務生啊！我一直沒告訴他，自己本來想在酒店做的事。第二天早上，我去服務台，希望可以當面謝謝他幫助了我，可是竟然沒有人聽說過他。」

「所以，你也一直沒有機會謝謝他？」年輕人問。

「是的，沒錯。」哈特先生笑著說，「可是我感覺他一定知道。畢竟，是他給了你我的電話號碼，不是嗎？」

那天晚上，年輕人在睡前再次拿出筆記復習：

幽默的力量

◎幽默可以緩解壓力，並創造快樂的感覺。

◎笑，可以提升我們的注意力和解決問題的能力。

◎不管遭遇任何事，只要認真尋求其中有趣的部分，就可以找到。

◎不要問：「這件事有多可怕？」要問：「這件事有多有趣？」或「這件事能不能有趣一點？」

◎記住「抗壓的兩階段祕方」：別在意小事，大多數事情都是小事！

祕密7
寬恕的力量

第二天，年輕人坐在哈伍德・傑柯布森醫師的辦公室中；他是名單上的第七個人。身材高大、頭髮濃密、眼珠湛藍，年約四十二歲的傑柯布森醫師，是市立醫院有史以來最年輕的外科主治醫師。而他位在醫院大樓頂層的辦公室，有兩面牆是落地玻璃，其中一面朝向城西，望出去的景致非常迷人。

「我第一次聽到快樂的祕密，是在大約二十年前。」傑柯布森醫師向年輕人說起了自己的故事。

「你從中得到幫助了嗎？」年輕人問道。

「當然。」傑柯布森醫師說，「我的生命也因此完全改觀了。我在成長過程中從來沒有很快樂的感覺，總是處於『將會』快樂的狀態。考上大學以後，我本以為『將會』快樂，可是實際上，什麼也沒有改變。後來我想，考取醫師執照以後，我就會快樂了。可是當我真的考取了外科醫師執照，甚至等我結了婚、有了小孩之後，情況還是沒有改變。事實上，除了擁有成功的事業、美滿的家庭和可愛的妻子之外，我並沒有真正快樂過。

「回首過去，我想原因應該是，十歲那年，我被父親送到寄宿學校就讀。當時我並不願意。我母親在我九歲時死於一場車禍，當場死亡。我的父親當時也在同一部車子裡，他開著那部車，卻只有輕微擦傷。我在潛意識裡，其實已經把那場意外完全歸罪於我父親。雖然這麼想很殘酷，但我的確是帶

著痛恨父親的心態成長的。」

「為什麼呢？」年輕人問。

「我認為他送我去寄宿學校，是因為他不愛我，或根本不要我了。」

傑柯布森醫師說到這裡，停頓了一會兒，眼睛看向窗外。

「我帶著這種憤恨的感情生活了十五年。」他降低了聲調，繼續說，「當你心裡潛藏了這麼深的怨恨和憤怒，實在是很難快樂起來。」

「有一天，我在機場，正準備飛往另一個城市參加一個醫學會議時，擴音器傳出『傑柯布森醫師，請與服務台聯繫』。當我走到服務台，有人給了我一則緊急訊息——我父親心臟病發，正躺在市立醫院的加護病房中。我坐了下來，雙眼死盯著手上那張寫著訊息的紙條，不知道該怎麼辦。因為我幾乎有五年時間沒有跟我父親談過話了。

「就在我把手上的紙條揉成一團，準備丟進身旁的垃圾桶時，有個人走了過來，問我旁邊的位子有沒有人坐。我搖搖頭，看了那人一眼，是個矮小的中國老人。他坐下之後，就跟我聊了起來。他談到他正要搭飛機去探望一個在意外事故中失去一條腿的朋友——一輛汽車在他過馬路的時候，不但將他撞倒，還輾過他的右腿，但他很幸運地活了下來。那位肇事的駕駛顯然正在趕路，居然沒有看到有人正在穿越馬路。『我最恨這種人了。』我說。結果中國老人聽了之後，竟然一臉惶恐地說：『為什麼要恨一個人？就因為他犯了錯嗎？每個人都會犯錯，如果僅僅因為人們犯錯就恨他們，那豈不是要恨包括自己在內的所有人？』

「然後他轉向我，微笑著說：『在我的國家有一個說法：不懂得寬恕的人，就無法快樂。』

「我辯解道：『寬恕沒有那麼容易，要看對方犯了多大的錯誤而定。』

「他說：『如果真是這樣，那天堂一定很寂寞。』

「後來，他提到了生命的法則和快樂的祕密。我以前從來沒聽說過，當時心裡卻被某些東西攪亂了。幾分鐘之後，老人就離開了。臨走前，他看了一眼我手中的那團紙。這時候，我已經知道該怎麼做了。

「我退掉機票，到醫院去看我父親。他躺在床上，身上插滿了管子，床邊還有一台心電圖檢測儀。我走過去坐在他的床邊，做了一件從來沒有做過的事——握住父親的手。他躺在那兒一動也不動，也說不出話，而醫生也不確定他到底能不能聽得見。我彎下腰，在他耳旁輕聲說：『爸爸，是我，哈伍德。』這時，一件最美妙的事發生了——一滴眼淚從他臉頰滑落，而許多、許多年來第一次，我哭了。那一刻，我原諒了他，心中也放下了過去的一切。

「之後的兩個星期裡，我每天都去看他。雖然他仍然無法張開眼睛，可是當我握著他的手時，可以看見他的眼皮在輕微顫動，他也會緊緊地握著我的手。最後，我天天祈禱的奇蹟發生了。那天我去醫院，竟看到他已經完全清醒，正在喝茶。

「我們高興地擁抱，這是我從不曾有過的舉動。接著，我們開始聊天，聊了一整個下午，比十五年來談話的總和還多。在這次談話中，我終於瞭解了奪去我母親生命的車禍過程，以及我被送到寄宿學校的真正原因。十五年前，一輛載貨卡車在結冰的公路上打滑，失去了控制，結果撞上我母親那一側的車門，導致我母親當場死亡。那完全是一場意外，不是任何人的錯。我父親當時雖然沒有表現出什麼，但他內心飽受愧疚的煎熬。

「我父親談著往事，忍不住熱淚盈眶。我父母是青梅竹馬的眷侶，可是我當時只想著自己，卻從來沒有想過父親因此所遭受的痛苦。之後，我父親得到一份高薪的工作，但必須經常出差遠東和美洲大陸。為了讓我能得到更好的教育和照料，他才決定把我送到寄宿學校就讀。

「很多人說時間可以治癒一切，可是，事實上並沒有。許多年之後，時間的確可以讓憤恨和痛苦漸漸淡去，但除非我們已經可以寬恕一切，否則憤恨和痛苦不會完全離開你的靈魂。寬恕的關鍵並不在於時間的流逝，而是在於理解。印地安蘇族人有一則祈禱文說得很貼切：『喔！偉大的靈魂啊！不要讓我評判一個人，除非我穿著他的鹿皮鞋兩個星期以上。』

「我們經常批評別人，卻從來沒有想過，如果遭遇類似經歷，我們的反應會有什麼不同嗎？譬如，我從來沒有想過父親喪妻之後的心情，以及他為什麼堅持送我去寄宿學校。我只考慮到自己。結果，我以為他送我去寄宿學校是因為他不愛我，或不要我了。事實恰恰相反，他正是因為愛我，認為這樣對我最好，才會那麼做。他失去了我的母親，他青梅竹馬的妻子。他不知道該如何照顧我，而且由於工作，他也無法照顧我。」

聽著傑柯布森醫師的故事，年輕人想到了自己的生活，也有許多人曾經令他很生氣，其中兩件事很快就浮現在他腦海裡：他的老闆，總是批評他；還有一個好朋友，向他借錢，一年多了還沒有還。年輕人馬上警覺到，他一直是以自己，而非別人的角度去考量這些事。

「我可以理解，對方若沒有惡意，他犯的錯很容易得到寬恕。但如果對方惡意中傷你，為什麼還要寬恕他呢？」年輕人問。

「為什麼不？」

「因為有些事就是不可寬恕！」年輕人堅持說道。

「我不這麼認為，」傑柯布森醫師說，「例如小孩的惡作劇，他們都是故意的，而且常常造成不可寬恕的後果，你同意嗎？」

年輕人點點頭。

「但是，百分之九十五的小孩都曾經惡作劇過，你現在當然會痛恨這種行為。但如果你也是個小孩，你確定不會做同樣的事嗎？」

「說的沒錯，但還是很不容易去寬恕啊！」年輕人說。

「我沒有說容易啊！你聽說過嗎？『人都會犯錯，可是只有神能夠寬恕。』我們可以試著多從別人的角度來看事情。如果你無法寬恕，會發生什麼事？到底誰會受罪？誰會得胃潰瘍，又是誰會得高血壓？你自己啊！」

「《聖經》上說：『以牙還牙，以眼還眼。』也就是說，復仇才能使靈魂安息！」年輕人堅持道。

「但是，《馬太福音》第五章也說：『要忍受暴力，忍受侮辱』、『把復仇留給神』。如果我們每次都以復仇來解決問題的話，就會如同聖雄甘地所說：『整個世界將會全是瞎子和無恥之徒。』報復無法帶來和平，只會帶來無窮盡的冤冤相報。

「如果心裡充滿了恨，哪還有空間再容下愛和快樂呢？寬恕可以釋放你的靈魂，並容許愛和快樂進駐內心。」

傑柯布森醫師走向房間的另一端，那裡有兩張高背椅靠著牆。

「就像這兩張椅子，」他說，「一張是愛和快樂，另一張是憤恨，你無法同時坐在兩張椅子上。」

「你可以寬恕，可是你無法忘記。」年輕人辯解道。

「那就不是寬恕。寬恕是擦掉所有的痕跡，完全清除。放手讓憤怒和怨恨離開，就像放下手中的大石頭一樣。抱著大石頭會讓你無法承受，放下，你才能減輕負重，才能真正自由。中國聖人孔子也說：『知錯能改，善莫大焉。』

「世上的每一個宗教都強調寬恕的力量。如果我們不能原諒彼此，如何期待上帝原諒我們？一個無法寬恕別人的人，就像一個過河拆橋的人，因為他忘了自己遲早也需要被寬恕。」

「可是，你能寬恕一個人多少次呢？」

「他犯多少次錯，就寬恕他多少次。如果你無法寬恕，你自己將是唯一痛苦的人，因為怨恨和氣憤附著在你身上，寬恕才能讓你擺脫痛苦。所以，如果你想要快樂，寬恕是唯一的出路。只有釋放了不滿和怨恨，才有可能體會到快樂和歡愉。當然，我也相信每個人都一定會為自己的錯誤付出代價，不管在今世還是來生。如果宇宙運行有規律的話，那就是因果循環的規律。

「你應該聽說過：『種什麼因，得什麼果。』我們的所作所為最後都會反饋到自己身上。你如果相信這一點，就不該緊抓著憤恨或痛苦不放。我不確定宇宙運行是不是依循這種規律，我也可能是錯的，不過我選擇相信，我也因此比以前更快樂。

「不過，你知道什麼人最難以原諒和同情嗎？」

「不知道。」年輕人回答。

「你自己！」

「什麼意思？我為什麼要原諒自己？」

「我們都是人，難免會摔倒或犯錯，如果做了某些讓自己感到羞恥或困窘的錯事，我們便會在下次尋求改正，這樣的反省可以讓我們更加看清自己。如果我們不自愛或不自重，又怎麼快樂得起來呢？如果神都能原諒你，你當然也能原諒自己。有句老話說：『智者每天都會跌倒七次，但他們也七次都重新站起來。』」

「我以前根本沒想過這點，」年輕人說，「這些聽起來都有道理，但恐怕不容易付諸行動。不過，我一定會試試看。」

年輕人這天睡覺之前，把記事本拿出來再看一遍：

寬恕的力量

◎寬恕是開啟快樂之門的鑰匙。

◎你若感到憤恨和不滿，就無法快樂；除了你自己，沒有人願意承受這些。

◎錯誤和失敗是人生必修課，要寬恕自己，寬恕他人。

◎記住印地安蘇族人的祈禱詞：「喔！偉大的靈魂啊！不要讓我評判一個人，除非我穿著他的鹿皮鞋兩個星期以上。」

祕密8
給予的力量

兩天之後，年輕人坐在運動中心的游泳池觀眾席上，他正在等名單上的第八個人：彼得．坦斯渥德。觀眾席上空無一人，可以清楚聽見游泳池裡傳來小孩歡叫的戲水聲。

「嗨！你是上個星期打電話給我的人嗎？」一個穿著運動夾克的人站在游泳池畔向年輕人打招呼。

「你是坦斯渥德先生嗎？」

「是的。」穿運動夾克的人笑著對他說，「再過十分鐘我就可以過來找你，游泳課就快結束了。」

「沒問題，」年輕人也大聲回應，「你忙吧！」

眼前的情景再平常不過了——大約二十多個小孩正在上游泳課。可是當孩子們爬出游泳池的時候，年輕人注意到有一個小男孩只有一隻手臂，另一個小男孩則只有一條腿。再仔細觀察其他孩子們，年輕人發現這些孩子的身體都有些缺陷。

幾分鐘之後，坦斯渥德先生向年輕人走來。

「嗨！真高興終於見到你了。」坦斯渥德先生說著，和年輕人熱情地握手。

坦斯渥德先生膚色稍微黝黑，眼神明亮，看起來好像總是帶著笑。年輕人簡短提及他和中國老人相遇的經過，以及之前他所見過的一些人。

「我遇到那位中國老人，大約是在五年前，那是我一生中最大的轉捩點。」坦斯渥德先生說，「那時，我擁有一家電腦公司，經營得很不錯。賺錢是我生活中最大的目標，到了三十五歲那年，我已經是個千萬富翁了。可是，我很不快樂。」

「為什麼？」年輕人問道。

「有句話說：『一個人如果失去了靈魂，那他的生命還有什麼意義呢？』這正是我當時生活的寫照。攀上事業高峰的同時，我也失去了那些對我真正重要的東西：太太跟我離婚，朋友少得可憐。每天只是拚命賺錢，錢多到花不完。

「記得有一年耶誕節，我非常沮喪，於是花五千英鎊為自己買了一只勞力士手錶，希望能讓自己開心一點。剛買來的時候，我的確非常開心。可是不到兩小時，我的心情又開始低落了，就跟買手錶之前一樣沮喪。當時，我也不知道為什麼會認為買手錶可以讓自己快樂，那只錶跟其他錶其實沒什麼差別，都只是用來報時而已。

「那天是平安夜，街上人滿為患。我坐在購物中心的休息椅上，看著形形色色的來往路人從我面前走過，感受到從未有過的孤獨。我覺得自己是個真正孤獨寂寞的人。

「耶誕節可以是一年裡最美妙的日子，也可以是一個最孤寂悲慘的日子。每年都有成千上萬的人悲慘地生活著，他們沒有家人朋友，沒有錢，沒有食物，也無家可歸。對他們來說，耶誕節只是個凸顯貧困的日子。那天，我深深地感覺到，人生竟然可以如此悲慘與孤寂。但是，接下來的一件事卻改變了我的一生。」

「什麼事？」年輕人問。

「一位瘦小的中國老人坐到了我身旁。」

年輕人微微一笑。

「他對我說：『你知道第一次世界大戰中，士兵們唯一一次放下武器和平相處，是在一九一四年的耶誕節嗎？』我不知道，也不感興趣。可是這老人又自顧自地繼續說道：『在諾曼第，英國和德國的士兵各自爬出戰壕，祝福對方，並分享食物和飲料。』」

坦斯渥德先生停頓了片刻後，繼續說：「你想想，那真的很不可思議吧？」

年輕人點點頭說：「我想是的。」

「中國老人接著說：『我們在別人給予、服務自己的過程中得到快樂。可是，耶誕節卻是一個讓我們發現給予、服務別人更能獲得快樂的日子。』

「老人的話讓我想到自己的生活。我以前總認為只有得到才會快樂：得到更多錢、得到更好的工作、得到更大的房子、更棒的車子……然而事實卻是，我已經應有盡有，卻仍然無法擁有快樂。

「我跟中國老人聊了很久，也第一次聽到了關於快樂的十個祕密。因為他，我遇到了一些好人，他們跟我分享許多祕密，給了我很大的幫助。其中有一個祕密對我來說特別重要，那就是給予的力量。

「很難想像，一件你朝思暮想卻難以得到的東西——快樂，竟可以透過給予而輕易得到。這是宇宙中最神奇的法則：給予愈多，得到愈多；就好像播種一樣，你播下的種子愈多，將來的收穫也就愈多。」

「可是，自己還沒得到的東西，怎麼給予呢？」年輕人問。

坦斯渥德先生笑了，「這就是給予的力量最美妙的地方！」他說，「你可以透過給予而得到；予人歡樂，你也會得到歡樂，就像香水一樣。」

「香水？」年輕人不解。

「你把香水噴灑在別人身上，自己卻可以聞到香味；以微笑為例，當你對別人微笑，別人也會回你微笑；就像迴力棒，你把它丟出去，它遲早也會回到你手上。

「你一定有過這樣的經歷吧？你為別人做了一些沒有特別目的，甚至微不足道的事，譬如為人指路，或幫助盲人過馬路，甚至只是記得朋友的生日、給別人一些真誠的建議，或向別人道謝。」

年輕人點點頭說：「是的，我有過這樣的經驗。」

「那時你感覺很好吧？不只是因為別人會對你的幫助表示感謝，更因為你在給予幫助時，會自然產生一種很好的感覺。」

年輕人想起幾年前，他曾在市區遇到一個迷路的外國女人。那時正是下著雪的冬天，這女人被凍得瑟瑟發抖。她要去的地方有五公里遠，在那樣惡劣的天氣裡，她實在不知道該走哪條路。於是，他就開車載她過去。現在回想起來，他仍能記得當時自己的感覺有多麼美好。

「人類並非完全自私，我們可以為別人做的事，可能超出自己的想像。比如，大部分的父母都願意犧牲自己的幸福與舒適，好讓孩子過得更好。

「那天我跟中國老人道別後，獨自穿過購物中心，看到一個唱詩班正唱著：『這個耶誕節，幫助無家可歸的人吧！』我想都沒想就走回鐘錶店，退回勞力士錶，拿回五千英鎊的支票，並且當場就捐給了唱詩班。結果你知道嗎？我從不曾看過一個人的臉上會充滿那樣驚訝與感激的表情——收下支票的那位女士流下了眼淚；她把支票拿給同事們看，並感激地對我說：『這將可以幫助多少人啊！謝謝你，上帝保佑你！』那一刻，我終於理解中國老人說的話了，因為我把支票捐出去，能讓許多人的生活從此有所改變，雖然可能助益甚微，卻比一輩子戴著那只錶更令我快樂。

「我也曾讀過一則故事，說的是一個父親想要教育他的兒子從小懂得給予的價值。他的兒子在六歲生日那天，收到祖母送的許多彩色氣球。生日聚會結束後，父親告訴兒子說，他有一個點子，可以利用彩色氣球做一點有趣的事——把氣球送出去。男孩對這個提議當然不以為然，可是父親保證說這樣一定會很有趣。最後，男孩同意了。

「他們來到一個破舊的收容所，小男孩走進大廳，把手中的二十個彩色氣球分送給在場的每一個人。突然間，每個人都開心地笑了。其中一位老太太已經有三年沒有人來探望了，她甚至感動得哭了。男孩的舉動如同一盞燈散發出光明一樣，每個人都因此向他道謝，說他實在太可愛了。然後，每個人都笑著爭相擁抱著這個小男孩。男孩感覺很高興，回家的路上，他問父親什麼時候可以再去一次。這是男孩一生都難以忘懷的一課，而從那天起，他每天都在找機會付出。」

「這個故事真不錯。」年輕人說。

「還有一個故事也很讓我感動，」坦斯渥德先生說，「幾年前，我遇到一個叫保羅的人，他告訴我他如何在大學時代就學會給予的力量。保羅在他十八歲生日時，從哥哥那裡得了到一輛全新的小車。於是，他開車到學校給同學們看。一個學弟撫摸著他閃亮的新車，一臉羨慕。『你覺得如何？』保羅問。『太棒了！真是太棒了！』學弟興奮地說。然後，保羅告訴學弟，這是哥哥送他的生日禮物。學弟露出十分驚訝的表情，說：『你哥哥送你的？喔！我希望……』保羅猜想這個學弟要說：『我希望我有這種哥哥。』但出乎意料，這學弟說的話跟保羅所想的完全不同，也讓保羅一輩子都無法忘記。學弟說：『我希望我能當這種哥哥。』

「保羅深受感動，答應讓學弟在午休時開他的車子去兜風。學弟難掩興奮地問是否可以在經過他家門口的時候，稍微停一下。保羅對學弟笑笑，他以為自己知道這個學弟要做什麼：要對街坊鄰居和朋友們炫耀他開著一輛嶄新的車。

「十分鐘之後，車子停在學弟家門口，學弟跑進屋裡，推著一個坐在輪椅上的男孩出來了。

『哇！』小男孩睜大了眼睛叫道。之後發生的一件事，讓保羅忍不住流下淚來。學弟對他的弟弟說：『山姆，總有一天我要買一輛這種新車送給你！』聽到這句話，保羅說：『嘿！山姆，你要不要跟我們去兜風？』他把這個雙腿萎縮的男孩抱到車子上，三個人一起開車去兜風。那天，保羅第一次體會到人們所說的：『施比受更有福！』」

「所以，」坦斯渥德先生繼續說，「對別人付出，我們也相對減輕了自己的煩惱與負擔。對我來說，這就是快樂的最大祕密。你只需要對別人付出，就可以得到快樂和歡笑。」

「因此，我總是在尋找幫助別人的機會，我想付出的不只是金錢，也包括時間。所以，我結束了電腦公司的生意，開始教殘疾的小孩游泳。讓這些孩子們的生活可以有所不同，而這也使我感到非常快樂。我認為，予人幫助，或予人歡樂，是世上最快樂的事。」

在回家的路上，年輕人從坦斯渥德先生所說的話，聯想到了自己的生活。過去幾年裡，他只考慮到自己，卻從來沒有為別人著想過。他從沒想過，幫助別人或為別人付出些什麼，尤其是幫助一些跟他特別親近的人，其實就是在幫助他自己。

年輕人回到家之後，把這天的筆記做了整理：

給予的力量

◎接受、追求和獲得並不能讓你得到快樂，快樂只能從付出和給予中找到。
◎我們付出的快樂愈多，得到的也就愈多。
◎每天都要找機會幫助別人，為別人付出些什麼，自己才能得到更多的快樂。

祕密9
關係的力量

兩天後，年輕人在城裡的一家咖啡店見到了名單上的第九個人：艾德．漢森。獨自住在城東一間小公寓裡的艾德．漢森，並非一直獨居，他也曾經和妻子及兩個孩子住在一棟雙拼式豪宅裡。不過，那是很久以前的事了——在他開始酗酒之前。

「我沒什麼好抱怨的，」漢森先生跟年輕人說，「是我自己搞砸的，只能怪我自己。其實，我很高興有機會改過自新，我已經清醒十年了。」

「到底是怎麼一回事呢？」年輕人問。

「那是在很多年前，我承受工作上極大的壓力、緊張、擔憂和焦慮。有一天晚上，我和幾個同事去城裡一家小酒吧喝酒，想放鬆一下。結果，酒精的作用真的使我感到很輕鬆。所以，第二天晚上我又去了小酒吧。不知不覺，我變成每天下班後都要喝掉一整瓶酒。很快地，變成兩瓶、三瓶。沒過多久，大約幾個月之後吧，我開始連白天也喝酒了。你可以想像得到，我就這樣開始過著支離破碎的日子，整天不是瘋瘋癲癲，就是萎靡不振。結果我被解雇了，太太也帶著孩子離開了我。我沒有錢支付房租和賬單，所以被逐出了那棟豪宅。接下來的日子簡直不堪回首，反正最後我無家可歸，睡在街頭，以行乞維生。」

漢森先生的故事讓年輕人深受震撼，他還從來沒有接觸過當過乞丐的人呢！他總以為無家可歸的流浪漢肯定有異於常人，不是懶惰成性，不然就是無法適應社會，甚至可能有點神經質。可是漢森先生看起來很正常啊！漢森先生的親身經歷讓年輕人發現，任何人只要不快樂或無法緩解壓力，都有可能陷入這種悲慘的狀況。

「那你是怎麼重新振作起來的？」年輕人問。

「一言難盡，總之，我得到了幫助。當時我一直不願意承認自己需要幫助，可是我確實需要。我感覺自己完全無能為力。某個冬天晚上，我已經三天沒有吃東西了，又冷又餓，連喝酒也沒辦法減輕飢寒交迫的那種痛苦了，只能躲在紙箱子裡發抖。我以為自己就要死了，於是只求能快點死去，最好是沒有痛苦地死去。

「我記得後來有人站在我面前，但因為光線太暗了，我看不清楚是誰，可是他的聲音非常溫暖。他說：『艾德，跟我來，你該離開這裡了。』他伸出手來。我當時以為自己可能已經死了，因為一碰到他的手，我的痛苦馬上就消失了。他帶著我走在街道上，幾分鐘之後，我們來到一棟大房子前面。我轉頭看他，是個矮小的中國人。他遞給我一張紙條，然後說：『拿著，艾德，這就是你展開新生活的地方。保重！』我低頭看著那張紙條，再抬起頭時，他已經不見了。」

年輕人已經猜出艾德的救命恩人是誰了，但是他沒有作聲，等待漢森先生繼續說下去。

「那棟房子裡正在開會，」漢森先生說，「一個匿名酗酒者聚會。那裡十分溫暖，混雜著濃濃的咖啡香味。我坐在那裡，又看了一眼那個老人給我的紙條，上面……」

「上面寫著十個人名和電話號碼？」年輕人接著說。

「對！」漢森先生笑著回答，「奇怪的是，名單上的最後一個人名，竟然和會場公告板上寫著的名字一模一樣，就是在會場上演講的那個人：約翰．麥普倫先生。等到他們聚會結束之後，我走到麥普倫先生面前，把紙條拿給他看。他看了之後，把手搭在我的肩膀上，說：『別擔心，艾德，這裡都是朋友，如果你需要幫助，可以在這裡找到。』正如中國老人所說，那個晚上我獲得了新生。雖然我的外表又髒又臭，但他們都把我當朋友看待。生平第一次，人們願意不帶評價或批評地聽我說話。

「我開始定期參加那個叫做『AA』的聚會。在那裡，我漸漸地清醒過來。期間，我又遇到名單上的其他人，他們開始教我如何學會快樂的祕密。那些祕密對我都有很大的幫助，但是，其中真正拯救了我生命的，就是『關係的力量』。」

「關係？那是什麼意思？」年輕人不解。

「是指無條件的愛的關係。沒有了關係，生命就是空虛的。畢竟，生命就像一場宴會，只有自己一個人的話，總是不太有趣，你說是吧？

「人類創造了社會，人們需要交談，需要溝通，需要彼此，需要感覺被需要。《聖經》上也說：『獨自一人不是辦法。』

「回想過去，」漢森先生接著說，「我發現當我忙碌於事業的同時，卻忽略了朋友和家人，或許這就是我開始喝酒的原因。我知道，如果沒有那一屋子的陌生人帶著愛和支持，理解並接受我，給我幫助卻不求回報，我是不可能獨自解決問題的。人生旅途中，你有時會突然發現自己掉進了一個深淵，無法靠自己的力量爬出洞口。這時，你會需要別人拉你一把。」

漢森先生停了一停，繼續說：「如果你問我，具體學到了什麼，我首先會說：『你的關係的品質，就是你生活的品質。』」

「這是什麼意思呢？」年輕人問道。

「快樂來自你和別人之間的友誼及愛的關係。畢竟，獨自一人做事會有多少樂趣呢？」

「這倒是真的，」年輕人說，「去年我獨自一人到塞席爾島度假，雖然那兒一切都很美好，但我總覺得少了什麼。我想，那是因為沒有人可以分享吧?!」

「沒錯，」漢森先生說，「跟你所關愛的人在一起，的確會讓美好的經歷更加充實，也會讓痛苦的時刻更好過一些。你可曾注意到，當你和別人談了自己的問題之後，往往會舒服一點？別人可能並沒有給你什麼建議或任何有效的幫助，而你的問題也可能還是沒有得到解決，但是你多少都會覺得好受一點。」

年輕人點點頭，他的確有過很多這種經驗，當他對朋友說出自己的問題或困難之後，確實感覺輕鬆多了。

「但有時你可能沒有注意到，」漢森先生繼續說，「我們常刻意地把焦慮、擔憂、沮喪或不快樂壓抑在自己內心深處。如果我們把問題藏在心裡，其實只會讓情況愈來愈糟，自己也會產生嚴重的無力感。中國俗語說：『三個臭皮匠，勝過一個諸葛亮。』這是千真萬確的，並不是說三個腦袋真的比一個腦袋管用，而是在分享、訴說的過程中，問題無形間就得到解決了。」

「關係使我們的生活更充實。如果你與人分享歡樂，就會得到更多的歡樂；如果你與人分享煩惱，你也將會消解煩惱。英國詩人拜倫曾經寫道：『所有擁有歡樂的人將會勝利，分享它，快樂將會雙倍湧現。』」

年輕人覺得這些話很有道理，因為他自己就是那種把問題藏在心裡的人。雖然他也有親近的朋友和家人，但他很少跟他們談論自己的問題。事實上，他因此很難與別人發展出親密的關係。

「這些話都很有道理，」他說，「我也明白你所說的，可是，有些人就是很難去發展並維持與別人的關係。」

「如果你認為發展關係很困難，那麼你會發現生活也很困難。」漢森先生說。

「對！」年輕人同意，「以我來說，我就一直有些孤僻。我總是很難跟別人成為朋友，或讓彼此的關係更親密。」

「有沒有聽說過一句話：『過去並不等於未來』？」

「沒有。」

「這句話的意思是，昨天發生過的事，並不等於明天也會發生；你過去有拓展關係上的困難，並不意謂著你在將來也會有同樣的困難。很可能是你過去用錯了方法，走錯了方向。」

「這是什麼意思？」年輕人問道。

「你為什麼會喜歡一個人？」漢森先生反問。

「我也不知道，也許，有時候就是會跟某人一見如故。」

「好。讓我們從另一個角度看看。你覺得哪一種人比較容易接近？是雙眼看著你的人，還是眼光迴避你的人？」

「我想是看著我的人吧！」

「好。你在什麼情況下會覺得比較自在？是某人跟你用力地握手，還是有人用泥鰍似的手跟你握手？」

「當然是用力握手。」

「你比較喜歡只顧談他自己的人？還是除了他自己，對你的事情也有興趣的人？」

「我喜歡對我也有興趣的人，」年輕人說，「可是這些都是人之常情啊！」

「這些的確都是人之常情，」漢森先生說，「可是當你第一次跟某人見面，你會意識到這些嗎？不，大多數人都不會注意到這些情形。而他們卻常常覺得奇怪，為什麼自己很難跟別人發展親密關係。」

年輕人仔細想了想，說道：「你是對的。我的確沒有認真思考過這些。」

「如果我們想和別人維持朋友關係，就必須學會接受別人的真性情，甚至接受他們的缺點，而不是只注意他們的優點。當他們犯錯時，我們要原諒他們，就如同我們犯錯時，也希望得到他們的原諒一樣。」

「是的，」年輕人說，「上個星期，我就曾經跟一個人長談過有關寬恕的力量。」

「寬恕是很重要的。」漢森先生說，「如果沒有了寬恕，我們最後就會孤獨而終，非常痛苦。當我們重視自己和別人的關係時，自然而然就會以不同的態度來對待別人。我們對別人好，別人也會對我們好。」

「可是我還是覺得維持關係並不容易。」年輕人說，「任何關係中都有許多問題與摩擦，不是嗎？」

「當然，不過我找到一個技巧，這個技巧對維持我的所有關係都很有幫助。」

「什麼技巧？」年輕人問。

「我總是假想自己似乎永遠不會再看到對方。如果你想像自己以後永遠不會再看到這些人，你對待朋友、家人甚至陌生人的態度，就會有很大的不同。」

年輕人搖搖頭說：「我不太明白。」

「如果你覺得可能再也看不到你的妻子或女朋友，你會不上前親吻或擁抱她們之後才讓她們離開嗎？」

「不會。」

「你會在爭吵和解之前，就向對方說再見嗎？」

「不會。」

「你會在說出你有多在乎她們之前，就讓她們離開嗎？」

「不會。」

「那麼，換成是工作上的夥伴、朋友或其他的親人呢？如果你認為自己再也見不到他們了，你會試著盡可能跟他們友好相處嗎？你會不會盡量避免在感覺很糟糕的時候跟他們分別？」

年輕人點點頭，漢森先生的話讓他想了很久。他想到自己最後一次見到母親的時候，是一個炎熱的夏日，母親正要出國度假，他則趕著跟朋友打網球，於是他匆忙地親了一下母親的臉頰。他不知道母親會就這麼一去不回，而這是他最後一次跟她道別。那一刻，成了他這一生最後悔的時刻。他現在終於明白，該如何避免這種事情再度發生在他關愛的人身上。很簡單，如同漢森先生所言，「好好對待別人，如同不會再見到他們一般。」

「很多人不重視與別人的關係。」漢森先生說，「我重視事業甚於我的家庭，結果兩者皆失。很多人選擇賺錢甚於經營關係。你可能會很驚訝，有很多兄弟姐妹、父母孩子竟會因為金錢而爭吵。他們犧牲了最親密的關係，卻沒有意識到，他們同時犧牲了快樂。」

這天晚上，年輕人把白天與漢森先生的談話筆記做了整理：

關係的力量

◎我們和別人的關係品質，就是我們生活的品質。

◎沒有人可以忍受孤獨，我們都需要關係。

◎親密的關係讓快樂的時光更加快樂，也讓痛苦的時光更容易度過。因為分享歡樂，你會得到雙倍的歡樂；分享煩惱，則幫助你消解煩惱。

◎好好對待每一個人，如同不會再見到他們一般。

祕密10
信心的力量

一個星期後，年輕人終於有機會見到名單上的最後一個人。這段期間裡，他開始復習並練習之前學過的幾個「祕密」；他把快樂列為第一優先，並嘗試以正面的態度來看待每一個困難。他開始有意識地運用身體的力量，特別是定期運動並注意飲食。

年輕人實踐了活在當下的法則，這對工作尤其有益，他發現自己更加沉穩，也很少緊張憂慮。甚至連老闆也注意到他的改變，當面稱許他的努力表現。年輕人每天重複背誦正面的宣言，進行自我想像；他還發現每天一早起床就自問五個有力的問題，會使自己更加熱誠，更加渴望面對挑戰。

不只如此，他還運用「搖椅技巧」，找出自己的終生目標和短期目標，並且寫下來每天誦讀三次，牢牢記住。他發現，有了目標並努力朝目標前進的時候，自己比以前更有活力和熱情了。

年輕人也開始嘗試改變態度，盡量發現事物有趣的一面，尤其是在壓力大的情況下。他隨時注意要以最後一次見到對方的態度對待所有人，絕不讓別人在接受他的感激之情前離開，包括他的家人、朋友和工作夥伴。

年輕人立即感覺到的另一個變化是，當他在對別人付出關懷和幫助、散播快樂的同時，也感到了快樂；他對別人微笑的時候，自己也感覺良好；他深深地體會到，能夠對別人的生活造成一點影響，

感覺實在是很美妙。

他比以前更有活力，也更加快樂。他終於相信，快樂的祕密真的對他很有效。

「接下來呢？」他想著，「最後一個人可能再教我什麼嗎？」

珍．韓德森小姐住在城市北邊離市區幾公里遠的郊區小公寓裡，是個身材嬌小的漂亮女人，四十出頭，有著金色的及肩秀髮和碧綠的大眼睛。

「那麼，你見過中國老人了？」韓德森小姐說。

「是的。他是在幾個星期前，我的車子故障時出現的。」

「很奇妙是吧？在你最不經意的時候，事情就悄悄地發生了。」韓德森小姐說。

「我也是這麼想。」年輕人說。

「有一個法則叫做『第十一個小時』，你有沒有聽說過？」

「沒有。」年輕人搖搖頭說。

「很簡單，就像是在晚上最黑、最冷的時候，或者破曉之前的黑暗之中，事情看起來似乎已無轉機，卻往往會出現一個戲劇化的轉機，然後一切都好轉起來。那位中國老人通常就出現在第十一個小時。」

「這倒是真的。」年輕人點頭同意。

「我遇到中國老人時，正好很不快樂。」韓德森小姐說。

「為什麼？」年輕人問。

「那時我母親剛去世一個月。現在想起來，恍如昨日。」

年輕人對韓德森小姐因為自己而說出這樣的往事，感到十分抱歉。他說：「喔！對不起，我很遺憾。」

「謝謝，不過沒有關係，真的。我那時才二十一歲，剛剛結束大學最後一學年的考試。我當時很震驚，因為我母親除了菸癮極大之外，身體一向很好。可是，她卻突然在一個星期天心臟病發，然後就去世了。

「有一天，我坐在公寓陽台上，想念著我的母親。不知道過了多久，我突然發現，鄰居家的陽台上有一位中國老人。我們四目相對，他笑著跟我打招呼，然後我們便開始交談。很奇怪，我以前從來沒有見過他，但感覺卻好像熟識多年一般。」

年輕人想起自己跟中國老人的相遇，當時他也有這樣的感覺。

「那個老人是那麼有智慧，有風度，」韓德森小姐說，「他似乎知道我有點不對勁，而且很有趣的是，他主動把談話引導到跟死亡有關的主題上。他解釋說，死亡是個值得慶祝的時刻，不是悲傷的時刻。」

「你所愛的人死了，永遠見不到了，怎麼會值得慶祝呢？」年輕人困惑地說。

「我也是這麼問他，」韓德森小姐說，「中國老人隨即向我解釋了快樂的黃金定律。」

「喔！對！他也有告訴過我。」年輕人說，「是我們的態度和信念，而非境遇決定我們的感覺。」

「沒錯。」韓德森小姐微笑著說，「老人解釋說，在他們國家，一般都相信人早在出生之前就存在於世界上了。人活在這個世界上，就像到學校上學一樣，學業完成，自然就畢業了。當人死去時，靈魂還會繼續行走。很多宗教都相信，死亡的只有身體，但靈魂還會在另一個時空中繼續活下去；在那裡，人們可以再次遇到自己所愛的親人及朋友。《聖經》用『沉睡』來比喻死亡，就是認為人們總有一天會醒來。」

韓德森小姐指著年輕人身邊牆上的一塊匾牌，繼續說道：「我第一次讀到這些文字，是在一塊有三百年歷史的墓碑上。上面寫著：『有個古老的信仰：在某個莊嚴的湖濱，沒有憂傷，親愛的朋友們將會再見。』

「如果你相信死亡就是結束，就是完全分離，那就真的結束了。如果你相信分離只是暫時的，靈魂一直都活著，那就不會真的結束。」

「可是，即使死亡並非永久，任何分離卻仍令人悲傷，不是嗎？」年輕人說。

「是的，即使短暫的分離也是令人悲傷的。」韓德森小姐說，「雖然東方的某些信仰認為死亡是喜事，認為人死後靈魂將會回到真正的家，但那已經是一個更高層次的境界了。但是，跟中國老人談話的那天，我不僅減輕了憂傷，也開始重新審視自己的信念。」

「怎麼說呢？」年輕人問。

「我曾經是個很悲觀的人，」她說，「你相信嗎？才十二歲，我就擔憂自己總有一天會死去！我擔憂每一件事，每一件說過、做過或將做的事，以及做錯或可能做錯的事。如果沒有什麼事可以擔心，我又會擔心是不是有什麼事應該擔憂。」

年輕人完全能夠理解這一點。他大多數時候也總是在擔憂各種事情，包括工作進度、賬單、健康……他總認為一定有什麼不對勁，遲早會出錯。

「和中國老人的談話使我明白，」韓德森小姐繼續說，「我擔憂的所有事情幾乎都是不重要的。對我來說，面對死亡是最嚴重的，其他的事情，包括什麼賬單、債務、考試、工作……相對而言都不重要。中國老人向我介紹了快樂的祕密，而我可以很坦誠地說，那真的改變了我的一生。

「我從來沒有想過，我就是主宰自己的快樂或悲傷的那個人。現在我知道了。我知道了態度和信念的重要性、身體對情緒的影響力、自我想像的力量、目標和幽默感的必要性；我也瞭解了活在當下的價值。但是，我認為我最需要學習的祕密，就是『信心的力量』。」

「信心？」年輕人問道：「信心跟快樂有關係？」

「我們要生活、要快樂，就需要一定的信心，」韓德森小姐說，「舉例說吧，你會開車嗎？」

「會啊！」

「你怎麼知道你的車子性能安全呢？」

「一個月前我剛剛把車子送去檢修過。」

「那你怎麼知道引擎運作良好呢？」

「嗯……我是不太確定！可是……」

「所以你必須對引擎有信心，而且，你怎麼確定開車的時候不會出意外呢？」

「我開車很小心。」年輕人回答。

「所以，你對自己的開車技術有信心。可是，馬路上會有其他開車不小心的駕駛，不是嗎？」

「可能有。」年輕人承認，「但我想大多數人開車都很小心。」

「所以你也對路上的其他駕駛有信心。為了要開車，你必須對汽車製造商有信心，還必須對自己和其他駕駛的技術有信心。你可以想像，如果你不想每天活在恐懼和焦慮之中，必須要有多少信心啊！」

「我明白了。」年輕人說。

「有一種信心是我們最需要的，」韓德森小姐說，「即對神的信心，那是一種更高的力量，一種宇宙的力量，隨你怎麼稱呼。」

「你的意思是，我們必須對神有信心才會快樂？」

「不。我的意思是，如果沒有這種信心，你就很難找到持久的快樂。就好像兩個人各自蓋房子，一個用石頭做材料，另一個用沙做材料。天氣好的時候，房子都很堅固，他們也很快樂。但暴風雨一來，那座用沙蓋成的房子就遭殃了。信心就像蓋成快樂之屋的石頭，可以抵抗任何打擊，並讓擁有這棟房子的人產生希望和勇氣。

「美國心理學家威廉・詹姆斯曾寫道：『信心是人們生活的力量之一，失去信心，就意謂著崩潰。』聖雄甘地也說：『沒有信心，我恐怕早就變成瘋子了。』沒有信心，生命就會陷入猶疑、憂愁、焦慮和恐懼。心理學家也指出，擁有強烈宗教信仰的人，比較能夠忍受壓力、沮喪、失落等狀況。你再看這本書，」她從書架上取出一本瑞士心理學家榮格博士所寫的《尋找靈魂的現代人》，接著說道，「榮格博士寫道：『在我所有步入人生第二階段，即三十五歲以上的病人中，他們的問題無一不是要尋找生命中的最終信仰；也就是說，這些人之所以感到奄奄一息，是因為他們失去了生命的信仰。而在找到信仰之前，他們是無法真正康復的。』」

「我明白你所說的，」年輕人說，「可是，我想我並不相信神真的存在。」

韓德森小姐想了一下，說道：「如果我告訴你，美國海盜二號火星探測器是在幾百萬年前，由金屬、塑膠和好幾種化學合成物組合而成，你一定會說我瘋了，對不對？」

「當然！」

「那是因為你知道海盜二號是被現代人設計出來的，所以能如此確定，是吧？」

「是的。」年輕人肯定地說。

「當你研究人體的時候，你會發現人體的設計比海盜二號更加複雜，」韓德森小姐解釋道，「舉例來說，哥倫比亞號太空梭是由五百二十萬個零件所組成；然而，人體僅僅一小塊眼角膜，就含有一億多個細胞。就目前的科技水準而言，我們設計的電腦恐怕要像紐約帝國大廈那麼大，才能比得上人類的大腦。由此可見，這種超自然的設計水準與精確度是多麼不可思議。」

「可是，如果有上帝或神存在的話，」年輕人堅持道，「為什麼世上還會有那麼多的不幸？」

「你說你幾個星期以前很不快樂，」韓德森小姐說，「為什麼是那時不快樂，而不是現在呢？」

「因為現在我已經學會了快樂的祕密。」年輕人說。

「如果不是你為自己創造了快樂的力量，還會是誰呢？」

「你的意思是，我們每個人都可以使自己快樂。」

「當然！我們的不快樂，是我們自己的思想和行為所導致的。對我而言，快樂的祕密中最重要的是，只有一個人可以讓你快樂或不快樂，那就是你自己。」

年輕人點頭同意：「是的，我相信。」

韓德森小姐接著解釋道：「總之，信心是我們每個人都擁有的東西，就在我們內心深處。我堅信，如果你要尋找真理，你就能找到。當我們感到非常疑惑、失落的時候，就會有觸動我們內心的奇蹟發生。」

「譬如說……」年輕人試探地問。

「譬如和中國老人相遇的奇蹟！」

這天晚上睡覺之前，年輕人反覆閱讀今天的筆記：

信心的力量

◎信心是快樂的基石。

◎沒有信心，就沒有永恆的快樂。

◎信心創造真理，引領心靈走向平和，釋放內心的疑慮、擔憂、焦慮和恐懼。

尾聲

年輕人坐進車子之前，有幾滴雨水滴到了他的額頭上。幾分鐘之後，雷電交加；暴雨來了，豆大的雨點重重打在擋風玻璃上。年輕人的思緒被拉回到大約一年前的一個晚上，他就是在那晚遇見了中國老人。他清楚記得，當時的自己是多麼悲慘，然後他笑了。他似乎還能看到，就在那個暴風雨之夜，自己在風雨中走回車子，卻還不知道即將遇到一個神奇的人——那個人將改變他的生命。

自從那次相遇之後，年輕人變得更有活力，更有熱情，也更加快樂。身邊的人都注意到，他的眼神充滿光彩，腳步輕盈，而且經常面帶微笑。雖然他仍然從事原來的工作，住在原來的公寓，開著原來那輛車，擁有原來那群朋友，但有一件事改變了……那就是他自己！

人們常常問他，為什麼他總是這麼快樂？這時，他就會說出和中國老人相遇的故事，以及他學到的快樂的祕密。跟別人分享他所學到的東西讓他感覺很快樂，因為他知道，這將改變他的生命和經歷。很多人因此打電話向他道謝，還建議他把這些故事寫出來，出版成書。

突然，一聲巨響，接著汽車引擎蓋冒出了白煙。年輕人把車子緩緩駛向路邊，然後，走了四公里的路去打電話給道路救援服務中心。

接著，他走回車旁，等待維修人員到來。這時他忍不住又笑了起來。他開始感到興奮，希望會看到那位中國老人正彎著腰檢視他的車，如同一年前的情景。他要感謝那位中國老人，告訴他，快樂的祕密改變了自己的生命。可是，中國老人並沒有出現。

年輕人走近駕駛座那一側的車門，正準備拿鑰匙開門的時候，他注意到地上有個黃色的東西。他彎腰撿起。

「你相信嗎？」年輕人對自己喊道，他手上是一頂黃色的棒球帽！

當他坐進車子等待維修人員的時候，突然冒出一個想法。於是他拿起筆，打開筆記本，開始寫下：「這故事要從一個又濕又冷的十月天說起……」

快樂的祕密箴言

◎想過一個完美的人生，
只要好好度過每一刻就行了。

◎不要問：「這件事有多可怕？」
要問：「這件事有多有趣？」
或「這件事能不能有趣一些？」

◎每天，我都要找機會幫助別人，
為別人付出些什麼，自己才能得到更多

關於你的快樂的祕密

你也在尋找那位中國老人嗎？
其實，他已經出現了，
並且交給你一個任務——
寫下你關於快樂的祕密，
並將之散播開來！

第3部 健康的祕密

未來的醫生將不需要對患者進行藥物治療，
取而代之的治療方法將是人性化的關懷、
調節飲食，以及疾病預防措施。

——愛迪生

前言

我們都渴望擁有健康，卻很少人能達成心願。為什麼這麼多年來，現代醫學日益發達、藥品銷量不斷增加，營養食品更是多樣化，但心臟病與癌症等疾病的發病率卻愈來愈高？難道我們尋求健康的方法不恰當嗎？

每一個人都希望能常保健康，享受元氣十足的健康生活。健康，是一種精力充沛、身體舒泰安康的狀態。但沒有疾病，並不代表身心健康。因為許多人雖然沒有明顯的病徵，卻常常感到疲倦或虛弱。

本書中的故事，全部取材自真實生活中的真人真事，只是改變了人物的真實姓名（只有中國老人，是根據我所遇到過的多位睿智長者的綜合特徵構造的角色）。我希望這些故事能激勵您為自己的健康著想，使生命變得元氣十足、活力無限。

病人

當他走出醫生的診療室時，臉色慘白，手仍在不停地顫抖著。他把診療室的門掩上後，茫然地來到醫院的掛號處。剎那間，他感到天旋地轉，身體變得虛弱不堪，頓時失去了平衡。他立即扶住前面的一張椅子，緊靠著椅子坐了下去。

雨點狂亂地敲打在入口旁的窗玻璃上，一個讓他苦惱的問題一直在他腦海裡揮之不去——每個人面對這種猶如晴天霹靂的噩耗時，都會這樣問：「為什麼是我？」

他為自己竟然會罹患這樣的重病感到不幸和不公平，卻沒有反思過，造成今日的惡果，其實要歸咎於自己對健康的忽略。最後，他忍不住傷心地哭出聲來。

苦難來得這麼快，一夕之間使他的人生近乎崩潰。他進入學院才一年，剛剛安定下來，並且以高分通過了所有考試，大家都認為他將有一個美好的未來。但現在，人生中最重要的事情——健康，卻讓他身陷谷底。

健康是生命中最珍貴的財富，人們卻常常忽略了自己的健康。許多人照顧自己的車子遠比照顧自己的身體來得細心，這個年輕人也不例外。

健康是永遠不可大意對待的，否則，就會像這個年輕人一樣，得知自己罹患重病後，才開始關注自己的身體。更糟糕的是，醫生竟然告訴他：「很抱歉，我實在無能為力……我們沒有辦法醫治你的病。」

他的生活突然全亂了，永遠不再像以前了。

年輕人雙手緊抱著頭，蜷縮在大廳角落裡，他的內心充滿絕望、恐懼和孤獨。此時，他想到要做童年以後就再也不曾做過的一件事——祈禱。但這不是一般的禱告，而是發自他內心深處的禱告：

「喔！天父！請幫幫我，為我指引一條出路吧！」

祈禱會帶來神祕的力量，一種不可言喻的力量。若能善用這股力量，可以提升靈魂和元氣，克服心理障礙，治癒身心疾苦。並且，如果祈禱誠摯而意志堅定的話，奇蹟也許會發生。

相遇

「你遇到什麼麻煩了嗎？我可以幫你什麼忙嗎？」

年輕人轉過身，發現自己身旁站著一位中國老人；這老人身材矮小、神情謙遜，有著深棕色的眼眸，頭頂光禿，只剩兩道雪白的鬢髮。

「我會沒事的，謝謝你。」他低聲回答老人。

老人坐下來，對年輕人說：「我們要相信，任何困難到來時都會同時帶來一份禮物。」

「我的困難裡沒有禮物。」年輕人喃喃說著。

「喔！我保證一定有。」中國老人說道，「有時候這禮物不容易被發現，不過一定有，即使是在生病的時候。」

年輕人相當震驚。老人的話是什麼意思？為什麼他會說到「生病」這字眼呢？年輕人並不記得自己曾經見過這老人，可是對他卻有種似曾相識的感覺。不是因為他的臉孔，因為如果見過，絕不會忘記這張臉孔——表情慈祥、平靜，眼神溫和。可能是因為他的聲音，但年輕人確定自己也不會忘記這種溫柔的東方口音。不！他真的不知道，可是這位中國老人的確讓他覺得似曾相識。他猜測老人可能是正在休假的外籍老師。

「生病可能帶來什麼『禮物』？」年輕人虛弱地問。

「痛苦如同黎明前的黑夜，將會為生命帶來更多的喜悅和希望。比如，生產的痛苦孕育出自然界最偉大的奇蹟——生命，這就說明病痛為什麼會帶來『健康』這份禮物。」

年輕人迷惑了，心想：「病痛怎麼能帶來健康？」但還沒來得及問，老人就繼續說道：「病痛只是身體發出的疾病報警信號。例如，傷風或發燒就是身體發出的一種信號，藉此告知你，身體正在跟入侵的病菌對抗。肚子痛則是身體向你發出預警：你吃錯東西了；背痛是身體在提醒你神經太緊張了，需要休息了。

「你瞧，病痛是我們真正的朋友；它們是上天派來的信差，當身心出現問題時，由它們告知我們。也就是說，我們必須學會接收身體向我們發出的這些訊息。」

「喔！那是一個我聽到了也無能為力的『訊息』。」年輕人突然插話。

「嗯，是嗎？」老人問道，「試想一下，如果你無法感覺到任何痛楚，你的生命會是什麼樣子？你會連自己是怎麼死的都不知道。可能有一天你坐在爐火旁，低頭卻發現手臂已經被燒壞了，因為你聽不到身體發出的痛楚聲音，告訴你該把手臂移開。

「一般人都認為病痛是他們最糟的敵人，因而想方設法要消除它們，或透過藥物抵抗它們。然而，這並不能解決問題。如果導致疾病的原因沒有根除，就等同於治標不治本，病情只會繼續惡化。最後，愈來愈依賴藥物抑制痛楚的結果，往往會引發更多的問題和副作用。」

年輕人回想著自己的過去，當他開始使用醫師開給他的處方之後，疾病的徵兆的確愈來愈多。

「如果是不治之症呢？」年輕人接著問道。

「很少疾病是不治之症，」老人說，「很多被宣告無法治好的病人，其實是不願意康復的人。」

「可是，不是每個人都希望健康嗎？」年輕人感到疑惑。

「在他們的頭腦裡，可能是這麼認為；但在他們的潛意識中，未必真想得到健康。如果每個人都希望健康，那他們會去做損害健康的事情嗎？難道他們不知道抽菸、喝酒過量和飲食不當會損害人體健康嗎？」

「我明白了。」年輕人說。

「這些人生病時，仍然拒絕改變不健康的生活習慣，直到病入膏肓。他們剛開始生病時，在心態上就已經無藥可救了。因為他們根本就不懂得愛惜身體、關心自己的健康狀況，只是一味地想擺脫疾病和痛苦。」

「可是，身體的疾病往往很複雜。」年輕人辯稱。

「不盡然。事實上很簡單，想想你第一次生病的病因是什麼？」老人問。

「我不知道。這種事兒就這麼發生了，不是嗎？我的醫生就是這麼說的。我想這是命運或運氣不好吧！」

「真的？你不認為每種疾病都應該有個病因嗎？」

「我不確定。」年輕人聳聳肩。

老人看著年輕人說：「你能想像哪個自然現象的發生是沒有任何原因的嗎？看看外面的雨水，是碰巧落下來的嗎？還是雲層造成的？」

老人繼續說：「自然界是有定律的。水要到攝氏一百度才會沸騰，不是九十九度，也不是一〇一度，正巧是一百度。相同的道理，水在攝氏零度時才會結冰。」

老人從口袋中掏出一枚硬幣，說：「如果我放手，你覺得硬幣會怎麼樣？」

「會掉在地上。」年輕人說。

「為什麼會掉在地上？是巧合？還是運氣？」

「不！當然不是。是因為它比空氣重才會掉下去，這是萬有引力定律。」年輕人說。

「完全正確。」老人說，「萬有引力是自然界的許多定律之一。萬物皆有定律，宇宙間沒有什麼事是碰巧發生的。健康和疾病也不例外。擁有健康，是因為我們遵循了生命的自然定律，罹患疾病則是由於我們違反生命的自然定律所導致。試想，抽菸的人會有健康的肺嗎？」

「當然不會。」年輕人回答。

「總是吃不健康食物的人，能吸收到充足的營養嗎？」

「不會。我懂你的意思了。」年輕人說，「可是，那細菌和病毒呢？它們會引發疾病，跟我們的生活有什麼關係呢？」

「細菌和病毒必須依附在媒介上才得以存活，」老人解釋道，「病菌只在不健康的環境中才會滋長。如果你保持房子乾淨清潔，病菌就無法容身，因為它們在潔淨的環境中無法存活。」

「可我們還是難免會接觸到細菌。」年輕人說。

「細菌本身不會導致疾病。如果說髒亂的居家環境會成為病菌傳播的媒介，使得細菌在其中生存滋長；那麼，不健康的體內環境則是病菌在體內傳播的媒介。病菌無法在潔淨的健康環境中生存，同樣，細菌也無法在健康的體內環境中活動。

「人們對於病菌有過多的恐懼，卻忽略了病菌的傳播途徑。只要消除病菌賴以存活的媒介，我們就有可能遠離病菌。

「這是健康的生活之道。因此，想要治癒疾病，恢復健康，首先要從改變生活習慣開始，以遵循生命的自然定律。」

「這聽起來是有點道理，不過，是不是想得太簡單了？」年輕人說。

老人微笑著說：「這本來就很簡單。因為太簡單了，許多人反而難以明白。這是自然界的恆常定律，遵循它，就會得到健康；反之，則會罹患疾病。」

年輕人同意老人的觀點，可是他不明白這和他有何關聯。

「讓我解釋給你聽。」老人說，「所有的疾病都是身體產生的不舒服感覺，對嗎？」

「是的。」

「所有的『不舒服』都是有原因的，對吧？」

「我想是的。」

「如果要消除不舒服的感覺，就必須先消除引起不舒服的原因，是嗎？」

年輕人點頭同意。

「你看那兒有位先生，」老人指著坐在另一排椅子上的一名男子，說道，「他從十年前開始，每個星期都要承受偏頭痛之苦，這起因於他的飲食習慣。他吃很多巧克力、乳酪和肉類食品，而且每天大量飲酒。他大可以藉由改變飲食習慣，避免引起偏頭痛。可是，他偏偏選擇用藥物來抑制疼痛。

「一年後，他需要更多的劑量，但這種特效藥物的副作用會使血壓上升，所以他又服用另一種藥來控制高血壓。現在，動脈已經硬化，這病不但損害他的心臟，也完全破壞了他的生活品質。他每天必須服用藥物，但心臟虛弱到快步行走都不行，更別說跑步了。於是，他要求醫生為他動手術裝一個電子心臟節律器，以強化心臟功能。

「但他還是得繼續忍受更加劇烈的偏頭痛，發病次數也更頻繁。今日的苦果起因於他選擇抑制疼痛，而不是針對病因真正去解決問題。

「你看，有效的治療並不是透過藥物實現的。我們不能從藥罐子或醫生的手術刀中找到健康。當然，我並不是否定所有的醫學治療。在緊急情況下，現代醫療可以救人一命，但急救療法不能創造健康。身體以外的任何東西都無法治療疾病或創造健康。」

「如果醫學不能創造健康，那什麼才可以呢？」年輕人問。

「好，想像一下，」老人說，「你正把一根釘子往牆上釘，一不小心敲到拇指了，傷口會復原嗎？」

「當然會。」年輕人說。

「沒有任何膠囊或藥膏，也會復原。對吧？」

年輕人點點頭。

「為什麼？」老人反問。

「傷口自己會癒合啊！」年輕人說。

「對了！你看，『傷口自己就會好起來』，因為人體有自我療癒的力量。」老人說，「可是，如果第二天你又敲到拇指了，第三天還是敲到，之後每天你都敲到，會發生什麼事呢？不停地敲到它，它還會好嗎？」

「如果一直弄傷它，當然不會囉！」

「當然，因為你沒有消除導致痛楚的源頭。一旦你停止敲打拇指，就會逐漸痊癒，因為人的體內具有自然的療癒力量。

「自然界的萬事萬物都遵循著同樣的道理；樹木被砍掉枝椏，汁液流出來後，會自然恢復繼續生長。我們要堅信，人體的自癒力量可使身體具備自我療癒功能。

「長久以來，許多人的生活習慣都很糟糕，因此也給自己的身心造成愈來愈多的傷害，這就好比我們每天都用榔頭敲擊自己的身體。要治癒身體的疾病，首先必須停止敲打的行為。驅除疾病必須先排除病因。

「我的朋友啊，在這世界上要想有收穫，就得先播種，這就是所謂的因果法則。你要全然相信自己絕對能夠掌控自己的命運，不要懷疑。你有權利選擇過健康或生病的生活，意識到這一點，即是邁向健康之路的第一步。接著，你也擁有了改變現狀的力量。

「人不但有自我療癒的能力，更能常保健康……只要改變生活形態、瞭解自然的運行法則，為自己的身體狀況負責。沒有其他人可以為你的健康負責，包括醫生、父母、老師、心理醫生等。接受這種信念，就意謂著你做好了戰勝疾病的準備，這時，健康就已經離你不遠了。」

年輕人總算明白了。他從來沒想到健康是掌握在自己手上的，更不知道常保健康的祕訣。

這時，年輕人開始仔細地打量老人，發現他的外表相當引人注目；多數老人都會讓人感覺年老體衰，可是這老人家卻與眾不同；他的皮膚富有彈性，眼睛炯炯有神，年輕人似乎很少看到這樣精神奕奕的人。老人強健的體魄，也使得他所說保持身心健康的觀點非常具有說服力。

「記住，」老人接著說，「我們都有戰勝病魔、常保身心健康的能力。健康就是精力、能量，是生命的喜悅和財富。

「萬事萬物皆有定律，包括你的健康在內。只要遵循健康的自然法則，就可以戰勝病魔，恢復身心的安康。這些法則包含了許多不為人知的祕密。」

「那是什麼祕密？」年輕人問。

「健康的祕密。」老人邊說著，邊在一張紙上寫下十個人名和他們的電話號碼，「跟這些人聯繫，他們都學會並且掌握了常保健康的祕密，他們會教你一些你想學習的東西。

「請記住，要驅除疾病、恢復健康，首先必須做的最簡單、最重要的一件事情，就是排除病因。只要排除了病因，就一定能驅除疾病。如此類推，每種疾病都有其相應的治療方法，如同每個問題都一定有相應的解決之道。

「《聖經》裡就寫道：『提出要求的人，就會被給予；門為敲門者而開，而去尋找的人，必會找到。』因此，全心全意去尋找健康，你必定會得到它。」

老人說完，把紙條交給了年輕人。年輕人低下頭仔細看了看紙條，當他再次抬起頭，發現老人已經離開了，跟他出現時一樣悄無聲息。

年輕人還有許多問題想問這位老人，於是向教務處打聽這位新來的中國老師是誰，以及哪裡可以再找到他。

「你說的是誰？」教務人員問道，「我們沒有新來的中國老師啊，也沒有新來的日本老師。」

「你確定嗎？」年輕人不願放棄。

「當然，我很確定。事實上，我們唯一的東方教師是數學系的張女士，而她已經在這裡任教五年了。」

年輕人完全迷糊了。這位中國老人到底是誰？他從何處來？

更重要的是，這老人所言當真嗎？真的存在健康法則嗎？一切都發生得太突然了，恍如一場夢。老人是自己想像出來的嗎？但年輕人很確定自己跟老人談過話，因為證據就在手上——老人臨走時交給他的紙條。

祕密1 意念的力量

紙條上的第一個人，是位名叫做凱倫．莎爾斯頓的女士。年輕人一回到家就迫不及待地打電話給她，並把今天與老人相遇的經過告訴了她，而她也立即熱情地回應他，並約定第二天下午三點鐘會面。

第二天整個上午，年輕人無法克制地想像著第一次的會面將會為他的生命帶來什麼改變。下午三點，他準時來到第一位老師面前。莎爾斯頓太太是位臨床心理學家，育有兩個小孩。年輕人不明白心理學跟健康到底有何關聯，但他至少可以確定，自己到目前為止並沒有心理方面的困擾。

「你想學習健康的法則嗎？」莎爾斯頓太太問年輕人。

「健康法則真的存在嗎？」年輕人問。

「當然囉！」莎爾斯頓太太回答，「健康法則從人類誕生起就有了，只要掌握了這些法則，就能治癒所有疾病，得到所有人都祈求的身心健康。

「常保健康有許多方法，但曾經對我的人生產生最重大影響的，就是『意念的力量』。人們常常誤以為意念只會影響情緒和精神，事實卻是，意念是健康之源，影響心理和生理的健康。所有的疾病都源自意念。」

「意念為什麼這麼重要呢？」年輕人問道。

「因為你的意念控制著你的身體。你隨時都可以看到意念的力量：人們困窘時，臉會發紅；受到驚嚇時，臉色蒼白；緊張時，手心會冒汗、膝蓋會發抖。這些情況都是意念影響身體的實例。我們不妨現在就做個試驗。現在，閉起雙眼，試著去想像一顆檸檬。」

年輕人坐在椅子上，閉上雙眼。「我看到檸檬了。」他說。

「現在，想像你咬下一口檸檬。」

年輕人臉上立即露出苦澀的表情，他感覺到牙齒一陣酸軟，彷彿真的咬到了檸檬。

「現在你發現意念的力量有多強大了吧?!」莎爾斯頓太太說，「你只不過是想像著一顆檸檬，而你身體的反應卻把它當真，這就是意念的力量。你的意念控制你的思想，而你的思想則控制身體的反應。剛才的實驗中，意念的力量使你分泌唾液。同樣的，我們可以利用意念的力量，促使免疫系統製造出更多的白血球，或減輕疼痛，甚至幫助我們治療許多疾病，包括癌症。」

「第一次學習的時候，我跟你一樣迷惑。」她說，「可是，相信我，意念的力量挽救了我的生命。十年前，我的頭部長了個惡性腫瘤。醫生告訴我說，這個腫瘤無法切除，我活不過一年。你可以想像，當時我完全崩潰，認定自己很快就會死去。可是你也看到了，直到現在我還活著。」

「到底是怎麼一回事呢？」年輕人迫不及待地問著。

「我遇到一個人，他幫助我挽回了生命。是一位矮小的中國老人！」

莎爾斯頓太太的話讓年輕人感覺到一陣興奮感蔓延全身，他也馬上意會到，這正是意念影響身體的另一個例子。

「我是在市立圖書館遇到他的，」莎爾斯頓太太繼續說，「那時，我在工具書部門當助理圖書館員。他向我詢問一本關於視覺創造力，和一本關於意念治療力量的書。」

「圖書館裡剛好沒有這些書，所以我必須去訂購。訂購的書籍通常一個星期後才會送到，可是這兩本書卻在第二天早上就送到我桌上了。書名讓我覺得好奇，所以我就先睹為快了。其中一本書的作者是位醫生，而全書的主要內容是，意念的力量可以治癒很多不治之症。書裡並且記錄了許多個案，包括存活下來的癌症病人，他們純然是以意念的力量戰勝了癌症。這真的很不可思議，我決定依照上面所建議的技巧，自己試試看。」

「你怎麼做呢？」年輕人急切地想知道答案。

「首先，我運用了『視覺創造力』——這是一種在心裡創造出治療意象的技巧。我嘗試想像出腦中的腫瘤，然後想像它正被小鯊魚吃掉。每天早上和晚上，我會舒服地躺下，或坐在椅子上十五分鐘，想像腫瘤被吃掉的情景。這麼做之後，我真的感覺好多了，身體也強壯多了。」

「真的？」年輕人問。

「真的！我們何不現在就試試看。閉上你的眼睛，深呼吸……很好……現在，想像你的疾病正被消滅。你可以用你想用的任何方式，槍、太空人、牛仔或印地安人等，隨意發揮。你甚至可以想像你的疾病就像太陽底下的冰塊，正漸漸被消融。隨便你怎麼想，重要的是，想像你的身體正在消滅病菌。」

年輕人想像有一架超級太空梭在他的身體裡射殺病菌，然後想像自己看起來已經變得更健康、更強壯了。幾分鐘之後，莎爾斯頓太太要他停止想像。

「你現在覺得怎麼樣？」她問。

「你相信嗎？」他驚叫道，「我感覺非常舒服，感覺自己更有元氣，精力更加旺盛了。」

「很好，這就是你的感覺。現在想像你持續更長時間，譬如十五到二十分鐘，每天兩次或三次，你會有什麼感覺？」

「我明白了。」年輕人說。

「另外還有一個很重要的技巧，叫做『治療宣言』。」莎爾斯頓太太說。

「對不起，我沒聽懂，什麼是『治療宣言』？」年輕人問。

「『宣言』是用來提醒自己必定能恢復身心健康的座右銘。你必須不斷地重複表述，或大聲唸出來，或在心裡默唸。唸出來的效果會更顯著。」

「這樣真的有效嗎？」年輕人問。

「當你一直重複強調某件事，久而久之，這件事就會成為你心中無法磨滅的烙印。比方說，如果我告訴你，不要去想一頭穿著紫色和白色圓點短裙的粉紅色大象，你會想像出什麼畫面？」

年輕人腦海中浮現出的，正是一隻粉紅色的大象，而且穿著紫白圓點相間的短裙。

「我明白你的意思了。」年輕人說，「不需要刻意去想，當我把『治療宣言』不斷地向自己重複強調後，我的潛意識就會認定自己的身體已經在漸漸康復。」

「完全正確！雖然一開始你可能覺得這太不可思議，但這的確能治癒疾病。而且，『治療宣言』重複愈多次，影響力就愈大，病癒的速度也愈快。

「首先發現『治療宣言』療效的是愛彌爾．庫耶博士；他要求病人盡可能每時每刻都去想一個很簡單、但是很有效的意念：『每天，在各方面，我都會愈來愈好。』遵循他指示的大多數病人的確也都恢復了健康。」

「所以，你運用『視覺創造力』和『治療宣言』恢復了健康？」年輕人問。

「嗯，我還做了很多努力。我全然改變了自己的生活形態：改善了飲食習慣、經常運動、堅持做深呼吸練習，我甚至改變生活的心態，學習欣然微笑，這些都幫助了我。我相信你會從比我更合適的人身上學到這些，但是我可以向你保證，讓我恢復健康最功不可沒的，就是『意念的力量』。運用意念的力量一年之後，我的腫瘤消失了，身體也完全康復了。於是我回到學校繼續研讀心理學，以幫助有需要的人。

「意念是一股非常強大的力量，可以引導我們的行為和態度，並且掌控身體裡的每一個器官、每一個細胞。我給你看樣東西。」她把一卷錄影帶放進錄放影機裡準備播放，並接著說道：「我做了一些真實的紀錄，你將看到我的親眼見證。」

螢幕上出現的畫面讓人難以置信：許多人赤腳走過發紅的熱炭球。年輕人也在影片中認出了莎爾斯頓太太，她正走過熱炭球。

「這叫做『蹈火體驗』。超過一百個人赤腳走過燃燒著的煤炭，溫度高達攝氏一千度，然而，卻沒有人感覺到任何疼痛，也沒有人因此燙出一個水泡。」

「這不可能！」年輕人大叫起來。

「相信我，這世界上不可能的事情很少。」她微笑著說道。

「可是……這些人是怎麼做到的？」

「意念的力量！」

影片繼續播出另一段鏡頭：一名孕婦躺在病床上，身旁有個男人正在跟她說話。片刻之後，孕婦顯得非常平靜，之後，一群戴著手術面罩的人依次進入病房。

「他們在幹什麼？」年輕人問。

「那個女人正準備接受剖腹生產。」

「但這種生產方式有什麼特別嗎？」

「醫療人員在產婦的生產過程中不用麻醉劑，也不使用任何止痛藥，只靠產婦自己的意念控制疼痛。片中的這名產婦已經被催眠了，不過，還是意識清楚地知道所有事情的進行，但她不會感覺疼痛。」

影片中，一名醫生用手術刀切開她的腹部，鮮血汩汩流出傷口。幾分鐘之後，另一位醫生小心地將嬰兒托抱出來，然後將臍帶打結、剪斷。當嬰兒吸進第一口氣時，開始大聲啼哭。這位母親還處於催眠狀態，頭腦清醒，卻沒有任何疼痛或不舒服感。

「這真是太不可思議了！」年輕人看得目瞪口呆。

「看下去，還有。」

接下來的影片裡，出現一個皮膚上滿是潰爛傷口的小女孩。

「這女孩是罹患濕疹的一個特殊病例，各種藥物、藥膏，甚至抗生素對她都毫無療效。然而，經過六個星期密集的心理催眠治療之後，她的皮膚傷口全部癒合了。」

這時，螢幕上出現了六個月之後完全康復的女孩，明顯可見她的皮膚變得光滑、健康。

莎爾斯頓太太按下按鈕，停止了影片播放。

她說：「我想你應該開始抓到重點了吧？！你可以看到意念對身體有著舉足輕重的影響。《聖經》上說：『一個人，就是他心裡所想的樣子。』你的意念控制著你的身體，很多你認為不可能的事，譬如在熱煤炭上行走、消除疼痛和治療癌症等，只要你善用意念的力量，都會變得很容易。你只需要聚精會神，就可以激發出潛在的信念力量。」

「什麼是潛在的信念力量？」年輕人不解地問。

「使你認為自己可以做到的信念，就是潛在的信念。如果沒有這種信念，影片中那些人能赤腳走過熱煤炭嗎？當然不能。治療疾病和保持健康，都需要匯聚所有的意念力量。」

「你就是用視覺創造力和治療宣言來集中你的意念？」年輕人試著問。

「對！你學得滿快。意念的力量潛藏在體內，需要用技巧將之激發出來，而你可以運用視覺創造力和治療宣言。」

「那應該多久做一次呢？」年輕人問。

「你每天必須至少做三次，早上、中午和晚上各一次，當然次數愈多愈好，每次至少十五分鐘，用視覺創造的方法，讓你的意念去治療身體。而治療宣言則必須寫下來並且大聲唸出。你可以運用任何聽起來讓你對恢復健康信心十足的宣言，譬如：『我每天都比以前更容光煥發而健康』、『我是強壯、有力且健康的』、『如今我的身體同心協力、合作無間，為我的健康努力不懈』，或『我會愈來愈健康』。

「你甚至可以用意念來控制你的情感。但是，不管選擇什麼宣言，你必須每天大聲地說出來，愈頻繁愈好，至少要早、中、晚各一次。這樣比較容易讓『健康』的意念進入你的腦海。」

「今天向你學到的這些，真是太令人振奮了，我終於看到了挽救自己的一線希望。」年輕人說，「你能不能告訴我，那位叫我來找你的中國老人到底是誰？」

「我根本不知道他是誰，也不知道他來自何方。他一直沒有回來拿他預訂的書，而且說實話，我也覺得他不會來。我想那些書根本是他為我訂的，他希望能夠藉此指引我，在我需要的時候給予我信心。我唯一確定的是，他救了我一命，還教了我人生中最重要的一課。」

「最重要的一課是什麼？」年輕人問。

「意念的力量能讓你變得無所不能，能否抵抗疾病、恢復健康，關鍵就在於病人的信念。這是健康的第一個法則……選擇健康還是病痛，全仰賴於意念！」

莎爾斯頓太太說完，隨即從她身後的架子上拿出一塊金屬銘牌。她說：「這上面的字說明了一切。」

金屬銘牌上刻著：

相信自己能夠做到的人，必定能克服一切困難。

——湯瑪士．愛普森

這天晚上，年輕人拿出今天的筆記仔細重溫了一遍。今天，他學到了最不可思議的力量：

意念的力量

◎意念的力量可以克服一切困難，治癒所有疾病，幫助你常保健康。

◎你可以通過下列兩種方法，把意念集中在健康與治療上：

1. 視覺創造力。（例如：一天三次，每次至少花十五分鐘做視覺創造力練習）
2. 治療宣言。（重複唸出治療宣言，每天早上、中午、晚上各一次）

現在年輕人感到舒服多了，他覺得自己的身體已經開始漸漸恢復健康。接著，他從口袋拿出一張小卡片，大聲唸出寫在上面的治療宣言：「我會漸漸好起來。」

祕密2 呼吸的力量

兩天後，年輕人來到一座教堂的大廳，與名單上的第二個人見面——教授瑜伽課程的維琪．克夫特太太。克夫特太太一聽說中國老人，便十分熱誠地期待與年輕人相見。

瑜伽課程結束後，學生們陸續散去。年輕人馬上走過去，向克夫特太太自我介紹。

「很高興能見到你，」克夫特太太帶著微笑說，「是一位中國老人叫你來找我的？」

「是的。」年輕人答道，「雖然我連他的名字都不知道！」

「我自己也只見過他一次，」克夫特太太說，「那是好多年前的事了，我卻永生難忘。」

「為什麼？」年輕人問道。

「因為他救了我一命。」

年輕人驚訝地說：「他救了你一命？真的嗎？」

「我小時候就患有哮喘，多年來也一直飽受慢性哮喘的折磨，而且病情不斷惡化，常常讓我呼吸困難，必須使用呼吸輔助器才能減緩哮喘的症狀。年深日久，我的哮喘愈來愈嚴重，也愈來愈依賴呼吸輔助器。我常常連上樓梯也會氣喘吁吁。

「有一天，我正走在路上，哮喘突然狠狠地發作了。我幾乎無法呼吸，就焦急地推開身邊的人，想要呼吸空氣。我把呼吸輔助器拿出來，但這回它竟然失效，因為裡面的化學藥劑已經用完了。那一刻，我真的以為自己就要死了。

「後來，一位矮小的中國老人把他的手放在我背上。突然間，我的痛苦消失了。真是太奇怪了！我感覺到一股元氣湧上來，然後就能呼吸了。我的呼吸從沒這樣順暢過，效果甚至比使用呼吸輔助器還好。我問他為我做了什麼，他卻說他只是釋放了擠壓在我上背部的一股氣罷了。

「其實我並不明白他所說的意思，可是我知道他為我進行了一次神奇的治療。我不知道他的名字，也沒有再碰到他，但他卻是我的救命恩人。

「那天，等我回過神之後，他就坐在我旁邊的椅子上，告訴了我有關健康的法則，也就是我治癒哮喘的方法。」

「你是怎麼治癒哮喘的？」年輕人問。

「從飲食到紓解壓力的方法，以及運動的周期和形態，我徹底改變了自己的生活方式。健康的祕密中有十條法則，每一條都很重要，其中對我而言最重要的，就是呼吸的祕密。」

「那到底是什麼？」年輕人問道。

「生和死的差別，就在於人的一呼一吸間。深呼吸對人的健康有著重要的影響，要得到健康，必須先學會正確地呼吸。」

「可是，怎樣才算『正確』地呼吸呢？」年輕人疑惑不解地問，「呼吸不是每個人的本能嗎？」

「是的，呼吸是本能的、順其自然的過程。但現在許多人都已經失去了這項本能。當你整天坐在辦公室中吹著空調，極少運動，甚至從不運動，你的橫膈膜和胸肌很快就會萎縮，這會使你無法正確地呼吸。」

「為什麼正確呼吸這麼重要呢？」年輕人問。

「呼吸是維持生命的基本條件。人可以一個星期不進食、不喝水仍然活著，可是一旦呼吸停止，不消幾分鐘就會死去。

「這個道理人人都懂，卻鮮少有人會認真地深入思考。這正是自然療法最根本的關鍵所在。呼吸有助於身體吸收養分，因為氧氣是運送養分的媒介，負責把你吃下去的食物及養分運送到身體的其他部位。你可以吃世界上最好的食物、最昂貴和最有效的維他命、礦物質等營養品，但它們在被輸送到全身的每一個細胞裡之前，都是無用的東西。為了能夠有效地發揮運送效果，你必須正確地呼吸。」

「同時，呼吸還有其他益處，」克夫特太太說，「我們吸入的氧氣，可以提升精力。」

「這是什麼意思？」年輕人問。

「嗯，你見過火吧？」

「當然。」

「你對著火吹氣，會發生什麼情況？」

「火焰會增大。」

「而且……」

「火會燒得更旺？」

「對！」克夫特太太說，「火會燒得更旺！我們身體裡也會發生同樣的情況。當細胞在燃燒熱量時，氧氣會讓熱量燒得更旺盛，這不就提升了精力？」

「我明白了，呼吸幫助我們把養分運送到身體的各個部位，讓我們精力充沛。」

「對！你說到重點了。不過，呼吸還有其他的功用；呼吸不但控制著全身的氧氣輸送，還控制著身體的淋巴液輸送。」

「淋巴液？」年輕人不解地問。

「淋巴液是一種類似血液的液體，含有白血球，可以抵抗細菌和病毒，保護我們的身體。我們體內有許多淋巴液，事實上，淋巴液比血液多四倍以上。淋巴液在我們的身體裡運行，是身體的『污水處理系統』。

「淋巴液是這麼運作的：當心臟收縮，血液從主動脈流到細小的微血管中，從而把充滿養分的氧氣送到微血管；在微血管裡，養分和氧氣被散布到細胞周圍的淋巴液中；身體各部位的細胞汲取健康所需的養分和氧氣，並排出毒素；部分毒素根據身體所需，回流到微血管，但是，大多數的死細胞、血蛋白和其他有毒物質，會被淋巴系統清除掉。」

「原來是這樣，」年輕人說，「可是，淋巴系統是透過什麼方式進行運作呢？」

「問得好。淋巴系統的運作主要藉由兩種方式：運動和深呼吸。研究報告顯示，適當的有氧運動配合深呼吸運動，可以使淋巴系統的排毒速度加快十五倍。你瞧！光靠簡單的深呼吸和適量的運動，就可以將淋巴系統的排毒效率有效提升十五倍。」

年輕人聽了很驚訝，也擔心自己會忘記這麼重要的訊息，趕緊埋頭記錄。

「身體細胞透過淋巴液，排出過剩和有毒物質，」克夫特太太解釋說，「如果這些有毒廢物沒有被排出而積聚在體內，後果會很嚴重，就像如果你沒有定期倒乾淨家裡的垃圾桶，你覺得會有什麼後果？」

「一定會發出難聞的臭味。」

「沒錯。因為這樣不僅會滋生黴菌和真菌，也會招惹老鼠和蟑螂。」

年輕人點點頭。

「所以，當我們體內的有毒物質沒有及時被清除，也會發生一樣的情況——細菌繁殖、寄生蟲滋長、病毒侵入。這也是為什麼相較於一般人，運動員較少罹患慢性惡性疾病，譬如癌症、心臟病和糖尿病等的原因。其實，根據最新的醫學研究顯示，非運動員罹患這些疾病的機率是運動員的七倍。」

年輕人在筆記本上寫下更多重點。

克夫特太太繼續說：「正確的呼吸也有助於減緩疼痛，現在愈來愈多孕婦開始學習一種特別的呼吸方法，以減緩分娩時的疼痛。」

「學習正確地呼吸，還有另外一個非常重要的益處，」她說，「就是對我們情緒的影響。深呼吸可以舒緩胸部的肌肉，對神經系統也有鎮靜效果。」

「所以，當人們感到緊張或激動的時候，會被建議透過做深呼吸以進行放鬆，道理就在於此，是嗎？」年輕人問。

「完全正確，」克夫特太太說，「我在教授瑜伽的時候經常很緊張，但透過做深呼吸練習，我馬上就感覺平靜而放鬆多了。再看看抽菸的人，並不是香菸使他們放鬆，而是深呼吸。可惜抽菸會損害健康，香菸中的毒素會損害人體肺部組織，使肺部充血。」

「這些聽起來都挺有道理的。」年輕人說道，「可是，我要怎麼學習正確地呼吸呢？」

「這個問題很好。」克夫特太太說，「答案也很簡單，你必須重新學習正確的呼吸方法。曾經有專家在美國加州進行了一項臨床研究，他們把攝影機放入人體內，以記錄哪一種呼吸方式最能有效促進淋巴液循環和血液循環。結果發現，最能有效活化身體、促進淋巴液循環的呼吸方法是：用一拍吸氣，停四拍，然後兩拍吐氣。因此，如果你花四秒吸氣，你必須憋住那口氣達十六秒之久，然後花八秒吐氣。用這種呼吸頻率做十次深呼吸——一拍吸氣、停四拍、兩拍吐氣。不要勉強自己，從三、四秒的吸氣開始，再慢慢增加。從腹部呼吸，想像你的胸部像個真空吸塵器，正把毒物吐出你的身體。」

「我懂了，」年輕人說，「可是為什麼吐氣必須比吸氣多兩倍時間？」

「因為吐氣的時候，正是淋巴系統清除毒物的時候。」

「那又為什麼，我必須用比吸氣多四倍的時間來憋住氣？」

「因為那是血液完全氧化、淋巴系統充分活化的時候。」

「這個呼吸運動要多久做一次？」年輕人問。

「至少要一天三次，早上、中午、晚上各一次。漸漸地，不用特別去想，你的肺就自然而然習慣做深呼吸了。正確、深沉、橫膈膜式的呼吸，會再次成為你的本能。

「只要試著做這種簡單的運動，十天之內，你就會感覺自己變得精力旺盛、元氣十足。」

「我會的，謝謝你！這真是很棒的一次交談。」年輕人愉快地說。

「歡迎你隨時再來。」克夫特太太說，「把我所學會的教給別人，總是讓我獲益良多。」

當天晚上，年輕人仔細讀著自己的筆記：

呼吸的力量

◎生與死的差別，只在一呼一吸之間。

◎深呼吸有助於治癒疾病，促進血液和淋巴液循環；可以放鬆神經系統；協助我們提升精力；舒緩精神和情緒上的壓力；淨化、放鬆、安撫我們的身心。

◎分別於早上、中午、晚上，按照下面的指示練習：盡可能舒服地吸氣；以四倍於吸氣的時間憋住氣；以兩倍的時間吐氣；重複十次。

祕密3 運動的力量

名單上的第三個人叫做瑪莉・歐丹尼爾，年輕人與她相約第二天下午在市立公園裡的跑道旁見面。瑪莉・歐丹尼爾是大學田徑隊教練，臉龐清秀，見面時，她身穿翠綠色運動服裝、慢跑鞋。他們並肩坐在看台椅子上，向下俯瞰著跑道。

「我是在很多年前遇到中國老人的，」瑪莉說，「直到現在，當時的情景依然歷歷在目。那天正好是我被診斷確認患有多發性硬化症的日子，這種疾病會使整個中樞神經系統完全崩潰，嚴重損壞身體機能。

「醫生告訴我說，這種病是無法根治的，只能以藥物控制病情惡化的速度。我聽到這個消息時，簡直嚇呆了，對生命幾近絕望。那天下午，我就坐在這裡，一個人不停地流淚。

「當我抬起頭時，發現一位中國老人坐在我身旁的椅子上。我們開始攀談起來，話題很快就轉到自然療法和健康的祕密上。老人說的話都是我聞所未聞的，也給了我很多啟發。他離開之前，給了我一張紙條，並告訴我說，名單上的人可以幫助我，他還給了我一篇從健康雜誌上剪下來的文章，說我也許會有興趣。

「那篇文章不只有趣，還簡直令我難以置信——是專門探討多發性硬化症的一篇文章。」

「這有什麼不敢相信？」年輕人不解地問。

「因為我並沒有跟他提起我罹患了這種病啊！我也很少跟別人說到我的健康問題。

「那篇文章提到好幾個從這種疾病中康復的人。我非常興奮，因此重新燃起了生活的希望。我想，既然他們都可以戰勝病魔，我也一定可以。非常幸運地，我最後終於把病情控制住了，沒有繼續惡化，直到現在我還可以走路。」

「你是怎麼做到的呢？」年輕人問。

「方法很多，包括調節飲食、調整心態，以及加強身體鍛鍊。我學會了關於健康的祕密，並且馬上學以致用，其中對我的健康具有舉足輕重作用的，就是有氧運動。」

「你說的『有氧運動』指的是什麼？」年輕人好奇地問道。

「運動是需要能量的，有氧運動是指『能量來自細胞內的有氧代謝（氧化反應）運動』。有氧運動能夠有效地鍛鍊心、肺等器官，增強、改善我們的心肺功能，譬如競走、跑步、騎自行車、游泳等都是對身心有益的有氧運動。現在，我每天都堅持競走和游泳。開始的時候很困難，我的腿像鉛塊一樣沉重。經過一段長時間的持續鍛鍊，我的腿才漸漸強壯起來；幾個月之後，形勢更加好轉，我幾乎可以跑步了。

「後來，我開始堅持每天進行規律的跑步鍛鍊。我規定自己連續在跑道上跑八圈。到了第八圈，我的腿就會疲憊不堪，無力再跑下去。因此，第九圈對我而言似乎永遠遙不可及，我也一直無法跑完。有一天，我決定必須突破這個瓶頸，竭盡全力跑完九圈。

「我緩慢地跑著，腿愈來愈沉，到了第八圈時，我已經筋疲力盡了。我感覺雙腿非常虛弱無力，但仍然勉強地向第九圈邁進。突然，我感到無法再多走一步了。就在我準備放棄時，身後突然傳來一個聲音：『繼續！你可以的。加油！不要放棄！』

「我回頭一望，原來是那位中國老人。他微笑著看著我，說：『繼續！快到了。』

「中國老人在我最需要激勵的時候鼓勵我，並且陪我跑完我一直想要突破的第九圈。我不但做到了，健康狀況從此也有了很大的好轉。

「跑到第九圈時，我開始大汗淋漓，汗腺就如崩裂的水閥，汗水傾瀉而出。這是我有生以來第一次體驗到汗流浹背的感覺。從此以後，我跑得更快、更穩了。這是我人生的一大突破，也是我復原過程中最重要的一步。」

「你的意思是說，運動在你復原的過程中功不可沒？」年輕人一邊記筆記，一邊問道。

「是的。」瑪莉說，「為了克服心理障礙，重新找回恢復健康的自信，我必須超越自己的極限，跑完第九圈。對大多數人而言，持續有規律地做有氧運動，就可以強身健體。」

此時，一個中年男子疾步走向他們。「早啊！瑪莉！」他說。

「嗨！史坦！今天好嗎？」

「喔！再好不過了。」他回答。

「你一定不相信，他去年得了心臟病。」女人對年輕人說。

「心臟病！你是說真的嗎？」年輕人說。

「當然。規律的運動也救了他一命。你看，定時定量的有氧運動，譬如跑步、走路、游泳和騎自行車，會降低血壓，也會減低血漿中的膽固醇。」

年輕人低頭記錄重點，瑪莉繼續說：「你看那位慢跑的女士。」瑪莉指著一個嬌小、穿著運動服的女人說：「她患有關節炎，膝蓋和臀部長年累月疼痛。但自從持續每天運動後，她的疼痛就消失了。

「因為運動可以提高身體各關節的活動能力及靈活性，有效防治關節炎，讓骨骼保持健康。反之，缺少運動會導致肌肉萎縮、骨骼中的鈣質流失，造成骨骼疏鬆。

「很多人長久不運動或缺少運動，後果非常嚴重。你知道嗎？如果把手綁起來三天不活動，手部肌肉就會漸漸萎縮，從而導致手部機能喪失或弱化。」

「真的嗎？」

「有句話說：『如果你不用它，你就失去它了！』長期不運動，體能就會下降、身體也會虛弱。運動讓我們得到健康和力量，這就是健康的第三個原則。」

年輕人很吃驚，他從沒想過運動對健康而言如此重要！這些年來他一直很少運動，難怪身體如此虛弱。

「運動對我們的心理健康也很重要，」瑪莉繼續說，「我們的情緒會受到動作與行為的影響。臨床實驗已經證明，運動有助於人們消除部分精神困擾，比如緊張和沮喪。你一定有過這種經驗：當你覺得悶悶不樂時，站起來做些體力活動，沮喪的情緒便不知不覺消散了。很多人不知道，缺少運動很容易導致性格變得內向、緊張、過於敏感。」

「我同意，但為什麼會這樣呢？」年輕人問。

「很簡單，」瑪莉解釋道，「首先，運動會讓你的大腦釋放出一種類似嗎啡的化學物質，會使人產生愉悅感。很多運動員在訓練之後會感覺充滿幹勁和活力，有人稱此為『運動員高潮』。

「其次，運動可以安撫情緒。情緒會隨著身體所處的狀態而改變，譬如我們走路、坐立的姿勢，甚至呼吸的動作，這些身體的所有外在動作都會影響我們的心理狀態。而規律的有氧運動正是驅除生理或心理疾病的第一步，也是維持健康的基本條件。」

年輕人問道：「那麼哪種運動方式最好？每天要做多久的運動才算合適呢？」

「只要是你感興趣、可以讓你出汗以及呼吸加快的運動都可以，例如競走、慢跑、游泳、騎自行車甚至跳舞，都是很好的運動方式。必須注意的是，運動前一定要做熱身運動，以擴展關節的活動範圍，改善身體的協調性。但不要去『拉扯』、『撕裂』肌肉，也不可以猛力扭轉關節。」

「要怎樣熱身呢？」年輕人問。

「有一個簡單的方法，就是嘗試伸展、扭轉每一寸肌肉和各個關節，每次持續七秒鐘，每個部位都要重複幾次。你可以用左右對稱的方式來做，這樣你就會記得做完左邊，還有右邊。」

年輕人一邊低頭記錄，一邊問道：「還有什麼要注意的嗎？」

「還有一點很重要，即運動量不能超過身體負荷，必須循序漸進，逐步增加運動量。超負荷運動很容易造成肌肉受傷。」

「我懂了！」年輕人又認真地問，「那麼，要有健康的身體，多少運動量才合適呢？」

「這個問題很好！」瑪莉答道，「通常一天必須要運動三十至六十分鐘，我保證十天之內你就可以感覺煥然一新。我相信運動對健康的益處絕對會讓你震驚，就像我當初的感覺一樣。」

「聽起來很棒！」年輕人高興地說，「我今天就要開始運動。」

「祝你好運！記得隨時告訴我進展如何。」瑪莉笑著說。

「好！我會的。」年輕人說，「謝謝你。我知道運動很重要，可是，直到今天我才真正『瞭解』運動有多麼重要。啊！對了，當你跑完第九圈的時候，中國老人有對你說什麼嗎？」

「沒有，當我跑完第九圈，回頭想感謝他時，他已經離開了。不過，我相信他瞭解我的心意。」瑪莉說。

「為什麼？」年輕人問。

「因為我經常接到一些像你一樣的人的求助電話。」瑪莉笑著對他說。

年輕人輕鬆地離去，瑪莉開始做伸展熱身運動。當年輕人走到公園的門口，他轉過身，回望那位曾經雙腿硬化的女人，她正輕鬆優雅地在跑道上跑著。

年輕人讀著今天做的筆記，對於自己恢復健康充滿了力量與信心：

運動的力量

◎規律的身體運動可以促進循環、增強心肺功能，有助於驅除各種生理和心理的疾病，是維持健康的第一步。

◎做一種你感興趣的運動，使自己出汗、心跳加速、呼吸加快。

◎運動前一定要先熱身，但不要勉強，避免讓自己負荷過大。

◎每天至少運動三十分鐘。

祕密4 營養的力量

兩天後，年輕人來到市中心一家很受歡迎，名為「鄉村味」的小餐廳。這家餐廳的老闆正是名單上的第四個人：愛德華．傑斯特先生。

傑斯特先生受到很多人尊崇，在本市很有名氣；他非常熱愛工作，常常對他的工作付出高度的熱忱。他是個充滿使命感的人，並且精力旺盛。每個星期三晚上他還會教授烹飪課，希望教會人們方便快捷地準備既可口又健康的食物。

「你的電話讓我想起了過去，」傑斯特老先生對年輕人說，「那段回憶太美好了！……大約三十年前，我五十五歲……」

「你是在跟我開玩笑吧？」年輕人驚訝地打斷了他的話，並且叫了起來，「你是說……你已經八十五歲了？」

「是啊！我是八十幾歲啦！」

「天啊！你看起來絕不超過五十歲呢！」

「謝謝！」傑斯特老先生微笑著說，「我給你看樣東西。」他拿出一張黑白照片遞給年輕人。

「這是誰？」年輕人問道。

「你說呢？」

「我不知道啊！不過，他看起來一副病懨懨的。」照片上是一個高大的中年男人，身體臃腫，臉色暗沉，還有明顯的黑眼圈。即使不是醫生，也可以看出照片中的這個人很不健康。

「這是我。」傑斯特先生坦承。

「別開玩笑了！」年輕人驚歎。

「我沒有開玩笑，那真的是我。三十年前的我，和現在看起來相去甚遠。」

「你當時怎麼了？」年輕人問。

「我有糖尿病。」傑斯特先生答道。

「糖尿病不是無法根治的嗎？」年輕人看著眼前的傑斯特先生，不敢相信他曾得過糖尿病。

「那是人們的誤解，實際上並非這樣。我以前曾經患上的不治之症，現在基本上都痊癒了。而且，我都沒有服用藥物，只是藉由自然的方式去治療，同時改變我的生活形態。」

年輕人回想起前幾天他所遇到的那些人，在談到健康法則的時候，無一例外地，也都提到改變生活形態的問題。

傑斯特老先生繼續說：「當時，其實我還有高血壓、胃潰瘍和消化不良等疾病。醫生讓我服用一些具有綜合療效的藥物和膠囊。這些藥剛開始服用時，療效明顯，可是幾個星期後，便開始產生副作用——我開始頭痛、暈眩，皮膚也長出小紅疹子。

「如此下來，我的健康狀況不但不見起色，還不斷惡化。直到有一天我遇到一位老人，他改變了我的一生。」

「我想是一位中國老人吧？」年輕人插話說。

「對！沒錯。」傑斯特先生笑著說。

「然後呢？」

「說來也奇怪。當時我的工作壓力很大，根本沒有時間外出吃午餐。有一天，我覺得心情煩躁，便走到辦公室對街的一家速食店吃東西。正當我坐在角落裡吃著乳酪漢堡和薯條時，一位中國老紳士走過來，問可不可以跟我坐在一起。

「他坐下來後，便開始吃他的沙拉和烤馬鈴薯。我們嘻嘻哈哈說了一些玩笑話之後，他突然看著我的眼睛，一本正經地跟我說，我吃的食物對我有害無益。我原以為他在跟我開玩笑，便說了些跟食物有關的笑話回應他。可是，最終他說了句讓我很震驚的話——他說，我吃的這些食物會導致我的胃潰瘍進一步惡化！」

「這有什麼好震驚的呢？」年輕人問。

「我根本沒跟他提我有胃潰瘍的事啊！我問他怎麼會知道我有胃潰瘍？他說從我的眼睛就可以看出來了。」

「真的？」年輕人問道。

「是啊！我知道這聽起來讓人難以置信。當時我也十分驚訝，於是問他還『看到』了什麼。你相信嗎？他竟然告訴我說，我的膽固醇太高、胰臟不好。

「我又問他，如果這些食物會傷害我，那我應該吃什麼呢？他就告訴我關於健康的法則。他很耐心地跟我解釋，健康地生活，才能活出真正的健康，而我們就必須遵循十項健康的法則。只有這樣，才能常保健康，否則，很容易因此引發疾病。

「這十項健康法則缺一不可，但對我最有幫助的一項，就是營養的力量——『吃什麼、何時吃，以及怎麼吃，造就了你的健康。』

「我從『吃什麼、何時吃、怎麼吃』三方面下手，改善了自己的飲食習慣。你相信嗎？六個星期之後，我的膽固醇降到正常指數，胃潰瘍也不再復發，心悸的症狀也消失了。最不可思議的是，我的糖尿病竟然治癒了！」

「這的確不可思議。」年輕人說。

「可不是嗎？」傑斯特先生說，「我曾經看過一篇醫學臨床實驗報導，文中提到，患有糖尿病的成年人在持續食用低脂肪、高纖維的食物至八個星期後，百分之七十五的病人會痊癒！

「我想，健康的飲食習慣絕對可以幫助每個人驅除疾病，保有健康身心。為此，我決定透澈地學習營養法則。我所學到的關於健康的飲食療法，可以簡單地歸納成六條規則。」

年輕人聽得更加專注，在傑斯特說話的時候，不停地記著筆記。

「第一個原則是，選擇完整、新鮮而未經加工的食物。攝取營養就像蓋房子，你的房子用什麼材料建蓋而成，看起來就會是什麼樣子，對不對？」

年輕人點點頭，不過他不太清楚「未加工」和「加工」食品的不同。

傑斯特先生解釋道：「加工過的食物所含的營養全都會被破壞，譬如白麵包、白糖，甚至一包包的早餐麥片。大部分的維他命、礦物質及其他有營養的物質，都在加工過程中被去除或毀壞掉了，而這些食物通常只剩下糖分和澱粉。」

「可是我一向都吃白麵包和早餐麥片粥，包裝上也都注明說是『營養且富含多種維他命和礦物質』。」年輕人辯解著。

「那只是誇大的廣告詞而已。食品工廠實際上怎麼做呢？他們會把一百種營養物質抽取出來，再注入五種人工維他命。我很難同意這是『營養且富含多種……』」

「不過，糖分和澱粉也對人體無害，」年輕人說，「還可以為我們提供能量。」

「嗯！糖分和澱粉是提升精力的必需品，但其他很多營養成分也是啊！譬如鈣、鋅、鐵和其他多種礦物質和維他命，但這些營養元素都在食物的加工過程中流失了，身體因此必須從骨骼和組織中汲取所需的營養物質。長期下來，身體中儲存的許多基本礦物質和維他命就漸漸枯竭了。『加工』食物事實上搶奪了你身體中不可缺少的資源。」

「那我們應該吃『未加工』食物，又是什麼道理呢？」

「新鮮的水果和蔬菜，以及各種穀類，譬如糙米、全麥、大麥、燕麥、小米和裸麥等，還有豆類、堅果和種子等，這些都是為身體提供基本營養的健康食物，含有蛋白質、碳水化合物、維他命、礦物質和脂肪酸。當然！如果可能的話，有機生長的食物是最好的。」

「什麼是『有機生長』的食物？」年輕人好奇地問。

「就是沒有使用任何化學肥料或方法種植出來的食物。所有種植經濟農作物所使用的化學物質，都是有毒的。有機食物是自然生長的，不殘留任何化學物質，營養價值也比較高。

「健康飲食的第二個原則是，沒有好的消化，就無法得到好的營養。記住，重點不只是我們吃下什麼，還有何時吃，以及如何吃！」

「這到底是什麼意思呢？」年輕人問。

「如果消化不良，即使吃再多的食物也白費。而保證消化良好的唯一方法，就是在合適的時間吃，以及用正確的態度吃。比方說，如果不細細咀嚼食物，你就很難保證消化良好。同樣，在生氣、疲倦或忙碌時進食，你的身體也無法有效率地消化並吸收。

「很多人吃飯時狼吞虎嚥，在工作間隙匆匆忙忙地進食，最後還疑惑自己為什麼會消化不良。進食時應放鬆身心，盡情享受食物的美味。細嚼慢嚥有利於增加唾液和胃酸分泌，促進消化，幫助你消化分解碳水化合物、穀類等。不過，對於促進消化，最重要的還是進食時間。」

「進食的時間跟消化有什麼關係呢？」年輕人疑惑地問。

「自然界中萬事萬物都跟時間有關，」傑斯特先生解釋道，「從太陽的升起、落下，到一朵鬱金香的開放，每個事物都有屬於自己的時間，人當然也不例外。我們的生理時鐘比自己想像的還要精確，而進食的時間，決定我們是否能消化良好。

「身體的新陳代謝率，即身體把食物轉變成能量的時間比例，晚上比早上低很多，這表示晚上燃燒的卡路里較少。這也是為什麼當你在晚上吃下大量食物，會比在早上吃大量的食物更容易發胖。

「如果吃得太晚，就很難得到優質的睡眠，也會導致你在早晨起床時感到疲倦。」

「為什麼呢？」年輕人問。

「如果吃得太晚，大腦和消化系統都必須整夜工作而無法得到休息，因為它們要製造出消化所必須的酵素和消化液。」

年輕人想了想，又問：「還有其他不適合進食的時間嗎？」

「有，當你很疲倦或壓力太大的時候，也不適合進食，因為這時候消化系統通常無法良好運作，會影響消化。」

年輕人埋頭記錄，傑斯特先生繼續說：「健康飲食的第三個原則就是，永遠不要吃太飽。記住，你吃東西的時候，多一點就已經太多了。吃下大量的食物遠比吃少量食物容易多了，可是你要知道，一個健康的胃大約只有你的拳頭大小，當我們吃下太多食物，會把胃拉扯得過大，而且把它塞得滿滿的，會讓消化過程受到很大阻礙，就好像加了太多煤炭，沒有留些空氣助燃，反而會阻礙燃燒。

「更重要的是，過量的卡路里會製造多餘的脂肪，會讓我們的心臟和關節負荷過大。這也是為什麼吃得少的人比較長壽的原因。有句話說：『吃到你覺得肚子只滿了一半，喝到口渴只解了一半，你肯定會健康長壽。』

「第四個原則就是，吃下去的食物必須有百分之七十是水分充足的，例如新鮮蔬果、穀類或豆類的苗芽；另外的百分之三十才是澱粉、蛋白質和脂肪。這好像有點奇怪是不是？你要知道，西方人一般都吃少量的含水食物，卻攝取很多澱粉和蛋白質，也就是很多肉類、麵包、馬鈴薯和一點點蔬菜。所以一般的西方人都會疾病纏身，三分之一的人得了癌症，二分之一的人有心臟方面的疾病。你想想看，地球表面有百分之七十是水，人體內也有百分之七十是水。你不覺得我們理所當然要吸收同樣比例的水分嗎？」

「我們不能只是多喝一點水嗎？」年輕人問道。

「這點倒是很重要。」傑斯特先生說，「大部分人攝取的水並不是非常純淨，可能含有氯、氟、軟性金屬和其他有毒的物質元素。事實上，我們常常餓了才去進食，渴了才去喝水，因此，你不可能在饑渴難耐時，還去過濾、淨化水質。所以，如果我們主要吃富含水分的食物，就可以吸收既乾淨又營養的水分了。

「當我們攝取的水分不足時，體內的血液會變得過於濃稠，而那些有毒的垃圾就無法被有效地清除掉。」

年輕人頓時陷入沉思，他開始計算自己平常吃了多少富含水分的食物。答案令他詫異——非常、非常少。他通常幾乎都吃肉類、馬鈴薯、麵包和奶油，再加上一點煮得半生不熟的蔬菜。

「健康飲食的第五條原則，」傑斯特先生打斷他的思考，繼續說道，「這點非常重要喔！要避免五個『細胞終結者』。」

「細胞終結者？是什麼東西？」年輕人誇張地喊道。

「細胞終結者就是有害健康的食物，它們會破壞身體的細胞。我們必須盡可能避免吃這類食物，吃得愈少，對身體愈有利。我跟你解釋為什麼。

「第一個『細胞終結者』是加工糖。糖會輕易地毀掉你的牙齒，更嚴重的是，它會耗盡身體的一些重要能量，也會損壞免疫系統。六茶匙的糖就會減少人體內百分之二十五的白血球數量，白血球可是跟細菌戰鬥的勇士啊！你吃下愈多的糖，就會消滅愈多的勇士。

「你要留意，糖經常被加工為各種各樣的食物，譬如糖果、巧克力、冷飲、糕點和餅乾，甚至罐頭水果、蔬菜中也加了糖。

「第二個『細胞終結者』是肉類。一些研究報告已經多次警告說，引發慢性惡化疾病的主要禍首就是肉類。我們現在所吃到的肉類，幾乎都來自飼養工廠，也就是說，這些動物是『工廠』的產物：被關在小籠子裡養殖，從來沒有在開放的牧場中被放牧，也從來沒見過日出日落，甚至被注射抗生素以防止疾病傳播，餵食荷爾蒙……如果我說，這種『工廠肉』囤積了一堆各式各樣的毒素，你不會懷疑吧？」

年輕人問道：「那蔬菜水果呢？它們不是也被噴灑了很多危險的化學藥物嗎？」

傑斯特先生笑著說：「沒錯！沒錯！可是跟被污染的肉類相比，還算是非常少量的。曾有一位挪威教授把橄欖菜和雞肉放在一起做比較，結果發現，雞肉中所含的毒素比橄欖菜多出一千萬倍。

「有機蔬果是在沒有化學污染的環境中生長的，當然對身體非常有益！因為它們是自然生長的，不殘留任何化學成分，營養價值也比較高。不過，即使是用化學方法種植的蔬果，所含的毒素也遠比肉類少。」

「那如果是『有機』肉類呢？」年輕人追問。

「那肯定比工廠肉類好，不過還是有損健康。肉類基本上不是健康食物，因為肉類含有非常高的飽和脂肪，會致使紅血球黏在一起，阻塞動脈。大多數心血管疾病都是因為平常從肉類、巧克力等食物中攝取過量的脂肪而引起的。」

「我還以為肉類對健康很有益呢！」年輕人接著又問，「我們不是需要肉類來提供熱量嗎？」

「事實正好相反。」傑斯特先生耐心地解釋，「我們的身體需要燃燒碳水化合物以產生熱量，可是肉類中的碳水化合物很少，卻含有很多的脂肪和蛋白質。過量的蛋白質在體內會產生過量的氮，使人產生疲倦感。」

「可是，我也聽說身體需要大量肉類來強化骨骼。」年輕人說。

「不！正好相反。」傑斯特先生搖搖頭說，「肉食者的骨骼通常比較脆弱，因為肉類含有很多尿酸，尿酸才是可怕的毒素！我們的身體一天只能排除大約八毫克的尿酸，可是一份四分之一磅的牛肉漢堡，卻含有十六毫克尿酸。這些多餘的尿酸會侵蝕關節和肌腱，還會吸取骨骼中的鈣質，引發關節炎等疾病。」

「那鐵質呢？」年輕人窮追不捨地問，「如果不吃肉，我們怎樣補充鐵質呢？」

「綠色的蔬菜本身就含有豐富的鐵質，穀類和豆類的鐵質含量也很高，例如扁豆、菠菜、花椰菜、乾杏仁果等食物的鐵含量比牛肉更高；一杯糙米的鐵含量，也比四分之一磅的漢堡更高。人們常有一種誤解，認為素食者比一般人容易貧血。事實上，只要對營養學有所瞭解，就會知道這種說法並不正確。最近有份醫學報告還指出，心臟疾病可能跟鐵含量過高有關。」

「那魚肉為什麼也不好？」年輕人問，「我一直以為海鮮是很不錯的營養食物。」

「魚肉比其他肉類要好些，不過也不算健康的食物。因為現在海洋已經受到了很嚴重的污染，從政府發布的調查報告指出，幾乎半數的魚類都產生了細胞變異。而養殖場所飼養的魚，就像工廠肉類一樣，都餵食抗生素，藉以控制疾病傳播，並透過餵食激素縮短養殖週期，還使用化學染劑讓它們保持新鮮的色澤。

「魚肉曾被認為是有益健康的食物，因為魚肉含有某種基本脂肪酸，可防治心臟疾病及關節炎，但魚類已經遭受過度污染；而有些蔬菜中也含有這類脂肪酸，含量甚至比魚肉還豐富。

「然而不管是魚還是雞鴨牛豬，這些都不是人類的自然食物。人類是草食性動物，草食性動物的雙頷可以垂直及橫向移動，使牙齒旋轉摩擦；肉食性動物的頷部只能上下移動，牙齒只適合切割和撕扯，而不是摩擦。

「素食動物基本上都有超過二十二尺長的腸子，而肉食性動物的腸子只有大約三尺，這是為了讓食物在腐敗前可以很快排出體外。所以，大部分人類學家都同意，人類的祖先應該是吃果子的靈長類動物。我們所需的一切營養，都可以從素食中獲得。

「在我那個年代，素食者經常被認為是思想怪誕的人。但這其實是媒體塑造出來的刻板印象，因為，你知道這些所謂思想怪誕的人是誰嗎？他們是歷史上的大思想家、哲學家，從古希臘的蘇格拉底、畢達哥拉斯和柏拉圖，到近代的大人物，像達文西、梭羅、愛因斯坦、牛頓、富蘭克林、蕭伯納、托爾斯泰、威爾斯、馬克吐溫、伏爾泰和甘地。哇！思想怪誕的人還真不少喔！而且你別忘了，他們都挺長壽的。」

年輕人忙著低頭寫下重點，傑斯特先生繼續說道：「細胞的第三個終結者是乳製品，包括所有的牛奶、乳酪、奶油和牛油。人類是地球上唯一會喝非同類奶水的動物，也是唯一過了幼兒期還需要喝奶的動物。」

「這些乳製品有什麼不好呢？」年輕人擔憂地問。他開始擔心，這樣說下去，還有什麼東西是可以吃的，大概只剩下萵苣葉和胡蘿蔔了。

「乳製品對小牛不錯，可是對人就不好了。有百分之二十的人無法自己生產乳酸，因此也無法自己分解牛奶中的糖分——乳糖。同時，據估計，大約有五分之四的人對食物中的酪蛋白有過敏反應。

「乳製品是你所吃到最具毀滅性的一種食物，它們會在人體內製造出大量的黏液，而這種黏液在腸胃之間會形成一層障礙，影響營養的吸收。這種黏液也會在肺部積聚，容易導致呼吸器官的疾病，包括支氣管炎和哮喘病。

「乳製品還含有大量的脂肪，會引發心臟方面的疾病。」

「可是我們不是需要乳製品中的鈣質嗎？」年輕人不解地問。

「不！」傑斯特先生解釋著，「你沒看過有研究報告指出，大部分攝取大量乳製品的人也都缺鈣嗎？挪威人是全世界乳製品消耗量最大的國家之一，但也是全世界國民骨骼疏鬆症罹患率最高的幾個國家之一。

「相較之下，非洲班圖人的乳製品攝取量比西方人少四分之一，但他們卻很少因為缺鈣而生病，也很少骨折或掉牙齒。這完全得益於他們低蛋白質的飲食習慣，因而避免了鈣質從體內流失。

「若乳製品中的鈣質無法被完全吸收，而在關節附近囤積，就會導致關節炎；在動脈壁囤積，則會引起動脈硬化。你想想看，乳牛基本上是吃草的，那實際上不含鈣質，但它的奶水卻富含大量的鈣質。

「同理，人們也可以從蔬菜和穀類中獲得所需的鈣質。一杯榨碎的花椰菜汁所含鈣質比一杯牛奶還要多。

「第四個細胞終結者就是精鹽或氯化鈉。」

「鹽有什麼不好嗎？我一直以為人體是需要鈉的。」年輕人糊塗了。

「人體的確需要鈉，它使我們維持健康的體液平衡，增強肌肉的力量，幫助神經系統正常運作，維持血液和尿液中正常的酸鹼質平衡。但是，我們可以從多種蔬菜水果中獲得鈉，譬如番茄、芹菜、菠菜、橄欖、胡蘿蔔，甚至草莓，我們身體所需的鈉都可以從這些食物裡攝取。

「但吸取過量的鈉也是對身體有害的。大多數人都從精鹽中吸取了過多的鈉，比方說，你的身體每天大約需要三千毫克的鈉——這取決於你的生活形態，因為你可能會因為流汗流失了大量的鈉。但你聽了下面的數字肯定會嚇一大跳：一茶匙的鹽就含有大約兩千毫克的鈉！

「如果除了食用精鹽，還經常食用鈉含量很高的罐頭食品和加工食品，體內鈉的攝入量就可能會比正常的身體需求多出四至五倍。

「精鹽是一種無機鈉，經過漂白和加工，會刺激腸胃，阻礙其他食物的消化。如果你實在非吃鹽不可，我建議你選擇海鹽。海鹽沒有經過漂白或加工，而且含有身體所需的多種礦物質和微量元素。

「不過還是要記得，過量的鈉會抑制氧氣進入細胞，也可能引發高血壓。心臟、腎臟和肝臟方面有問題的病人，醫師都會嚴格規定他們降低鈉的攝取量。所以，你不覺得應該在馬兒跑出來之前，先把門拴上嗎？」

年輕人點頭同意，傑斯特先生繼續說道：「第五個細胞終結者是茶、咖啡和酒。」

年輕人馬上接話道：「這我知道，喝太多酒有害健康，因為酒精會傷害肝臟和腎臟。可是喝茶和咖啡的後果有這麼嚴重嗎？」

「茶、咖啡、酒都是刺激性飲料，對身體當然有害。茶和咖啡都含有咖啡因，兩杯茶或咖啡的咖啡因含量就足以對大腦產生刺激作用，並使血糖升高。剛開始你可能會覺得有提神作用，但很快你會因為血糖下降而感覺愈來愈疲倦。

「你有沒有注意到，當你喝了幾杯茶和咖啡之後，會變得比較緊張，心跳也會加快？有時，還會讓你的雙手顫抖。」

年輕人點點頭，他記得有天晚上為了提神，喝下四杯咖啡，後來他發現自己的手竟然微微顫抖。

傑斯特先生繼續說：「咖啡因不只刺激神經系統，促使血糖增多，還會使血壓上升，損壞腸胃，傷害腎臟，燃盡體內儲存的維他命B。

「有一個研究學者曾指出，咖啡因是導致過敏反應的主要因素，包括失眠、頭痛、神經質、焦躁和皮膚過敏。茶還含有另一種叫做『丹寧』的藥物成分，會阻礙身體對鐵質的吸收而導致貧血。

「少量的茶和咖啡對身體沒有大害，但如果喝多了，譬如一天超過兩杯，那就真的有害健康了。」

年輕人仔細地思量著這五條飲食健康法則，他痛苦地發現，以前自己簡直每天都在毒害自己，難怪會生病。同時，他也感到沮喪。

年輕人對傑斯特先生說：「我完全明白你所說的，可是這也不能吃，那也不能吃，我們到底還剩下什麼東西可以吃？和橄欖菜葉沙拉共度餘生似乎有點悲慘，不是嗎？」

「喔！有營養的健康食物並非不好吃！說不定還是你所能想像的最可口食物。來！我帶你看一些東西。」

他們走到餐廳的中央，那兒鋪排了一些顏色鮮麗的菜餚，其中一張桌子上有兩種湯：花椰濃湯和馬鈴薯青蔥湯，旁邊還有五種新鮮烘焙的麵包。年輕人看得出那是用黑麥和全麥做的，他還第一次見到了小米麵包和黑麵包。另外，還有各式各樣看起來色香味俱全的菜餚。年輕人彎下腰，仔細閱讀每道菜餚的標示牌：糙米炒黑芝麻、小米丸子、甜馬鈴薯拌小黃瓜、酸甜什錦菜、匈牙利燉菜，還有一些烤蔬菜和沙拉之類的菜餚。

另一張桌子上是一碗碗的乾果和切好的新鮮水果，甚至還有好幾種非乳製品的「奶油」——杏仁和草莓，藍莓和榛果，以及一種看起來像巧克力，事實上是用黑橄欖做成的醬汁。

「我從來沒見過餐廳有這麼多的午餐選擇！」年輕人驚訝地說。

「謝謝！我們致力於滿足每一位顧客的口味。」傑斯特先生笑著說。

年輕人選擇了小米麵包、米飯和匈牙利燉菜，以及一小碗湯，然後走回座位。

年輕人吃了兩口之後，傑斯特先生細心地問道：「覺得怎麼樣？你喜歡嗎？」

「喔！太棒了！真的很好吃！」年輕人興奮地說。

「這些可都是非常健康營養的食物。」傑斯特先生向他保證。

他們一起享用午餐。年輕人品嚐了每一道菜，他已經好久沒有吃過這麼美味的食物了，更是他經常吃的漢堡、薯條所無法比擬的。他也決定了，以後要多注意自己的飲食，為身體提供最好的營養。

午餐過後，年輕人把筆記整理出以下的重點：

營養的力量

◎如果沒有源源不斷的營養，就不會有源源不斷的健康：你吃什麼、何時吃，以及怎麼吃，造就了你的健康。

◎營養的五條準則：

1. 攝取營養就像建蓋一間房子，應選擇完整的、新鮮的、未加工的有機食物。
2. 好的營養還要依賴好的消化來吸收，因此，應細嚼慢嚥，吃的時候身心放鬆，晚上不要太晚進食。
3. 多一點就已經太多了！不要吃太飽。
4. 確認我們所吃的食物中，有百分之七十是富含水分的。
5. 避免食用細胞終結者：糖、肉、乳製品、精鹽、茶、咖啡和酒。

祕密5 歡笑的力量

名單上的第五個人，是一位叫做尼爾．柯林斯的年輕記者；他有一張很和善的臉，微笑的眼眸洋溢著熱情的光彩。而這神情是年輕人之前拜訪過的人所共有的，讓他感覺很熟悉。

「那位中國老人真的很特別，對吧？」柯林斯先生對年輕人說，「你知道嗎？他給了我一種神奇的藥，挽救了我的性命。」

「神奇的藥？」年輕人驚訝地說，「可是，那老人跟我說，很少藥丸真的能救命。」

「喔！這種藥不是裝在藥罐裡，很少醫生會開這種藥，在藥房裡也很難買到。」

年輕人好奇地想知道，這記者說的到底是什麼東西？

柯林斯先生繼續說：「雖然這種藥已經被傳誦超過三千年了，可是到最近才又被重視，證明它不只在治療疾病上非常重要，在維持健康方面也很重要。這個藥方很簡單，任何人、任何地方、任何時間都有……」

「到底是什麼藥？」年輕人迫不及待地問。

「大笑！」

年輕人露出十分懷疑的表情，柯林斯先生開懷大笑起來。

「你在開玩笑？對吧?!」年輕人故作輕鬆地說。

「喔！不！我不是開玩笑。」柯林斯先生收起笑容，認真地說，「我告訴你一個故事。大約十年前，我因為脊關節有毛病，躺在醫院不能走路。當時情況真的很慘，我脊椎附近的組織受到壓迫，坐也不是，躺也不是。整天痛得要命，情況很不樂觀。醫生告訴我說，這種病復原的機率低於五百分之一。

「我的狀況愈來愈糟，止痛藥都已經失效了，可是疼痛一刻也沒有停止過，我不知道自己還能撐多久。我變得很沮喪，絕望地想著自己可能會就這樣死去。直到有一天，奇蹟出現了。

「一個新來的醫生走進我的病房，詢問我情況如何。我告訴他，情況實在太糟了，我痛得要命。他說我需要更有效的藥來解除疼痛，但他說他當時得去見某人，不過馬上會再回來。

「這期間，他建議我看一下電視，以便轉移注意力。他為我打開電視機，剛好有一個我很喜歡的節目正在播出，叫做『歡樂一族』。你看過這個節目嗎？」他問年輕人。

「有！那也是我最喜歡的節目！」年輕人說。

「好看吧！那天晚上的節目好熱鬧，可能是我看過的最有趣的一集。結果我就一直笑、一直笑。等到節目結束時，醫生回來了。他又問我感覺如何，我才突然發現……不痛了！那真是太神奇了。那天是我生病以來，第一次從疼痛中解脫出來。

「可是醫生看起來不覺得有什麼奇怪，他說，笑是他所知最有效的一種藥。我們閒聊了一會兒，都是與我身體有關的話題，然後他遞給我一張名單，說這些都是他的同事，我出院後可以去拜訪他們，他們會給我一些幫助。

「幾個小時之後，我又開始感到疼痛，又開始覺得沮喪，但突然間我想到了——」

「想到什麼？」年輕人急切地想知道下文。

「我必須要做的，就是想辦法讓自己發笑。我請人把錄影機搬到我的病房裡，然後播放以前錄下的『歡樂一族』節目。你相信嗎？笑真的生效了，我的疼痛感漸漸消退。

「幾天之後，我決定出院，因為醫院的伙食太可怕了，空氣又不好。我決定搬到空氣新鮮的鄉下療養，那裡有純淨的水質和新鮮的食物。因此，我搬進一間鄉下旅館，大量收看自己喜愛的節目，比如好笑的電視節目、有趣的影片，以及一切可以讓我發笑的節目等。

「當然，除了整天大笑之外，我還特別注意飲食的營養、呼吸新鮮空氣，以及規律地運動。要得到健康，我們必須遵循健康的所有法則，這是我從醫生給的名單中那些人身上學到的。然而，讓我恢復健康的最大功臣，就是笑！

「四個月之後，我的疼痛完全消失了。醫院的最終檢查也證實，我完全康復了，沒有任何疾病的跡象。我利用古老的治療方法，從五百分之一的復原機率中站起來；沒有吃藥，也沒有手術，只是讓自己發笑。」

「真是太神奇了！」年輕人驚歎，「可是為什麼你覺得是笑讓你復原呢？說不定有其他原因，比如奇蹟出現什麼的。」

「這個問題很有趣，我當初也是這麼問自己。所以，我做了一些研究，查明了為什麼『笑』對我們的健康很有益處。『笑』對身體的影響，恐怕超過我們的想像。譬如，笑會讓腦部釋放出一種類似荷爾蒙的化學成分，叫做『腦內啡』，這種成分本身就是一種自然的止痛劑，可以增強我們的免疫系統。

「大笑還可以改善呼吸、增加肺活量，讓心肺吸入充足的氧氣，對我們的身體絕對好處多多。」

「這我知道，幾個星期前，我才從一位瑜伽老師那兒學到呼吸方法的重要性。」年輕人興奮地說。

「沒錯。大笑是增強心肺功能最有效、最輕鬆的方法。大笑還可以促進腸的蠕動，使腹部的器官和組織都得到適當的按摩。當你大笑時，血液就會充分流向各個重要器官。

「笑，也有益於心理健康。一些研究指出，人們大笑之後，注意力比較容易集中。大笑還能有效地緩解壓力，身體的壓力荷爾蒙——腎上腺素和可體松，會在我們大笑時降低。」

「你看這個，」柯林斯先生說著從書架拿下《聖經》，快速地翻閱到某頁說，「在這裡，你看，箴言十七：二十二。」

「歡愉之心猶如良藥。」

「這種療法在三千多年前就已經被記錄下來，雖然專業醫學至今仍忽視它，但不容置疑，笑真的是幫助你驅除疾病的一帖良藥，而且能讓你常保健康。」

年輕人這才突然發現，自己過去幾個月常常感到壓力重重、身心疲累，根本很少笑。

「生活壓力太大，實在很難笑出來。」

「沒錯。」柯林斯先生說，「可是壓力大的時候，我們更需要笑。我們可以在這時候去發掘一些有趣的事物，然後告訴自己：『這件事是不是有點好玩？』，或『這件事一定有好玩的地方』。

「你在生活中想要尋找什麼，就會發現什麼。當你尋找神奇，你就會走向一個神奇的人生；當你一心想著災難，你的生活就會充滿災難；當你追尋趣味，你就會擁有歡愉健康的人生。

「你有沒有這種經驗？曾經讓你沮喪不已的事情，往往幾個月或幾年過後，你卻能夠一笑置之？」

年輕人馬上點頭同意。他想起幾年前的一段往事。有天晚上，他精心打扮了一番，去跟他很喜歡的女孩約會。其間，一個侍者絆了一跤，把盤子裡的點心全倒在他身上。當時，他既生氣又困窘，氣得簡直快要七竅生煙。可是幾個星期之後，他竟把這件事當作笑話告訴朋友。

「為什麼非要等一段時間過後才會笑呢？」柯林斯先生說，「為什麼不在事情發生的當下，就發現有趣的那一面？人生本來就如戲，至於會是喜劇還是悲劇……就全看你自己囉！你說呢？」

年輕人覺得這個比喻很令人振奮，他決心要做個改變。

年輕人對柯林斯先生說：「這些聽起來簡直棒呆了，我完全懂你的意思。從現在起，我會讓自己不那麼嚴肅，並且盡量提醒自己每天都要大笑。」

說完，年輕人胸有成竹地闔上筆記本。

「還有一件事，」年輕人又說，「那天去病房看你的醫生，是一位中國老先生，對不對？」

「當然！還會有誰？」柯林斯先生答道，「我奇蹟般地康復後，回到醫院去探望我的主治醫生，他說，像我這種病人可以完全康復，他還是頭一回見到。我說這得謝謝他的同事，一位中國老醫生。可是他根本聽不懂我在說什麼，因為醫院裡沒有中國醫生！

「我自己也不知道那位老人是誰、來自何方。可是，我確定他不是普通的人。」

年輕人也對那位老人充滿疑惑，但他最近碰到的這些人漸漸打消了他的疑惑。健康之門已經在他面前開啟，正引領他走向健康的生活。

「對了！我想問你，」柯林斯先生說，「你有沒有聽過一個笑話，有一個人和一隻鱷魚走進一家酒吧……」

辦公室外，柯林斯的祕書聽到兩個男人正服用著他們最迷戀的藥方——大笑。

當天晚上，年輕人重讀自己今天所做的筆記：

歡笑的力量

◎笑，是去除疼痛、治癒疾病的良藥。

◎笑，促進呼吸、增進心肺功能，幫助腸胃蠕動、按摩腹部器官。

◎笑，能增強免疫系統。

◎笑，促進注意力集中，緩解精神壓力。

祕密6 休息的力量

過了一個星期，年輕人才有機會和名單上的第六個人見面。在這段期間，他遵循先前所獲得的建議，開始改變自己的生活。才短短幾天功夫，他已經感覺煥然一新了，家人和朋友們也注意到他的改變。之前，他對健康的祕密還存有一些懷疑，但此刻已經毫無疑慮，因為他確實感覺到，自己從不曾像現在這麼健康過。

名單上的第六個人叫做理查．蘇，是一位「壓力紓解顧問」；這位蘇先生看起來跟一般成功人士截然不同：他有著健康而光滑的臉孔，眼睛閃閃發亮，舉止顯得安靜、閒適而令人感覺舒心。

蘇先生從容地說：「我第一次接觸健康的祕密是在十五年前，那時我的生活跟現在很不一樣。我曾經是很成功的證券經紀人，賺了很多錢，同時卻也很貧困。」

「這話是什麼意思？」年輕人不太理解。

「我的健康狀況很『貧困』。沒有健康，金錢和財產又有什麼價值呢？我工作非常努力，有時一天工作十六個小時。每天面對的都是鉅額的金錢，可能是上百萬或上億，一不留神，如果有個什麼閃失，所損失的，不是上億，也有百萬。所以，壓力之大難以想像。」

「的確是。」年輕人表示同意。

「壓力很快就開始向我的健康『抽稅』了，我愈來愈難放鬆自己。最後，只得每天依賴酒精迫使自己平靜下來。有時候我實在太緊張了，甚至需要服用鎮定劑。幾年後，我的身心健康瀕臨崩潰邊緣，我同時患有高血壓、胃潰瘍和嚴重的偏頭痛。至此，我的健康宣告破產，開始活在借來的時間裡。」

「後來是什麼機緣改變了你？」年輕人問。

「一趟火車之旅。」蘇先生回答道。

年輕人露出驚訝的表情，他說：「這是什麼意思？」

「一天，我正坐在回家的火車上，火車突然在兩個車站之間停了下來。當時火車很擁擠，誤點時間愈長，我就愈緊張煩躁。後來，我胸口緊繃起來，呼吸也開始困難，吸一口氣都十分費力。

「等我醒過來時，我記得自己躺在地上，有一位中國老人跪在身旁看著我。他檢查我的眼睛後，說我剛剛有輕微的心臟病發作，現在精神十分虛弱。

「他把我帶到一家地方醫院做全面檢查。前往醫院的路上，他告訴我說，我的生活形態對健康造成了非常大的影響。那是我第一次聽到關於健康的祕密。

「中國老人給了我一張名單，他說，名單上的人可以教我學會健康的祕密。透過學習，我很快就發現，生活形態對疾病和健康有很大的影響。在這些健康的祕密中，有一個是我以前完全忽略的，那就是健康的第六個法則——休息的力量。」

「那是什麼？」年輕人問道。

「休息使你的身心恢復活力，如果身體和大腦沒有得到足夠的休息，就不可能常保健康。這個道理很簡單，可我們卻總是忽略它。

「世界上所有的生物，都需要在適當的時間休息——人類、動物，甚至一塊農田都需要，這是大自然的法則。《聖經》中也提到，甚至神都要在創造世界之後的第七天休息。只有人類，經常想著永遠工作，最好不要休息。

「我們用狂亂的步伐體驗生命，從來不曾停歇；我們沒有時間好好欣賞夏日傍晚的夕陽，沒有時間聞一聞春天的櫻桃香味，也沒有時間聽聽鳥兒的歌唱。你有沒有想過，這個年代有許多東西在幫我們節省時間，電話、傳真機、洗衣機、烘乾機、吸塵器、電腦、汽車、飛機……可是人們還是沒有時間。

「工作的壓力日積月累，很多人每天下班後都疲累不堪，飽受慢性疾病困擾。我曾經像大多數人一樣，長期處於壓力和亢奮狀態之中。

「所幸，我改變的時候還不算太晚。我學會了適當地休息和放鬆自己，身心狀況從此大大改善。幾個星期後，我的病症消失了，血壓也回復正常。」

「這是真的嗎？」年輕人不可置信地喊道，「只是休息就這麼有效嗎？」

「那當然！」蘇先生說，「生理和心理上適當的休息，是健康的基本要素。科學研究證明，身體和精神上的放鬆，可以減低身體大約百分之五十的氧氣需求量，降低約百分之三十的心臟負荷，並降低高血壓。研究報告還指出，在我們休息過後，腦波中的警覺和反應能力都會同步增強，而短期和長期的記憶力也會明顯增強。

「你如果擁有優質的睡眠品質，頭痛機率會比較低；體力會增強，健康狀況也相對良好。休息不但有助於改善我們的家庭和社會關係，更可以改善健康狀況。」

「你說的很有道理，但要怎樣才能確保我們得到足夠的休息？」年輕人問道，「當我們處於緊張的壓力之下，是很難放鬆身心的。你不是也有過這種經驗嗎？必須依賴酒精和鎮定劑緩解壓力。」

「這個問題很好，正是我接下來要說的。」蘇先生說，「首先，你必須學會放鬆大腦。每天，我們都要找時間把手上的事情停下來，做一些沉思、冥想和放鬆練習。通常，大部分人都很難持續專注地工作一個小時以上。工作超過一定的時間之後，我們的專注力就開始游移了，這對工作是有負面效果的。

「在辦公室工作，需要規律的片刻休息。如果上班族都有固定的休息時間，老闆一定會發現，員工們會工作得更有效率、犯的錯誤更少，同時，創造力和產能也會有所提升。每工作一段時間，花十分鐘休息，讓疲倦的筋骨和混亂的大腦放鬆一下，對健康和工作都很有助益。休息好比精神的假期，可以讓我們的神經系統冷靜下來，恢復元氣、提升精力。」

「睡覺的時候不就可以休息了嗎？」

「不盡然。我們的確需要睡眠，可是你一定有過這種經歷：睡了一夜，早晨醒來竟然跟睡覺前一樣累。」

年輕人迅速點頭說：「對！而且經常這樣。」

「你認為這樣會有良好的休息品質嗎？」

「我想沒有。」年輕人眼前不斷浮現出這樣的情景：雖然睡了很久，卻仍常常疲累地醒過來，就像沒有休息過一樣。

「所以睡很長時間並不表示你就得到足夠的休息。睡眠很重要，每個人每天都需要大約六至八小時的睡眠。但適當的休息需要一種平靜、放鬆的心態，否則，大腦會在睡覺時不斷地打擾你。很多人會為一些非常瑣碎的事情感到憂慮，這會耗損我們的精力，剝奪我們的休息時間。」

「我就是這種杞人憂天的人，經常對任何事情都誠惶誠恐。」年輕人說。

「喔！你以前經常這樣，並不表示將來也會這樣。如果你繼續做跟以前一樣的事情，那你就會得到跟以前一樣的結果。但是，相信我，你可以改變！有兩個很簡單的方法可以讓你停止憂慮，保持心態平和。」

「什麼方法？」年輕人急切地問。

「很簡單，第一，不要為生命中的小事感到憂慮；第二，記得！生命中的所有事都是小事一樁。

「我們得善待生命，以樂觀、輕鬆的心態看待生活。一旦我們感到緊張或受挫，可以問自己這個問題：『十年之後，有誰會在意呢？』如果答案是沒人會在意，那就表示這是一件小事，毋須浪費時間去擔憂。

「要讓身心放鬆，還得學會『做一天和尚撞一天鐘』。耶穌說過：『給我們今天的麵包。』不是昨天或明天，而是今天。意思就是，活在今天，就只擔憂今天的事，毋須擔憂明天或後天的事。如果你不斷地回想過去或憂慮未來，你就無法得到休息。

「另一個讓你得到充足休息的方法，就是每個星期當中，要有一天是專門用來休息的。這一天必須忘記工作中的所有煩惱和賬單。你可以盡情與家人共用假期，釋放累積了六天的壓力，充分休息。

「一個星期花一天時間休息，很簡單，卻非常重要。世界上所有的重要宗教都指定安息日——休息的日子。上帝特意給我們一個安息日，就是要提醒我們需要停下來沉思和放鬆。安息日也是我們可以平和地與自己及世界共處的時間。」

年輕人再次回想起自己的生活，每天都在不停地工作，還經常把工作帶回家，連週末也不休息，難怪會經常覺得疲累。

「另一個幫助你放鬆的方法是——深呼吸。」蘇先生解釋道。

「對了！我認識一位女士，她曾經教我怎麼做深呼吸練習，」年輕人說，「深呼吸可以加快淋巴系統的排毒速度，有助於放鬆身心，對吧？」

「是的！深呼吸也可以協助放鬆大腦和身體。」蘇先生繼續說，「當你感到有壓力或緊張時，胸部的肌肉是緊繃的，這當然會引發疾病。深呼吸則有助於放鬆胸部肌肉、鎮定神經系統。你知道嗎？容易緊張的人通常呼吸都很急促，而身心放鬆的人通常呼吸比較沉穩。

「這是休息的基本原則。相信我，這完全改變了我的生命。我只要想到自己在火車上因為突發心臟病，而遇到一位中國老人，並因此學到了休息和放鬆的健康法則，從而改變了生命，就覺得這一切真是太奇妙了。」

年輕人傍晚回到家後，又拿出今天做的筆記重新閱讀一次：

休息的力量

◎沒有休息與放鬆，就無法常保健康。

◎休息並放鬆身心、恢復元氣，是身心健康不可或缺的條件；休息後，身體對氧氣的需求量將降低百分之五十；休息能降低高血壓，提升記憶力。

◎一天之中，需要規律地休息片刻。

◎使用兩個重要方法消除憂慮：

1. 每個星期設定一天為休息日。
2. 做深呼吸，尤其在壓力大或緊張時。

祕密7 姿勢的力量

年輕人名單上的第七個人是一位牙醫，叫做伊恩．唐森，居家和診所位於市郊。年輕人對於要跟唐森醫生見面感到局促不安，因為他向來害怕看牙醫。而他也感到納悶，一個牙醫師對健康能有什麼獨到的見解呢？

週六上午十點，年輕人帶著筆記本準時到達唐森先生的診所。與以往不同的是，出發之前，年輕人特地把牙齒徹底刷了一遍。

開門的是一個身材矮小、其貌不揚的男人，穿著一身休閒白襯衫及斜紋棉布牛仔褲。

「早安！請問是唐森先生嗎？」年輕人小心翼翼地問。

「我就是。很高興認識你，請進！」

年輕人既驚訝又暗喜：幸好唐森先生把他帶到客廳，而不是診療室。

「是中國老人把我的電話號碼給你的吧?!」唐森先生說，「我是在十幾年前遇見他的……但是，每當我閉起眼睛，仍然可以很清楚地看見他的樣子，清晰地聽見他的聲音。

「當時，我的人生陷入逆境，日子過得很艱難。我極度沮喪，身體狀況每況愈下，經常消化不良，呼吸也不順暢。我去了多家醫院做檢查，但所有檢查結果都正常，醫生也說我的身體沒有問題。

但我知道一定有什麼地方不對勁，才會導致我的這些症狀，否則我不可能總是覺得不舒服。

「我很不願意用藥物控制情緒，卻感覺愈來愈沮喪。後來，在耶誕節前一個又黑又冷的早上，我遇見了你的朋友——中國老人。自此以後，我的人生全然改變了。」

當唐森先生說到老人時，年輕人聽得更專注入迷，不自覺地坐直了身子。

「那是一個清晨，草地上結滿了霜，天空還掛著一輪明亮的滿月。我跟平常一樣在公園裡遛狗。我把一根樹枝丟出去讓狗兒撿回來時，突然咳嗽得很厲害。

「我咳得喘不過氣，胸口痛得要命。有隻手忽然搭在我的肩上，並有一個溫和的聲音叫我坐下。我抬頭一望，說話的是一位中國老人。他搭在我肩上的手讓我感到一陣溫暖……不！不是溫暖，而是一股熱氣，我突然停止咳嗽了。

「我們並肩坐在公園的椅子上，開始談起話來。那是我第一次聽到關於健康的祕密。後來，我為改善自己的健康做了許多努力，其中對我特別有效的法則，就是『姿勢的力量』！」

「『姿勢的力量』？是什麼意思？」年輕人說著，不自覺地挺直了背脊。

「身為一位牙醫師，我在為病人治療時總是彎著腰。長年累月，我的肩膀開始向前彎曲，背也駝了。現在還有很多人的情況跟我一樣，特別是需要久坐的辦公室職員，這樣很容易造成不良的姿勢。當然，人們還會因為童年的壞習慣導致姿勢不良。在西方國家中，小孩子平均每天花五個小時坐在電視機前，有些小孩甚至花更多時間坐在電腦前玩遊戲。

「人類的體格構造並不適合久坐。你的姿勢，諸如你的站姿、坐姿、走路的姿勢等，都跟你的健康關係密切。」

「姿勢為什麼這麼重要？」年輕人滿腹疑惑地問。

「要保證身體的各個組織和器官都能健康、高效地運作，需要兩個條件：良好的血液循環和神經系統的傳導。血液能將人體所需的各種營養物質和氧氣運送到身體的各組織細胞內，同時將組織的代謝產物運送至肺、腎等器官，並排出體外，以保持新陳代謝正常進行。神經系統的傳導則是點燃能量的『火花』，缺失了任何一項神經傳輸功能，組織都會因此腐化。而控制著血液循環和神經系統傳輸的因素是什麼呢？就是你的姿勢！

「想像一下，你用手掐緊一條塑膠水管，會發生什麼事？」

「水管會被堵住。」年輕人答道。

「完全正確。血管和神經導管也一樣，如果被錯位的關節或肌肉痙攣所壓迫，血液循環和神經傳導就會被阻礙。」

年輕人一臉疑惑，唐森先生繼續耐心地解釋道：「人體共有二十六節脊椎，每一節都有血管和神經結從脊髓中穿過。當你彎腰駝背或坐姿不良時，脊椎會擠壓血管和神經結，結果就會如同水管被掐住一樣。在姿勢不良的情況下，通過血管傳輸營養的組織和器官，以及通過神經傳導的能量，很快就會因為傳輸中斷而衰敗。

「因此，姿勢不良會影響健康，會使胸肌變得虛弱，從而導致支氣管炎等呼吸系統的疾病。而腹部肌肉變虛弱，則會導致消化系統無法正常運作，繼而引發消化不良等問題。

「很多胃下垂患者想透過節食來復原，效果卻差強人意。如果姿勢不良，節食只會使你的腸胃鬆馳、體重減輕，卻不能治療胃下垂。」

「因此，要治療胃下垂的人，應該先改善姿勢，使腹部恢復平坦，而不是透過節食。你的意思是這樣嗎？」年輕人問道。

「沒錯！在古代的醫學系統中，腹部被認為是身體精力的中心。這股精力在中國醫學上，被稱為『氣』；在印度醫學中，則被稱為『哈拉』。如果腹部很虛弱，就表示精力的中心非常虛弱，我們就會感到疲倦乏力。」

年輕人在筆記上寫下一些重點，唐森先生繼續說：「姿勢會影響我們的情緒，這是鮮為人知的一個事實。」

「怎麼可能呢？」年輕人不解地問。

「站姿通常會影響我們的心情。你看過一個沮喪的人站得昂首挺胸，而且呼吸深沉、面露微笑嗎？」

年輕人搖搖頭。

「你知道為什麼嗎？」唐森先生繼續說，「因為大腦會受到姿勢刺激。沮喪時，我們自然就會雙肩下垂、彎腰駝背，而且視線通常不是向上或向前看，而是往下看。有趣的是，我們可以很容易就透過改變姿勢來控制情緒。

「你看，當你站立或坐得挺直時，頭是向斜上方抬的，呼吸深沉，面帶微笑——即使沒什麼理由笑，但你就是會自然而然地放鬆臉部表情。這些都會改變你沮喪的心情。」

「可是沒那麼簡單吧？」年輕人半信半疑地反問，「沮喪是一種很複雜的情緒狀態，不是嗎？」

「我的意思並不是說改變姿勢是消除沮喪的唯一救星，我們同時還必須努力改變心態，把負面的想法、消極的態度轉變成積極正面的。但既然這樣不太容易，那麼就先改變姿態，讓姿態去影響情緒。」

「別光聽我說，你得試試看。」牙醫師鼓舞年輕人，「坐直！收下巴，想像頭頂有一股力量把你往上拉。深呼吸！微笑。」

年輕人雖然覺得有些尷尬，但還是照著牙醫的話去做。奇怪的是，霎時間，他感覺自己變得信心十足、精神百倍了。看來，姿勢改良療法非常簡單，而且療效顯著！

年輕人忍不住問道：「如果說沮喪會導致姿勢不良，那快樂的情緒是否就會讓我們保持健康的姿勢？」

「對！這是很自然的。你一定看過積極快樂的人總是抬頭挺胸，而消極沮喪的人卻經常垂頭喪氣，對不對？」

「嗯！這真的很奇妙。」年輕人想了一下，急忙低頭寫下重點，隨後又抬起頭來問：「可是，該怎麼改善自己的姿勢？」

「有幾種方法可以訓練自己保持正確的姿勢。記住！身體可以本能地判別出什麼才是正確的姿勢，不良的姿勢都是後來養成的壞習慣罷了。

「首先，最重要的一步就是『自覺』。你一旦覺悟到姿勢的重要性，就會自覺地、有意識地擺出正確的姿勢。所以，我剛剛提到『姿勢』這個詞的時候，你會馬上坐得比較端正。

「保持健康的姿勢絕對不能靠強迫。很多人都以為他們必須站得跟士兵一樣：抬頭挺胸、收小腹，這倒不必。抬頭時，雙肩必須是放鬆的，臀部稍微向上提，膝蓋放鬆而不是鎖緊。

「養成保持健康姿勢的習慣要從自覺開始，我們必須隨時注意自己的站姿、坐姿和走路的姿勢，譬如，你站著或坐著工作的姿勢、你坐在電視機前面的姿勢、你排隊買東西時的姿勢等。任何時候，一旦發現自己彎腰駝背，就應該立即做一個深呼吸，想像自己正被一股力量緩緩拉直。

「別忘了姿勢因人而異，因為每個人都有不同長度的腳、軀幹和手臂，身體重心也不同。因此，最好的姿勢不是固定的，但我們都可以重新摸索最適合自己的最好姿勢。」

「怎麼做呢？」年輕人問道。

「自覺跟改變壞習慣是最重要的，譬如，很多祕書的上背部經常是歪斜的，因為他們在聽電話時，習慣把話筒夾在脖子和耳朵之間。這會造成一邊的肌肉比另一邊強壯，而把脊椎拉向不正確的位置。」

年輕人愧疚地咽了一下口水，他發現自己就是這樣。

唐森先生繼續說：「父母經常用同一隻手臂抱小孩，業務員總是用同一隻手提公事包，送報的小男孩長年累月也都用同一邊肩膀扛起非常重的報紙，這些都是不正確的姿勢。小孩的姿勢不良尤其嚴重，因為他們的骨骼正在成長階段，如果不及時矯正，將會造成終生遺憾。

「只用到一隻手的運動也無益於健康。網球就是個好例子，如果你每次都向同一邊彎腰、扭轉同一邊背部、用同一隻手揮拍，長期下來，一定會造成姿勢不良，導致一邊的肩膀、背部比另一邊強壯。

「總而言之，正確姿勢的祕密就在於平衡。長期持續的不平衡運動，就會有礙健康。」

「可是你不會建議別人不應該玩『一邊的』運動，譬如網球或高爾夫吧？否則，母親也不該抱小孩、業務員也不該提公事包了？」年輕人問道。

「喔！那當然不是。我自己也經常打網球，」唐森先生肯定地說，「我也是為人父母者啊！我的意思是，如果我們選擇了這類運動，或必須做一些導致姿勢不良的工作，就一定要避免不平衡。」

「你是怎麼做到的？」

「這很簡單。關節被一些柔軟的組織包覆著——肌肉、肌腱和韌帶。如果一邊的關節肌肉比另一邊強壯，就表示關節被拉出正確的位置，這就是不平衡的姿勢所導致的。因此，如果我們接電話時經常把話筒夾在脖子某一邊，就應定期地把脖子轉向另一邊；如果經常打網球，在運動中或運動之後，就必須把肩膀往相反的方向扭轉，或換另一隻手擊球；如果經常抱小孩或提沉重的公事包，就必須經常換另一隻手來做。這些都是常識。」

「這些聽起來都不錯，但還有沒有其他可以幫助我改善姿勢的方法？」年輕人問道。

「均衡的運動、營養豐富的飲食和平衡的情緒，這些都很重要。肌肉因為缺少運動或營養不良會變虛弱，導致不能牢固地支撐關節。同理，如果我們陷於負面的情緒之中，姿勢也會受其影響。雖然，我們可以有意識地控制自己的姿勢，但不可能每分每秒都會注意到，長期下來，情緒會戰勝意識的。

「健康法則有十項祕密，都同等重要。我不建議你每分每秒都坐得挺直、面帶微笑——雖然這樣一定很完美。但當我們自覺到姿勢的力量，就可以利用它來改善生理的健康，幫助我們控制情緒。」

談話結束之後，年輕人向唐森先生道謝並辭別。唐森先生看著年輕人抬起頭，走向花園小徑，不禁暗自微笑——年輕人已經開始利用姿勢的力量了。

當天，年輕人就在家中整理好筆記的重點：

姿勢的力量

◎正確的姿勢是健康的基本條件。不良姿勢阻礙血液循環、限制神經傳導，並引發疾病。

◎姿勢不但影響身體健康，也影響情緒。

◎正確的姿勢要從自覺開始；每天隨時注意自己的姿勢，糾正所有不良的姿勢。

◎有助於保持健康的姿勢是：深呼吸，想像頭頂有一股力量緩緩把你的身體往上拉。

◎正確姿勢的祕密，就是平衡。

祕密8

環境的力量

彼得．斯葛洛夫是一位四十五歲的景觀設計師，住在郊區的小別墅裡；他是名單上的第八個人，年輕人對他感到特別好奇。

「畢竟，」年輕人暗想，「一個景觀設計師能對健康有什麼見解呢？」

出來迎接年輕人的是一位皮膚曬成深棕色的矮小男士，「今天天氣真不錯！我們坐在外面談，你覺得如何？」斯葛洛夫熱情地握著年輕人的手說。

「好啊！換一個環境，還能呼吸新鮮空氣。」年輕人贊同。

斯葛洛夫先生引領年輕人沿著花園小徑走向別墅後院，偶爾會停下來跟年輕人講解花園裡的花草植物。最後，他們來到陽台下的一張大松木桌前。斯葛洛夫先生為彼此倒了一些新鮮的蘋果汁，然後問年輕人：「你想知道些什麼？」

年輕人向他敘述了自己的健康狀況，以及跟中國老人相遇的故事。

「喔！是這樣啊！我明白了。」斯葛洛夫先生說。

「你知道那位中國老人是誰嗎？」年輕人問。

「不知道。」他坦白地說，「我只在十五年前見過他一次。那時的我與現在判若兩人：當時我臉色蒼白、身體虛弱，還患有慢性濕疹，精神極度沮喪。那真是一段可怕的歲月。

「直到有一天，轉機來了，我的生命從此改變。那一天，我感覺特別不舒服，便提早下班回家休息。我走進電梯，按了一樓的按鈕；電梯下降幾層之後，在某層樓停了下來，走進來一位矮小的中國老人。後來電梯突然在樓層間停住不動，連燈也熄滅了。等到有人來把電梯修好，已經三個小時過去了，你可以想像當時我有多憤怒！我愈來愈躁動不安，頭又痛得要命，覺得腦袋簡直要爆炸了。

「黑暗中，那位老人說話了，他說：『別擔心！很快就會好的。』我還沒來得及問他說的是什麼意思，他又說：『我來幫你。』他的手碰觸到我的後頸部，我立刻感覺一陣痛楚，隨後頭痛感完全消失了。他好像放走了什麼東西，真是令人難以置信，簡直就是奇蹟。

「我問老人用什麼方法解除了我的痛楚，他說他使用了一種古代的技術，把導致我頭痛的電磁張力從脖子釋放出去。我想你應該可以想像，聽他這麼說，我簡直驚呆了！天知道這老人怎麼知道我頭痛？還有那電磁張力又是什麼玩意兒？

「他向我指出，辦公室裡，包括電腦、影印機、傳真機、投影機等種種設備的輻射線，都會扭曲磁場，進而影響身心健康。他還談到關於健康的祕密，我第一次聽說，這麼小的細節卻對健康如此重要。」

年輕人也有同感，他同樣很難想像，自己的思想、飲食、姿勢，或其他微不足道的小事，竟然對健康有這麼巨大的影響力。

「老人給了我一張名單，他說這些人可以幫助我，而他們也真的對我都有所助益。但是，其中一條法則對我而言特別重要，那就是『環境的力量』。」

「你能解釋更清楚一點嗎？」年輕人請求道。

「在不健康的環境中，人無法常保健康。人體的機能構造決定我們不能活在缺乏新鮮空氣、沒有自然陽光或輻射太強的地方。我生病的部分原因就在辦公室裡，因為我們在辦公場所待的時間最久。

「我的辦公室裡滿布最先進的設備，包括電腦螢幕、投影機、人工照明器、空氣調節器……等，這些儀器構成了一個高輻射量、不健康、不自然的工作環境。

「我注意到的事情其實很簡單，可是大部分人都不曾仔細思考過。想得到健康，就必須創造健康的環境。我們必須確定，工作、睡覺和居住的環境是有益健康的，人體需要一個適合生存的健康環境。

「就從新鮮空氣說起吧！我們可以幾個星期不進食、幾天不喝水，卻不能三分鐘沒有氧氣。可是，很多人卻在完全封閉的辦公室或工廠裡工作，一再循環吸入混濁的空氣。這怎麼可能得到健康呢？我們要打開辦公室和房間的窗戶，呼吸新鮮的氧氣。」

年輕人想起他跟克夫特太太見面時，她教他如何深呼吸。「沒有呼吸，就不會有生命。」她也曾這麼說。他想，或許也可以這麼說：「沒有氧氣，就不會有生命。」這些道理現在看來都可以融會貫通，也好像拼圖一般，一片片漸漸在他腦中拼湊得更完整。

他問斯葛洛夫先生：「如果辦公室周圍的環境本身就很不健康，到處都讓人感到忙亂與污濁，那該怎麼辦呢？打開窗戶恐怕也只能呼吸到煙霧和塵埃罷了。」

「那就只有三個選擇了：換工作，或叫老闆買個空氣清淨機，或者接受現況，繼續呼吸混濁的空氣。」斯葛洛夫先生繼續說道，「當然，還有光線的問題。除非你很幸運，辦公桌恰巧就在窗戶旁邊，否則通常都是在不見天日的密閉空間裡工作。」

「可是陽光有這麼重要嗎？」年輕人問道，「我一直以為陽光的紫外線會導致癌症。」

「首先，世界上的每一種東西吸收過量時，都會導致癌症或某種惡性疾病。皮膚長期暴露在過量的強烈陽光下，的確會產生病變，會曬傷、老化，甚至引起皮膚癌。不可否認，因為臭氧層受到的破壞愈來愈嚴重，人們也愈來愈重視這個問題。但實際上，這是人們破壞環境的惡果。

「臭氧層比較薄，意謂著陽光的自然保護層少了，人們也因此更容易曬傷。可是，我們仍然需要陽光。不過，不一定得直接接觸強烈陽光，以致必須暴露在紫外線下。

「地球上的每種生物都需要陽光才能生存，人類也不例外。沒有陽光，身體就無法製造維生素D，而沒有維生素D，就不能使鈣質新陳代謝，也就無法保護骨骼和牙齒。沒有陽光，松果腺就無法運作。松果腺是腦中一個非常小，但很重要的腺體，可以幫助調節血糖的濃度，荷爾蒙和情緒也會受其影響。這就是為什麼現在很多人會得季節性憂鬱症的原因。」

「我聽說過季節性憂鬱症，」年輕人插話說，「但這究竟是什麼病？」

「這是一種缺乏陽光所引起的症狀，會導致很多麻煩事，譬如慢性疲勞、焦慮、沮喪、體重上升、風濕痛、悲傷，甚至性欲下降。季節性憂鬱症通常在冬天發病，在春天消失。現在，我們可藉由一種波長跟陽光很接近的螢光燈，在室內製造陽光。不過，最好的還是自然的陽光。」

「那其他的環境因素呢？你剛剛提到說，你曾經受電磁輻射的影響，那是怎麼回事？」

「對！來自電腦、投影機、雷射印表機、影印機和其他電器設備的輻射，會損害健康。愈來愈多的跡象顯示，輻射不僅會導致偏頭痛或皮膚癌，甚至還可能引發血癌、不孕症或其他癌症。」

年輕人立即問道：「那怎麼辦？工作不可能說換就換。」

「那當然！可是，如果你不能把工作場所帶進大自然，那就把自然帶進工作場所。打開窗戶，保證室內的光線充足，在你的工作區域種一些植物。」

「植物能有什麼幫助？」年輕人懷疑地問。

「這你就小看它了，植物才是最好的環境清淨機呢！根據美國太空總署的研究證實，一般居家植物的葉片和根部，都可以吸收空氣中大部分的有毒氣體和污染物質，還可以吸收和排除過量的輻射物質。」

「真的這麼神奇？」年輕人睜大了眼睛說，「你是說，我們只要把植物放在辦公室中，就可以創造出健康的環境，得到更多的新鮮空氣和更充足的自然光？」

「沒錯！看來你已經入門了。」斯葛洛夫先生說，「不過，除了工作場所之外，我們還必須關注整個世界的環境。畢竟，如果我們把污染嚴重的水、土地和空氣留給後代子孫，他們還有什麼希望呢？前人種樹，後人乘涼。我們現在就得重新創造出一個生態平衡的自然環境，讓它回復自然的狀態。」

年輕人從沒想過周圍的環境對健康竟如此重要，他更沒想到，自己竟然有能力去改變生活和工作的環境。他不禁想著：「如果每個人都嘗試去改善周圍的環境，包括工作和居家的場所，因此而擁有健康的身體，並為子孫留下更加健康的生活環境，不是很好嗎？」

這天晚上，年輕人整理了今天的談話重點：

環境的力量

◎新鮮的空氣和充足的陽光，是健康環境的基礎。

◎如果不能把工作帶進自然中，那麼，就把自然帶進工作中吧！

◎改善周圍的環境，盡一己之力，將平衡與和諧還給大自然。

祕密9 信念的力量

第二天晚上，睡夢中的年輕人突然從閃電雷鳴中驚醒過來。他起身走到窗前，望著窗外的傾盆大雨，心裡一片迷惘。毫無疑問地，透過學習健康的法則並親身實踐，現在他的確感覺好多了。可是，這真的會讓他戰勝病魔嗎？前些日子，醫生還曾告訴他，現在這種狀況可能是病情惡化的前兆。年輕人為此飽受疑慮和恐懼的煎熬。如果醫生所言屬實，那會怎麼樣呢？

年輕人想起了名單上的第九個人：愛彌爾．都布列，是一位退休醫生。年輕人希望這位醫生能給他一點安慰。

都布列醫師有一頭稀疏的灰色頭髮，從臉上皺紋可以看出他已年近八十，但是，大而明亮的藍眼睛卻充滿了年輕的光彩。都布列醫師用雙臂緊緊擁抱了年輕人，歡迎之情似乎太過熱烈。不過，年輕人現在已經習慣了，雖然在幾個星期之前，他對於陌生人的擁抱還感到十分尷尬。

他們坐下沒多久，年輕人就對都布列醫師說出了自己心中的憂慮。

都布列醫師把身體稍向前傾，笑著說道：「不必煩惱！你的選擇是正確的，只要堅持下去，一定會康復。當病人沒有接受任何醫學治療而病情好轉時，醫生通常會認為這是迴光返照的現象，或是病情惡化、轉移的徵兆。他們不瞭解健康法則的祕密所在，進而猜測這些奇蹟式的復原只是靠運氣。但你、我都清楚真正的原因，不是嗎？」

「可是，診斷我的醫生是個專家啊！」年輕人堅持道。

「嗯！這個嘛……」都布列醫師說，「你知道愛爾蘭戲劇家喬治．蕭伯納怎麼形容專家嗎？他說專家就是：一個人對於愈來愈少的東西瞭解得愈來愈多，直到他對『沒有』這個範疇完全瞭解為止。」

他們不約而同地笑了，年輕人焦慮的情緒才漸漸舒緩。

都布列醫師繼續說：「健康的祕密就如天上的星星，高掛在每個人都可以看得到的地方，但是卻很少人會用心去觀察。很多人認為健康和醫學密切相關，在醫學院求學的時候，我曾接受過這樣的教育觀念：人就像一部機器，可以像汽車一樣被修復，而健康的鑰匙，則是更新更好的藥物。

「一九三六年，我在布拉格大學被授予合格醫師資格。可是，直到第二次世界大戰期間，我才真正學到保持健康的最重要一課——信念的力量。」

「怎麼說呢？」年輕人充滿好奇地問道。

「人不單是一部機器，不只有血肉和骨頭，還有靈魂，這是人不同於化學分子的地方。因為擁有靈魂，人們就能超越軀體的極限。」

年輕人專注地聽著，都布列醫師繼續解釋道：「大戰期間，我在德國集中營熬了四年，僅靠發黴的麵包和一杯他們稱之為『湯』的溫水度日，瘦得跟皮包骨一樣。這些食物不含任何維生素、蛋白質，更談不上營養價值，但我卻存活下來了。直到今天，科學家們還是不明白，為什麼人類可以依靠這麼少的食物存活下來。」

「是啊！你是怎麼活過來的？」年輕人問道。

「信念！大戰結束前，我得了痢疾，無法進食，而且流了很多血。那實在太痛苦了，我恨不得一死了之，以求早日解脫。我已經完全崩潰，唯一能做的事情就是祈禱……」都布列醫師的眼裡泛著一層淚光，「直到你那位朋友出現。」

他哽咽說道：「那天深夜，一位東方老人跪坐在我身旁，握著我的手，對我說：『朋友，你不會死的，要有信心！要有信心！』他整夜都陪著我，當第二天我醒過來時，他卻已經走了。我的身體雖然還是很虛弱，內心卻堅信老人的那番話。直到現在，我的耳邊還常常迴響起他的聲音。第二天，戰爭結束了，集中營被解放了。我得救了，體重還不到四十公斤，可是……那位東方老人沒說錯……我還活著。」

年輕人哽咽了，他無法想像眼前這個高大的男人竟然曾經如此瘦弱。

都布列醫師繼續說：「那位中國老人挽救了我的生命，而他教給我的，是我在醫學院從沒學過的最重要一課。」

「是什麼呢？」年輕人問。

「哪裡有信念，哪裡就有生命。」

「你所謂的『信念』是指什麼？」年輕人追問道。

「信念，就是還沒被發現和證實的真理；信念是一種心靈的信仰，是一種使不可能成為可能的心靈力量，是所有事物的解決之道，是所有期待的希望，是黑暗盡頭的曙光，是一種可以移山的力量。」

「可是信念到底在哪裡？」年輕人急切地問道。

「信念在生活中，在你的心裡。」醫師回答道，「在我這個專業領域中，很多人都會認為這些說法純屬胡編亂造。事實卻是，他們拒絕抬頭，所以從沒看見過星星。」

年輕人問道：「這種心靈的力量對治療疾病有什麼幫助嗎？我最近才學到，意念可以協助我們治癒疾病，讓我們『相信』疾病是可以自我療癒的。」

都布列醫師答道：「這是絕對正確的。可是，信念可以將人類的靈魂和更強大的力量，甚至比意念更強的力量聯結在一起。」

「我還是不明白。」

「好，我給你看一樣東西。」醫師把年輕人帶到另一個房間，裡面擺放著一個高約兩公尺、用一塊布遮蓋著的物體。醫師走過去，揭開那塊布。

「啦啦——！」都布列醫師獻寶似地喊著。

那是一座龐大的太陽系行星模型。醫生按下按鈕，所有的星球就開始循著各自的軌道繞著太陽運行。

年輕人看得目瞪口呆，簡直被如此精準的運行軌跡催眠了。

「這是從哪裡來的？」年輕人吃驚地問。

都布列醫師笑著說：「喔！它們自己形成的啊！過去十年來，它們一片片地聚集起來。長年累月，就變成現在的樣子。」

年輕人迫不及待地喊道：「喔！拜託！別開玩笑了！你到底從哪兒找到這玩意的？」

「我說它是自己形成的啊！」醫師一本正經地回答。

「誰都知道這個模型一定是某個人製造出來的。」年輕人爭辯著。

「喔？聽聽你自己說的話。你堅持這個行星模型是被製造出來的，雖然模仿製作的技術很爛。太陽系如此複雜且無窮無盡，整個宇宙運轉的準確性雖然沒有通過任何機械控制，每個行星卻還能夠一直維持著自己的運行軌道。因此，認為宇宙和生命是自然生成，就跟我說這行星模型是自己形成的一樣荒謬。這就好像有人說，牛津字典是印刷廠裡一場大爆炸後的產物。所以，你瞭解嗎？所有事物都不是偶然、偶發的，有產物就必有生產設計者。」

「嗯！我明白你的意思。」

「對我而言，信念具有超越極限的無窮力量。所以，有人說：『人類並非靠麵包過活，而是靠上帝的箴言而活。』」

「聽起來不錯，但那是什麼意思呢？」年輕人問。

「意思是說，我們需要的不只是生理的營養，更需要心靈的營養。我以一個醫生的經驗確信，信念是治療疾病的最重要因素。紐約癌症協會前主席克勞德・福克納教授也曾說過：『我們經常無法理解是什麼讓病人從病痛中康復。我確定，信念在當中起著最重要的作用。』

「疾病的治療並非單向進行的，除了醫生的診斷治療，還需要病人的配合；病人必須抱著康復的信念，因為信念可以讓病人獲得信任及心靈的平和，而信念所散發出的力量可以創造奇蹟。信念被認為是人們從不治之症中康復的主因，是恢復健康的關鍵。

「信念的反面，就是懷疑、恐懼、焦慮和憂愁，這些都有害健康。反之，心懷堅定信念的人往往比較健康，生病時也會復原得更快。

「懷有堅定的信念，就能利己利人。你可以運用信念的力量幫助別人。《聖經》中有一則故事提到，伊利亞先生在治療一個瀕臨死亡的男孩時，就運用了很多對於耶穌基督的信念。」

年輕人想起他遇到的一些人，他們都說是被老人碰觸之後得救的。現在他知道，老人用的就是他自己的信念。

醫師繼續說：「俗語說：『盡人事，聽天命！』當一切都說完或做好了，其他的就留給信念吧。這是每個人隨時隨地都擁有的心靈力量。」

「信念可以治癒任何疾病嗎？」

「信念的力量是無限的，但必須透過實踐才能發生效用。如果我們繼續過著違背健康法則的生活，所有的信念就都是紙上談兵。因為，沒有什麼可以逃離宇宙的控制與影響。」

年輕人問道：「那麼，人們怎樣才能找到信念？我想不出要加入什麼宗教團體。」

「喔！你不需要成為哪個宗教團體的成員，宇宙的創造者即萬事萬物的創造者，而不是某一群人。」醫師說道，「記住！信念跟宗教一點關係也沒有，信念是存在於自身內在的力量。只要願意，你肯定能找到。有時我們會很幸運，信念會隨著某些事情順其自然地到來。」

「哪些事情？」年輕人問道。

「嗯……可能是某個危機。」醫師說，「危機就像是夜晚的風暴，會吹散烏黑的雲層，淨化天空。那時，你只要抬起頭，就會看到星星。」

醫師繼續說：「多年前我一直深信，中國老人是我夢境中虛構的人物，因為集中營裡的生還者沒有人見過他，包括我自己在內。可是最近這幾年，我終於能確定確有其人。」

「什麼令你如此確信？」年輕人問。

「一些像你這樣的人開始敲我的門。」都布列醫師笑著說。

這天夜裡，年輕人坐在床上整理和都布列醫師的對話筆記：

信念的力量

◎信念，是一種使不可能成為可能的心靈力量。

◎信念，將人類的靈魂與更強大的力量連結在一起。

◎要得到健康，不只需要生理的養分，還需要心靈的養分。

◎信念的反面是憂慮、懷疑、恐懼和焦躁不安。
◎不去實踐，信念就是無用的。

狂風暴雨猛力敲打著年輕人臥室的窗戶。

暴風雨停歇，戶外恢復平靜時，年輕人站起來，倚在窗旁仰望著天空。「你到底知道什麼？」他自言自語道。

窗外，點點星光在幽藍的天空閃耀著。此刻，年輕人所有的疑慮、恐懼和憂愁都緩緩消失了。

祕密10
真愛的力量

年輕人開始追尋健康的祕密到今天，已經四十天了。在這段期間裡，他不但學習到健康的法則與祕密，還把這些知識運用到實際的生活當中。

他每天都進行視覺創造力練習和治療宣言訓練；練習深呼吸，並堅持每天都做一些不同的運動；同時，他也改變了飲食習慣，並隨時調整自己的姿勢；他還努力去尋找一些能讓自己發笑的笑料；當然，他也不忘記在家裡和工作場所種植大量的植物，以創造更健康的環境；他更加注重身心的調養，並且，他生平第一次確立自己的生命信念。

新生活讓年輕人感覺脫胎換骨，精神百倍。最令他感到驚訝和高興的是，身上的病症完全消失了。

此時，中國老人給他的名單上，還有一位名叫艾蒂絲·詹姆斯的女士尚未拜訪。當年輕人輕敲她的大門時，內心既期待又不安，他不知道還能學到什麼。

詹姆斯太太是一位臉頰紅潤、眼眸含笑的老婦人，非常和善且容光煥發。這也使得年輕人不由得想起中國老人給他的印象，因此，年輕人覺得詹姆斯太太一定也是位非凡的人。

她對年輕人說：「這真是個驚喜！你打電話給我後，我就在想，你一定是見過道爾先生了。」

「我不知道他叫『道爾』啊！」

「喔，我也不確定，這是我替他取的別號。」

「為什麼？這有什麼特別的意義嗎？」年輕人問。

「『道爾』的正確唸法是『道』，中文的意思是『道路』。我之所以給他這個稱謂，是因為他為我指引了一條健康之道。回想起來，這已經是五十多年前的事了，但當時的情景至今仍然歷歷在目。那時我患了肺結核，生命岌岌可危。但我一直不知道這疾病的嚴重性，直到我無意中聽到醫生在病房外跟護士的談話。醫生交待護士每隔兩個小時就檢查一下我的狀況，護士問為什麼，醫生的回答讓我終生難忘；他說，我想吃什麼都應該盡量滿足我，因為我的壽命只剩不到一個月了！

「你可以想像，聽到這個消息後，我被徹底摧毀了！我還不想死，我才二十三歲啊！我一整天都緊閉著雙眼祈禱。當天晚上，一位中國老人敲門向我推銷雜誌。他說他特地為我帶了一些特別的雜誌。我根本沒有心情看雜誌，但他的笑容是那麼溫暖，我接受了。

「他在病房裡待了一會兒，跟我談了些關於生命和健康的話題。他提到了健康的祕密，又遞給我一張名單，說這些人可以給我一些幫助。我想到自己活不了多久了，突然情不自禁地哭了起來。老人走過來抱住我，安慰我說，一切都會好轉的。最後，我聽到他說：『雜誌裡有一篇特別的文章是專門送給你的，你一定要讀一讀。』

「他離開之後，我停止嗚咽，擦乾眼淚，好奇地拿起雜誌來看。幸好我翻開了雜誌，因為那一篇文章對我而言真的是雪中送炭，挽救了我的性命。」

年輕人聽得入迷，詹姆斯太太繼續說：「你一定在想，是什麼樣的文章，竟然可以挽救一個瀕臨死亡的年輕女人？我告訴你，那篇文章的內容跟健康或醫學一點關係也沒有，只是一個簡單的故事。但對我而言，卻不普通，因為那就像我父親的故事。

「我五歲時，父母就離婚了。之後我再也沒有見過我父親，父親也一直毫無音信，這使我覺得他並不關心我。我父親是一位很傑出的建築師，我和母親搬出父親的房子之後，他卻不曾寄過一張生日卡片給我。那篇文章中提到的那名成就卓越的建築師，出生在我父親的家鄉，和我父親念同一所中學和大學，跟一個年紀比他小十五歲的澳洲金髮美女結婚。後來建築師結束了那段痛苦、不快樂的婚姻，並且被拒絕去探望唯一的女兒。

「這一切聽起來簡直就是我父親的故事。但這個故事卻說，他寫了許多信給女兒，每逢生日和耶誕節，他也都會寄禮物過去，但從來沒有收到任何回音或訊息。十四年後，他放棄，並且再婚，有了一個新的家庭。

「我一生都沒有得到父愛，父親也得不到我的愛。真相當然是我母親因為痛苦和怨恨，所以把父親的信件和禮物都藏起來，她要我恨我的父親。現在，我躺在病榻上，終於知道自己一直被父親關心、思念和深愛著。我決定在生命結束前讓父親知道，我也愛著他。

「讀完雜誌上那篇故事，我決定馬上打電話給他。我不知道他的電話號碼和地址，可是文章提到了他居住的小鎮，所以，要得到他的電話號碼並不困難。我已經有將近二十年沒有跟他說話，當他接起電話時，我竟無法抑制住自己淚水，歇斯底里地放聲大哭。

「第二天早上，父親坐在床邊緊握著我的手。這種感覺很奇怪，難以言喻。我好像吃了什麼神奇萬靈丹一樣，突然恢復了食欲。幾天之後，我已經可以每天都跟父親在醫院的花園中散步，享受山中的新鮮空氣和花園中玫瑰花的香味。

「過了一段時間，醫生又為我做後續檢查，以追蹤病症的情況。一天，當我和父親正坐在玫瑰花園裡休息時，醫生從屋裡跑出來對著我大喊，手裡還揮舞著幾張紙。原來這次做的所有檢查結果顯示，一切都正常。你相信嗎？完全沒有肺結核的徵兆。我可以繼續活下去了！」

「這感覺一定很棒吧？」年輕人鬆了口氣說道。

「喔！相信我，感覺棒極了！那天晚上我才想起，我一直沒有向那位為我帶來雜誌的中國老人道謝，也沒有機會告訴他，這本雜誌促成了我和父親重逢。於是我去了醫院的詢問處，問他們可不可以幫我聯絡這位中國老人，他應該是負責我所在區域病房服務工作的。可是……」

「喔！別告訴我……」年輕人打斷她，「他們的工作人員之中沒有中國老人。」

詹姆斯太太笑著說：「當然！」

「你的病為什麼會突然復原？」年輕人問道。

「如你所想的，醫生也為此百思不得其解。我認為我的復原可能歸因於一些綜合的因素，包括飲食、山區裡新鮮的空氣、祈禱和運動。出院後，我從那張名單中找到一些人，並從他們身上學到了健康的祕密。不過，我心裡確信，對我的健康幫助最大的，應該是一種很少被論及，在醫學治療上也很難被認定的東西，那就是『真愛的力量』。」

「是愛幫你驅除了肺結核？」年輕人半信半疑地問道。

「我知道這聽起來很奇怪，但我跟你保證，這是真的。愛，在所有古代經文裡，都被描述為宇宙中最強大的力量。愛，深藏著戰勝所有事物的力量！我曾讀過一則美麗的真實故事：一位旅行者，在北美洲冰天雪地的大草原上獨自旅行。一天，旅人突然在兩個村莊之間被一場突來的暴風雪困住了。嚴寒與體力耗盡，使得他無法再多走一步，他躺下來準備等死。

「突然，他聽到小孩的哭聲。於是他便撐起身體，循著哭聲在暴風雪中摸索。最後，他發現雪地裡躺著一個小女孩。他把小女孩緊緊抱在胸前，想用自己的體溫給她一點溫暖，他決定竭盡全力挽救她的性命。大約走了一百步的距離，他們來到一間小木屋，這是小女孩的家。旅人不但救了小女孩的性命，也救了自己。

「這就是真愛！沒有條件的愛，不求回報地付出，在幫助別人的同時，我們也幫助了自己。宇宙中有許多法則，所有法則都非常重要，其中最偉大的，就是愛的法則，因為愛比任何事物都長久，也是最強大的力量。有了愛，我們可以克服所有的逆境、困難……和病痛。我堅信，愛是戰勝病魔的最重要條件，只是經常被忽略。而且我確信，沒有愛，就不會有源源不斷的健康。」

「可是，愛為什麼對健康這麼重要呢？」年輕人不解地問。

「愛，對健康很重要，是因為它是生命的源泉。沒有了愛，生命就失去了目標和意義，最後我們會變得極度沮喪。自私、生氣、怨恨……是愛的反面，它們會在體內製造出毒素，如同化學毒品一樣毒害我們。

「愛，豐富我們的身體、精神和靈魂。事實上，許多研究早已證實，心中有愛的人比其他人更容易從病痛中復原。」

「這又是什麼道理呢？」年輕人問道。

「當我們感受到愛，白血球數量會增加，釋放出特殊的荷爾蒙，幫助我們對抗壓力和疼痛。幾年前，倫敦的一家教學醫院曾做過一個研究，證明愛如何增進療效。主治醫師通常會在前一晚，逐一拜訪將動手術的病人們，跟他們解釋手術的進行方式。在實驗的對照組，醫師和病人談話時，要握著他們的手，並多付出關懷。結果證明，這一組的病人，平均來說，復原速度比另一組病人快約三倍。

「愛，不只是驅除疾病的必備因素，也是維持健康的要素之一。很多人會生病，是因為他們不愛自己，他們覺得不被愛、不快樂，甚至，很多人的人際關係出了問題。然而，『愛』卻是每個人都具備的。有一個方法可以確保我們得到愛。」

「什麼方法？」年輕人急切地問。

「在付出愛的同時，就會得到愛。」

「喔！我想我明白了，」年輕人說，「我只要幫助別人，或讓別人開心，自己就會覺得愉快。」

「對了！就是這意思。」詹姆斯太太說，「而且，我們付出得越多，收穫也就越多。我們愛得越多，感覺就越棒！這實在太完美了，不是嗎？」

詹姆斯太太交給年輕人一塊銘牌：「這是艾邁特．福克斯在他的書《山上寶訓》中的一段文字。」

銘牌上刻著：

沒有什麼困難是愛無法克服的；沒有什麼疾病是愛無法治療的；沒有什麼門是愛無法打開的；沒有什麼鴻溝是愛無法跨越的；沒有什麼牆是愛無法穿透的；沒有什麼罪過是愛無法贖回的……如果你的心中充盈著愛，你將會是世界上最快樂、最有力量的人……

年輕人回到家中，又仔細讀了這天所做的筆記：

真愛的力量

◎愛，是永恆的治療良方。
◎獲得愛的祕訣，就是付出愛。

尾聲

五年之後，年輕人變得更成熟，也更有智慧了。他成了自然健康療法的作家及講師，專門將改變他生命的健康法則傳授給他人。他以自己的經歷為範例，並一直堅守健康的法則，活得健康而快樂。

他還記得五年前，在拜訪過名單上十個人的兩個多月後，他回醫院去見醫生的情景。那一刻他非常緊張，甚至比兩個多月前第一次走進醫院時還焦慮。醫生坐在他面前，安靜地看著他的檢驗報告，兩分鐘過去了，年輕人覺得這兩分鐘比兩個小時還漫長。最後，醫生推了一下眼鏡看著年輕人。

「嗯……」他微笑著說，「我很高興地告訴你，所有檢查結果都正常，你完全康復了。我必須說，行醫三十年，我從來沒遇到過這麼神奇的復原病例。」

年輕人走出醫生的診療室，關上門，緩慢地走過候診室，繼續往出口走去。在接近出口的時候，他的心跳和腳步都愈來愈快。他猛力推開旋轉門，走出醫院，仰望天空，心裡踏實地高呼：「萬歲！」

健康的祕密讓年輕人走出疾病的陰霾，步入健康的喜悅。他突然想起中國老人曾對他說過的話，如今他終於明白，原來那場病痛帶給他的是多麼珍貴的禮物啊！因為這場病，他的人生更加充實而美滿了。他希望能讓中國老人知道，他們見面之後，他的生命有了什麼樣的變化。他想感謝並告訴老人，他現在瞭解當初那場談話的意義了。

突然，他的思緒被電話鈴聲打斷了。是一位女士的來電，她要求跟他見面，因為有人告訴她，他可以幫助她，所以她想盡快見到他。

「那當然，明天下午如何？嗯……下午三點？」

「太好了！非常感謝你。」女士解釋說，「有人告訴我，你知道如何幫助我。」

「我盡力而為。」他向她保證，「可是你能告訴我，是誰把我的電話號碼告訴你的嗎？」

「我也不知道他的名字，我在今天早晨遇見他，他說他是你的朋友……嗯，一位中國老人。」

年輕人微笑著掛斷電話，喃喃自語：「『道』先生，不論你在何處，上帝保佑你！」

健康的祕密箴言

◎意念的力量可以克服一切困難，治癒所有疾病，幫助你常保健康。

◎要確認我們所吃的食物中，有百分之七十是富含水分的。

◎正確的姿勢是健康的基本條件，不良姿勢會阻礙血液循環、限制神經傳導，並引發疾病。

關於你的健康的祕密

你也在尋找那位中國老人嗎？

其實，他已經出現了，

並且交給你一個任務——

寫下你關於健康的祕密，

並將之散播開來！

第4部 財富的祕密

當財富降臨時，
來得如此快、如此多，
讓人不禁懷疑，
過去那些年來，
它們都躲到哪裡去了？
——拿破崙

前言

超過百分之九十的人，在六十五歲時不是離開人世，就是破產！只有百分之九的男人和百分之二的女人經濟獨立，而真正富有的人還不到百分之一。為什麼？那百分之一的人究竟比其他人多知道些什麼？他們比較聰明嗎？教育程度比較高嗎？工作比較努力嗎？還是只是他們比較幸運，受到命運之神特別眷顧？

這些問題困擾了我好多年。每個人都渴求得到財富，為什麼只有少於百分之一的人可以如願呢？為什麼當人們想要實現夢想時，會有那麼多的掙扎、痛苦與無力感？

直到有一天，我遇到了一位睿智的中國老人，他告訴我關於財富的祕密——十個可以讓人在有生之年獲得財富，並且財源滾滾的法則。

「財富」不是指銀行帳戶裡有多少錢，或擁有多少價值不菲的財產，而是能多愜意地享受自己理想中的生活。我發現，不管是老是少、結婚與否、哪種膚色，每個人都擁有使自己致富的力量；所有外在因素，諸如經濟狀況、天氣或政府政策……等，都不能掌控我們的人生，除了我們自己！只有當我們開始積極控制一切，為自己的生命負責時，我們才能理解，自己才是唯一有力量去達成自己夢想的人。

本書中的故事全部取材自現實生活的真人真事，只是改變了人物的真實姓名（只有中國老人是我將所遇到過的多位睿智長者綜合設定的角色）。當然，我希望他們的故事能夠激勵讀者，努力創造出屬於自己的財富。

公園漫步

二月的第一個星期一，清晨六點的戶外仍然又暗又冷。年輕人走出前門，沿著街道走去。街上的路燈還亮著，間或有些車輛冒著熱氣在馬路上穿梭。過去他每天早上竭力在八點起床，最近幾個月來，他卻感覺睡眠嚴重不足，休息時間完全被擾亂而變得零零碎碎了。

他穿過馬路，爬上山丘往公園走去，這是他父親以前常走的固定路線：輕快地穿過公園，讓心肺吸收清晨的新鮮空氣，使頭腦清醒。「一日之計在於晨，日出時到公園散散步，那些煩擾你的問題都會在這裡找到答案、新點子或解決方法。」他父親總是這樣建議。

「就好像天使在向你吹口哨一樣！」這是他父親的結論。

年輕人已經持續早晨散步的這個習慣兩個星期了，可是，他沒有聽見過天使吹口哨，也沒有找到什麼新點子或好答案，他的問題還是沒有得到解決。

行經那排獨立的豪華別墅時，他欣羡地想，如果有足夠的財富讓自己入住這種豪華別墅就好了，那不是太棒了嗎？

他出神地想著，有那麼幾秒鐘，住在這房子裡的幻想在他腦中忽隱忽現；柔和的燈光、舒適的房間，多餘的雙人房可供朋友或家人來暫住；陽光普照的日子裡坐在花園裡曬太陽，更是他理想中的天堂景象。

走過最後一間別墅時，他的白日夢也結束了。現實中，他連一間小小的洋房都買不起，更別說是這種獨立別墅；除非他中了彩券，否則買豪宅的大夢就甭作了。總之，生活於他而言就是、總是、可能永遠都是，一場磨難。

年輕人繼續走上公園裡的一條小徑，走著走著，突然深切感覺到，命運根本在跟他作對；如果他出生在一個富有的家庭，如果他夠幸運，或有別人那種成功的機會……

年輕人的問題其實跟大多數人一樣，每到月底一定超支，到哪裡都有賬單在等著他。天知道他是怎麼活過來的，反正，他就這麼生存下來了。過去幾個月，隨著經濟形勢日益蕭條，他的日子愈來愈難過了；工作時間加長，所得卻不見增加，他在可預見的未來恐怕是很難翻身了。那些曾經夢想過的事，現在都只能丟在一邊。

他曾經夢想成為有名的作家，擁有自己的房子和家庭，但他現在的處境跟那個夢想差了十萬八千里，他幾乎覺得這個夢想不可能實現了。如果他再年輕一點，就有可能辭去這份工作，去做一些自己感興趣的事。然而，隨著賬單愈積愈多，他已經不能沒有這份工作。

他被困住了，困在一個非但薪水不高，而且還不感興趣的工作裡。辦公室裡的同事似乎都對工作提不起勁兒，工作對他們來說，一如對他而言，工作的意義只不過是餬口罷了。

就這樣，年輕人放棄了過去的夢想，只敢希望日子能繼續過下去。他在公園裡不停地往前走，祈禱著如果真的有天使，總該有一個對他吹吹口哨吧！只要一個小點子、一點小刺激，也可能給他的命運帶來或多或少的改變。

年輕人想得出神，完全沒有注意到太陽已經爬到公園東邊的橡樹上方，也沒有聽見知更鳥的歌聲，更沒有發現一位老人已經走到他身旁。

相遇

「早安！」一個聲音把年輕人從幻想中喚醒；他轉過頭，發現一位個子矮小，頭有點禿，身高只及他肩頭的中國老人穿著黑色運動服站在身旁。

「早安！」年輕人微笑著對老人打招呼。

「可以和你一起散步嗎？」老人問道。

「可以啊，只要你跟得上。」年輕人回答。

老人笑了笑說：「我盡量。」他加快腳步，跟年輕人維持並肩而行的速度。

「你看起來好像心事重重，是嗎？」老人問。

「還好。」年輕人頭也不回地說。

「你知道嗎？在我的國家，我們相信每一個問題也同時會帶來一份禮物，每一個危難也都蘊含等值或更有價值的種子。」

「哼！」年輕人從鼻孔吐出不太同意的聲音。

「這可以用於解決任何問題……包括金錢問題。」老人說。

年輕人聽見老人提到「金錢」，馬上屏住呼吸，回頭問老人：「金錢問題會帶來什麼意外的禮物？」

「金錢問題打開了通往財富的道路，使你的夢想實現。」老人答道。

「這怎麼可能？」年輕人不太同意。

「你知道許多世界上最富有、最偉大的人，都曾經破產或有過一文不名的時候嗎？」老人說。

「不知道。」年輕人搖頭。

「亞伯拉罕・林肯曾在三十五歲的時候宣告破產，但他後來卻成為美國歷史上擁有最多財富和權力的人；奧格・曼迪諾曾經是個居無定所的流浪醉漢，後來卻成為暢銷書作家；而華德・迪士尼在創造他的迪士尼王國之前，也曾經數次破產啊！」

年輕人感到十分震驚，因為他一直以為身無分文或破產這種事只會發生在失敗者身上。

「他們是怎麼做到的？」年輕人迫不及待地追問，「他們又如何從那種逆境中重新站起來呢？」

「很簡單！」老人微笑說，「人們在舒適的生活中不會去追尋更有意義的目標，只有受到刺激或被逼迫才會想要改變生活；有些人因為受到鼓勵、刺激而做了改變，更多人是因為不得已才被迫改變。你看，只有在挫敗、絕望的時候，你才會向自己提出問題，而這些問題會改變你未來的命運。」

年輕人仍帶著一臉難以置信的疑惑表情。

「我問你——」老人繼續說，「剛才遇見我之前，你在想什麼？」

「我也不知道，大概是在想，為什麼我會是現在這樣？」

「結果呢？到底是為什麼？」

「我也不知道。」年輕人坦承。

「這就對了！」老人大聲說，「這個問題的答案是『不知道』，或者更糟，是個錯誤的答案。這是以『為什麼』為開頭提問時經常發生的現象。你的腦子在你提出問題時，一定會幫你找出一個答案。可是用『為什麼』來發問，經常導致沒有希望、沒有解決方法、沒有未來。『我為什麼會發生這種事？』、『我為什麼會處在這麼糟的狀況中？』、『我為什麼不能領先？』，這些問題都是無解的。

「聰明的人會問不一樣的問題，他們會用『怎樣？』和『什麼？』來提問，如『我怎樣才能改善生活品質？』。或更好的問題是：『我需要做什麼才能創造財富？』」

「我就是不知道。」年輕人有些急躁了，「我需要的就是答案，而不是問題。」

「可是要找到正確的答案，就必須先提出正確的問題。就正如《聖經》上所說的，『去尋找，你就會找到；去問，你就會有答案。』」老人回答。

「聽起來是不錯！可是生命並沒有這麼簡單。」

「你怎麼知道？你試過了嗎？」老人接著又說，「也許生命比你想像中的簡單呢！」

「哎，我可不覺得它簡單，」年輕人沮喪地說，「不管做什麼，我從來沒有成功過；我試過所有的方法，可是都行不通。」

「別忘了解決問題的黃金定律。」老人說。

「那是什麼？」

「當你認為自己已經竭盡全力時，請記住一件事情——你並沒有真的完全盡力！」

「如果是這樣當然很好，但我就是不知道還能做什麼。」年輕人說，「我從來沒擁有過財富，可能也永遠不會擁有。我想我真的沒有條件。」

「追求財富需要什麼條件嗎？」老人反問道。

「我也不知道。至少，需要一點本錢才能開始賺錢吧？」

「你怎麼會這麼想呢？你知道嗎？希臘船王歐納西斯沒有大學文憑，也沒有闊親戚，只靠兩百美元白手起家，創立事業，最後居然成為世界上赫赫有名的大富豪。」

年輕人聳聳肩說：「他是運氣好。」

「大多數富人開始創業的時候並不富有。安妮塔．羅蒂克的美體小舖是從製造衛浴用品開始的，世界首富比爾．蓋茲的財富則是在電腦工業革新時代建立起來的。暢銷書作家安東尼．羅賓是世界上最傑出的潛能訓練師，也曾因財務破產而住在一間小公寓裡，但他只用一年時間就扭轉命運，變成了百萬富翁，還買了一棟面向大海的萬坪古堡。你真覺得他們的成功都是運氣使然？」

「好吧！可能不盡然，但還是得靠一點點運氣吧？不是嗎？」年輕人問道。

「這些富人有個很重要的共同點，就是『責任感』！他們會對自己的決定和行為負責，不會把問題歸咎在經濟因素、政府、天氣或小孩上。擁有財富的人不會守株待兔，等待幸運時刻或機遇的來臨；他們會走出門去，創造一切。他們不會找藉口，只會找解決辦法。他們對自己承諾要成功。」

年輕人說：「你或許是對的，但我總是在財務問題上受挫，這可能是我的命吧！」

「命運好壞是你自己造成的。」老人說，「你從不曾富有過，並不表示你永遠都不會富有。生命的課題中，有一個最重要的課題是你必須學會的——未來並不需要跟過去一樣。如果你總是得到相同的結果，那是因為你總是做同樣的事情。」

兩個人沿著湖畔走向公園北岸，兩個滿臉通紅的跑步者從他們身旁經過，在空氣中留下一股濕潤的氣息。年輕人仔細回味著中國老人所說的話，不無道理，然而，他仍然心有存疑。

「你不需要用錢來賺錢，」老人繼續解釋說，「你也不必非要有大學文憑、闊親戚或等待什麼幸運天使降臨，你只需要用已經擁有的資源，就可以創造生命中的財富。」

「你真的認為有這麼簡單嗎？」年輕人問。

「當然，沒什麼幸運不幸運這回事。你跟別人一樣，都擁有創造命運的力量。」

「可是我想，你的意思該不是指每個人都可以成為富人吧？」

「我就是這個意思啊！你知道嗎？這個世界上的大多數人已經夠富有了，只是大家都不知道哩！」

「這是什麼意思呢？」年輕人問道，「人們如果真的擁有什麼財富，自己一定會知道的，怎麼可能不知道呢？」

「你真的這麼想？」老人說，「可是很多人都不這麼認為。你就是一個典型的例子啊。你之所以認為自己很窮，是因為你有付不完的賬單？」

「對啊！」年輕人困惑地說，「可是……你怎麼知道？」

「其實你已經擁有許多個世紀前，甚至是現在某些地方還沒有的東西，譬如乾淨、便捷的自來水；你只要透過圖書館，就可以便利地取得許多珍貴的資料；你感興趣的任何資料，甚至是被世界其他地區查禁的文獻資料，都可以從圖書館中找到；你也有足夠的食物可吃、各式各樣的衣服可穿；你可以藉由電話跟世界各地的朋友聯繫，每天在家裡收看各類電視節目；你還可以買到五花八門的食物，這些食物可能五十年前的人們還聞所未聞呢！

「而各種交通工具，包括汽車、火車和飛機，在半個世紀前，是有錢人才可能接觸、擁有的。所以，跟歷史上千千萬萬的人相比，你算是相當富有，甚至是超越前人所能想像的富有。」

「金錢，並不等於財富。」老人繼續說，「金錢通常也不足以衡量財富。事實上，金錢本身是沒有價值的，只不過是一疊紙張或一個個金屬圓片，有一些圖案或人頭在上面而已。金錢只有用來換取物品時才會產生價值，否則，當你被困荒島，即使擁有幾百萬元鈔票又有什麼用呢？

「一個月收入達六位數的成功商人，工作的重擔剝奪了他和孩子們相處的時間，你想他能多富有？一個罹患絕症的億萬富翁，和一個銀行帳戶空空如也卻身心健康的人，誰比較富有？

「真正的財富，只能以生活的品質來衡量；只有當你能依照自己的方式生活時，你才算是真正擁有財富。」

兩個人沿著小徑穿過一片樹林，樹枝上正冒出一些早發的嫩芽，嫩綠的顏色預示著春暖花開的日子即將到來。他們沉默了一會兒，年輕人開口了：「可是，金錢可以提高生活品質。」

「對，使用得當的話，金錢的確可以提高生活品質。」老人表示認同，並接著說道，「可是許多人以為金錢可以解決所有問題。」

「金錢的確可以解決我大部分的問題。」年輕人笑著說。

「你可以這麼想，不過我向你保證，金錢不能解決你的任何問題。」老人肯定地說。

老人的話惹怒了年輕人，他對老人自以為瞭解困擾他的問題感到生氣。不過，在年輕人提出辯解前，老人繼續說：「你如果贏了幾千萬美金，會怎麼做？」

「我會還清所有的債務。」

「然後呢？」

「嗯……我想想。首先，我會舉辦一個慶祝會，招待所有的親朋好友。然後，我要買一幢有游泳池和網球場的新房子、一輛新車、一台大電視機和全新的家具。然後，跟我的家人去度假，也會把錢送給一些需要的朋友們。」

「然後呢？」老人追問。

「我不知道。」年輕人坦承，「我還沒有仔細想過這個問題。」

「你剛剛說的，就跟許多夢想某天能發財的人所想的一樣。可是從你的回答就可看出，為什麼這些人永遠無法得到財富。」

「這是什麼意思？」年輕人打斷老人的話說，「的確有很多人中了彩券，也有很多人一夕之間變成千萬富翁啊。」

「你說的也沒錯，可是這些人的財富都轉瞬即逝，最終也都會跟中彩券之前一樣，身無分文！」

年輕人使勁搖頭，覺得難以置信。

「這是真的。」老人繼續說，「你知道他們為什麼會變回窮光蛋嗎？因為他們沒有學會如何創造和經營財富，所以擁有的財富很快就消耗殆盡。這就好像有人送給他們一株很珍貴的植物，可是他們卻不知道怎樣照顧：它需要哪一種土壤？要在什麼氣候下生長？需要多少水分？澆水的頻率如何？以及它可能有什麼蟲害？因此，珍貴的植物很快就會枯萎。

「換言之，如果他們掌握栽培植物的常識，瞭解植物的需求，知道如何照顧、繁衍它，那麼，他們希望得到多少果實，就可以收穫多少果實。

「同理，每個人都有創造財富的能力，可是我們得先學會創造和經營財富的祕訣。如果我們不知道如何掌控金錢，金錢是不會帶來任何價值的。你記得《聖經》裡那個浪子的故事嗎？」

年輕人好像聽過這個故事，但記不起任何細節。

老人說：「一個有錢的地主有兩個兒子，小兒子對經營父親的事業毫無興趣，卻需要父親的財產，好讓他可以到世界各地去冒險。對於兒子的想法，父親雖覺得很傷心，但還是把財產給了他，並看著他離去。這兒子享用了許多花錢買來的好東西，可是沒過多久，他的錢就花光了，只好一文不名地回到家鄉。

「這個揮霍無度的兒子帶著大筆金錢開始他的旅程，因為沒有學會如何創造財富，很快就花光了所有的錢。」

老人和年輕人走到樹林的盡頭，又順著一條小徑往山頂走去。

「你看看，」老人說，「金錢消耗起來是很快的。你想要得到財富，就必須對自己理想中的生活做出某種程度的構想。」

「對生活做出某種程度的構想？怎麼做呢？」年輕人問。

老人微笑著說：「你必須明白，萬物皆有其法。譬如說自然的法則，其中有許多是我們都知道，例如萬有引力定律，一個蘋果從樹上掉下來，一定會落地；我們也知道，沒有氧氣，地球上所有的生物都無法生存。但除此之外，還有許多法則不為人知，譬如對大部分人而言，創造財富的法則還是祕密呢！」

現在，他們距離山頂還有一半的路程，年輕人的呼吸開始急促起來，他身邊的老人卻健步如飛。當他們爬上山頂時，年輕人轉身望著老人。

「那麼，」他喘著氣說，「那祕密是什麼？」

「創造財富的祕密跟所有自然界的祕密一樣，每個人都有機會擁有，你唯一需要做的，就是向適當的人提出正確的問題。拿著，這個可以幫你。」老人遞給了年輕人一張小紙條。年輕人急切地打開紙條，出乎他的意料，上面並沒有寫什麼祕密，沒有智慧的語錄，也沒有神奇的祕方，只有一排人名和電話號碼。

等他再次抬起頭來，老人已經不見了。年輕人迅速環顧四周，只看見附近有兩個人在悠閒地遛狗，除此之外別無他人。

「對不起，」年輕人走向那兩個遛狗的人，問道：「你們有沒有看到剛剛跟我一起走的老人到哪裡去了？」

這兩位有些年長的男女互望了一眼，男人說：「我沒看到有人跟你一起走啊！」

身旁的女士也搖搖頭說：「沒看到。」

「可是，你們一定有印象，我剛剛跟一位中國老人走在一起，他穿著一件黑色的運動夾克。」年輕人堅持道。

「噢，我很抱歉，」男人重複說，「我們真的沒有看到有誰跟你在一起。」

年輕人循著剛才走過的路徑，慢慢地往回走。他完全無法理解，那老人怎麼可能一轉眼就消失了呢？而且，為什麼遛狗的人都沒有看見他呢？或許，這一切都是他自己幻想出來的，是他自己做的白日夢。可是，他捏捏口袋裡的紙條，紙條證明這不可能是夢啊！中國老人確實曾跟他在一起，這張寫著十個人名和電話號碼的紙條就是證據！

祕密1 信念的力量

年輕人回到家，馬上打電話給紙條上的所有人。剛打前幾個電話時，還有些不好意思，不確定他們對於他這個陌生人的來電，以及他與中國老人的奇遇會有什麼反應。事實卻證明，他無需擔憂，因為他們都知道中國老人和關於財富的祕密，甚至非常歡迎他的來電。於是，很快地就與他們分別相約見面。

第一個和年輕人見面的，是理查．艾博拜。艾博拜先生的時間表雖已排滿，但還是同意抽空在第二天下午五點鐘與年輕人見面。

艾博拜先生住在城市郊區的一棟大廈頂樓。年輕人一走進屋裡，立刻被窗外的景致——整座城市籠罩在夕陽下的美景吸引了；大樓南向的整面牆都鑲了落地窗，城市景觀一覽無遺：夕陽餘暉將城市的天際染成了琥珀色，遠方的辦公大樓透出星星般閃亮的燈光，車燈和路燈也在腳下匯流成一條長龍。

「實在太美了！」年輕人讚歎道，「我從來都不知道這座城市竟是這麼壯觀。」

「是啊，確實很壯觀。」艾博拜先生笑著說，「我就是看上這個景觀才買下這房子，無論何時，我都可以在這窗前一坐就是好幾個小時。」

年輕人判斷艾博拜先生大約五十歲，雖然身材不高，卻體格強健，淡色的頭髮下是一雙明亮的藍眼睛，身上穿著棉質卡其色長褲，配上白色翻領襯衫，輕便又不失品味。

年輕人坐了下來，艾博拜先生開口問道：「你對創造財富的祕密有興趣，是嗎？」

「你認為這祕密真的存在嗎？」年輕人反問道。

「喔，當然囉！」艾博拜先生答道。

「這祕密到底是什麼呢？」年輕人又問。

「就是十項永恆不變的法則，無論任何人使用它時，都能夠藉此創造出自己的財富，而且是源源不絕的財富。」

「每個人都可以嗎？你確定？」年輕人謹慎地問。

「絕對是！」艾博拜先生點頭說道。

「可是，如果每個人都有能力擁有財富，為什麼還有那麼多人為生計煩惱呢？」

「不該說每個人都有能力，」艾博拜先生說，「應該說，每個人都要『相信』自己有能力做到。事實上，我們都有能力完成一些近乎奇蹟的事情，關鍵只在於我們是否有自信。

「我曾看過一個表演，一位催眠師從觀眾當中選出好幾個人做催眠試驗。催眠師請其中一名觀眾躺到桌上，然後對他進行催眠，告訴他，他的身體像塊鋼板一樣堅硬。接著，催眠師隨即搬出兩張椅子，分別放在這名觀眾的頭部和腳部，以支撐他的身體。然後他把桌子移開，這名觀眾的身體雖然僅由兩張椅子支撐著頭腳，卻還能保持平躺在桌上的姿勢，身體就真的如同鋼板一樣堅硬。這是什麼原因呢？就是因為他相信。

「之後，在同一個表演裡，其他人也被催眠了。這一次，催眠師說，他們無法拿起桌上的鋼筆；催眠師告訴他們，這枝鋼筆比兩噸的卡車還重，無論如何都不可能拿得起來。催眠師說：『可以試試看，但這支筆無論如何都動不了。』

「這些人輪流去拿這枝筆，我尤其記得其中一個長得高大魁梧，很像健美先生的人。當他嘗試拿起這枝筆時，因為使力，整張臉漲得通紅，額頭不斷冒出一顆顆汗珠，手臂的肌肉緊緊地鼓起來，青筋暴露……可是，終究還是無法拿起筆！原因不在於他拿不動一枝筆，而在於他『不相信』自己有能力拿起來。

「所以，你有什麼能力並不重要。重要的是，相信自己有能力！這就是財富的第一個祕密——信念的力量。」

「我們的信念？」年輕人感到疑惑，「我不懂。信念跟財富有什麼關係呢？」

「如果一個健康強壯的男人只因為不相信自己可以拿起一枝筆，就真的拿不起筆來，那麼你認為，一個人打心眼裡不相信自己可以致富的人，還有什麼機會可以變成有錢人呢？

「十五年前，我雖然沒有什麼豪宅、鉅款，但生活過得也還算安逸。有一天，公司裁員，我突然間沒了工作，失去了收入來源，但還有房屋貸款及一堆生活開銷要支出，一時之間我根本不知道該怎麼過下去。有一天晚上，我睡不著，於是出門沿著河岸散步。就在那時，我遇見了改變我一生的人——一位中國老人！」

「然後呢？」年輕人急切地想知道關於中國老人的事。

「他跟我說了一句直到現在我還記憶猶新的話：『每一個逆境都蘊藏一顆等值或更大價值的種子。』」

「他也跟我說過一樣的話。」年輕人大叫起來。

艾博拜點點頭，繼續說：「那時我並不明白這句話的意思。你想想看，我丟了工作，等於失去了賴以維生的經濟來源。這樣絕望的境況怎麼可能帶來什麼有價值的東西呢？可是現在看來，那的確是發生在我身上最好的一件事。因為那樣的處境強迫我必須去改變自己的生活，去做一些除非這件事情發生，否則我永遠不會去做的改變。

「我一直想要創業，當自己的老闆，但一直到被裁員之後，我才有機會去做這件事。學會財富的祕密之後，我在家設立了一家管理顧問公司。第一年我就賺了雙倍於以前那份工作的收入。」

「真的嗎？你沒有開玩笑吧？」年輕人吃驚地喊道，「你真的是運用財富的祕密才成功的嗎？」

「那當然！」艾博拜先生肯定地說，「十九世紀時，美國心理學家和哲學家威廉・詹姆斯就說過，他那個時代最偉大的發現，就是人類可以簡單地透過改變他們的心理狀態來改變生命。這點是千真萬確的。不管你對自己的生命寄予何種希望；健康快樂、擁有愛情，或者成為億萬富翁，你必須做的第一件事，就是去檢驗你的態度和信念，想想自己是否認為這些是可能的。如果你不相信某件事可能成真，你就不太可能去實現它！」

年輕人拿出記事本和筆，問道：「你不介意我記筆記吧？」

「喔！當然不會！記筆記是個不錯的方法。」艾博拜先生微笑著繼續說，「你知道嗎？在醫學上有一個實驗，一百個得了相同疾病的人，如果給他們同一種裹著糖衣的膠囊，然後告訴他們說這是可以治病的特效藥，有百分之四十的病人在服藥之後會痊癒，只因為他們相信這種藥可以治療他們的疾病。但是，一旦病人被宣告得了不治之症，病情通常很快就會惡化，因為他們真的相信自己沒救了。

「如果你覺得自己沒有吸引力，你想你還有多少機率可以得到一份恆久的愛情？你與別人共處時，可能感到局促不安；在宴會上總是獨自坐在角落，想盡辦法讓自己不被注意；即使遇見一個被你深深吸引的人，你也可能覺得自己不夠好，配不上對方。在我們生活的各個層面，影響力最大的，就是我們的潛意識信念。其實，你所賺的金錢，通常就意謂著你對自己價值的認定。」

「等等，」年輕人坐直身子說，「我沒聽清楚，你是說……」

「你對以前的薪資滿意嗎？」艾博拜先生問。

「嗯……不！不怎麼滿意。」年輕人回答。

「那你為什麼不要求加薪呢？」

「因為我不覺得他們會給我加薪。」

「如果你不要求的話，加薪就更不可能了。」

「這倒是。」年輕人說，「可是他們有時候也會給我加薪，這又是為什麼？」

「對他們來說，當你的價值高於你現在的薪資時，他們就可能給你多一些。但很顯然的，你並不相信自己比現在的薪資更值錢。上個星期我面試一個人，也已經準備以年薪四萬英鎊起薪聘用他，因為從資歷和能力看，他都非常適合這個職位。但是當我問他期待多少薪資時，他卻說兩萬英鎊。」

年輕人不停記著筆記，艾博拜先生繼續說：「生活狀況就是反映信念的一面鏡子，如果你不相信自己也有富裕的一天，那麼富裕的日子恐怕永遠不會到來。其實，富人和窮人最大的不同，不在於他們的銀行帳戶有多少存款或有多少財產。」

「那在於什麼？」年輕人好奇地問。

「他們的信念！富人對自己和金錢有非常清楚的信念。」

「你的意思是說，富人相信自己能夠創造財富？」

「是的！」艾博拜先生答道，「不過意義還不止於此。你顯然很希望能夠積累財富，否則就不會來這裡跟我討論，對嗎？」

年輕人微笑著說：「沒錯！」

「那我問你，你為什麼想成為富人？源源不斷的財富對你的生活有何益處呢？」

年輕人想了想，答道：「擁有財富就能擁有自由。這自由指的是，我可以去喜歡去的地方、做喜歡做的事、買喜歡的任何東西……財富使我有力量，有安全感、獨立感；我還可以開創自己的事業。」

「很好！」艾博拜先生說，「你相信金錢可以帶給你更多的自由、力量、安全感和獨立感？」

「那當然！可是，大部分人都會說出相同的答案吧⁈我們都相信金錢能夠改變我們的生活。」年輕人十分肯定地說。

「等一下，等一下！我們還沒有做完這個練習呢！我現在要你做的是，回想一下你在成長過程中，所學到或聽到的所有關於金錢或財富的觀念。」艾博拜先生說。

「我不太瞭解你的意思……」年輕人猶疑地說。

「我這麼問吧——你父母最常說到的關於金錢的話是什麼？」

「嗯……我想想。我記得父親說過，錢不會從樹上長出來。」

「好！非常好！還有沒有其他的？」

「我母親常說，金錢不是萬能的，還警告我們說，金錢不會帶來快樂，也買不到愛。」

「很好！還有呢？宗教方面對錢的說法呢？」

「你的意思是……金錢是萬惡之源？」年輕人問道。

「對！也算！這是我們最常聽到的一種說法，雖然我認為對金錢的『愛』才是萬惡之源，而非金錢本身。」

突然間，年輕人感到十分震驚，他從小到大所瞭解的對於金錢的看法，竟然都是負面的！他一直被教導著去相信金錢是不足取的、在生命中是不重要的，不能帶來快樂，也買不到愛，而且，金錢還是萬惡之源，使人們的靈魂陷於萬惡深淵。

「你看到這些潛意識信念跟你自己的金錢觀有多麼矛盾了嗎？一方面，你認為金錢可以帶來自由、安全、力量和獨立，但是另一方面，深層的信念又告訴你，如果累積了財富，你將不快樂、沒有愛，是有罪的，並且可能因此墜入深淵。你的潛意識信念因此阻止你接近財富。」

「我從來沒有這麼想過。」年輕人說。

「有些人並不認為自己值得擁有大量的金錢，有些人則認為擁有財富是錯的、不道德的，他們會想，為什麼別人都沒有錢，我卻可以擁有？這些爭議的重點在於，如果沒有幫助別人的條件，你就無法幫助任何人。」

「潛意識信念的力量是不可估量的，」艾博拜先生反覆強調，「並且影響到我們生活中的每一件事物。二十世紀最偉大的企業家克萊蒙．史東提出了一個相當好的觀點，你看！」他邊說著，邊拿出一塊小匾牌給年輕人看，上面刻著：「不論腦中所想的是什麼，所相信的是什麼，你一定能得到它！」

年輕人說：「我理解你所說的一切，可是，我並不認為改變潛意識的信念是一件容易的事。」

艾博拜先生微笑著說：「永遠記住克萊蒙．史東所說的話吧：『不論腦中所想的是什麼，所相信的是什麼，你一定能得到它！』你絕對擁有選擇信念的力量。」

「怎麼做呢？」年輕人問道。

「自我建議。」艾博拜先生說。

「那是什麼？」年輕人又問。

「自我建議是一個簡單的技巧，也就是持續對自己提出建議。」

「持續對自己提出建議，這樣就能影響信念嗎？」年輕人不可置信地問道。

艾博拜先生解釋道：「只要不斷重複，任何建議或說法就會進入你的潛意識之中，繼而你將會相信它。」

年輕人快速地記錄重點，艾博拜先生繼續說：「你要做的，就是透過自我建議，建立跟金錢或財富相關的一些正面聯想或信念。首先，你必須對舊有的負面信念進行逆向思考，譬如，不要說『錢不會從樹上長出來』，而以『是的！錢不會從樹上長出來，但是在我的努力下一定可以』這句話來代替。又譬如，以『金錢可能無法帶來快樂，可是沒有錢同樣不會快樂』，來代替『金錢無法帶來快樂』。我們也可以說：『對金錢的喜愛是萬惡之源，可是合理利用金錢，卻是人類的福祉。』

「然後，再加上自己的正面建議，譬如『財富帶來力量、自由和安全』，或是『我有能力創造源源不斷的財富』。這樣，你就會漸漸改變自己的潛意識信念。」

年輕人從筆記本中抬起頭來，問道：「這些自我建議需要多久重複一次？」

「盡可能頻繁地重複。」艾博拜先生回答，「至少一天三次——起床之前一次，白天一次，睡覺前再一次。」

年輕人怕自己會忘記，連忙記錄下來。

「不管相信什麼，你都可以做到。」艾博拜先生說，「如同這首詩所說。」他指向桌上的一塊銘牌，上面有一首詩：

如果你認為自己會被擊倒，你就會被擊倒；
如果你認為自己沒有勇氣，你就不會有勇氣；
如果你想贏，卻又認為自己不會贏，
那麼，你就幾乎不可能贏！
如果你認為自己將失敗，你已經失敗。
在這世界上，成功來自於一個人的心——

全在於那顆心。
如果你認為自己與眾不同，你就與眾不同！
你得盡可能往好處想，
先確定自己到底是誰，
就可以贏得任何獎牌。
奮鬥的人生並不永遠屬於那些更強壯的人，
或動作更快的人。
可是，遲早能贏得勝利的，就是——
那個相信自己能做到的人。

「這是一首非常鼓舞人的詩，」年輕人說，「我可以抄下來嗎？」

「當然可以！」艾博拜先生笑著說，「我想你可能也會喜歡美國思想家拉爾夫·愛默生的這句話。」他遞過來一張小卡片：「這是我的第一句『自我建議』，我一直隨身帶著，以便隨時提醒自己。」卡片上寫著：

勝利者，是那些認為自己會勝利的人！

這天夜裡，年輕人把白天所做的筆記，仔細地看了一遍：

信念的力量

◎人們往往得不到他們力所能及的事物，卻能獲得那些他們自信可以得到的事物。
◎我們的生活狀況，反映的正是我們的潛意識信念。
◎人們所賺得的，正是他們所認同的自我價值。
◎透過自我建議，我們可以改變自己的潛意識信念。
◎不論腦中所想的是什麼，所相信的是什麼，你一定能得到它！
◎勝利者，是那些認為自己會勝利的人！

祕密2
欲望的力量

第二天，年輕人來到城市北邊約六十公里外的小村莊，去見名單上的第二個人：盧波．康明斯。開了一小時車，年輕人終於抵達了這座廣闊的鄉村莊園。當他走上鵝卵石鋪成的步道時，被周圍的景象深深吸引了：放眼所及，至少五百公尺長的草坪上，綠草如茵；一棵茂盛的香柏樹四周，圍繞著一叢叢水仙花，花園的外牆則爬滿了紫色和金黃色的金盞花。

房子前面有一座荷花池，池中有個石雕海豚噴泉。房子外牆爬滿了藤類植物，粉紅色的花苞點綴在綠色藤蔓間，散發著早春的氣息。鵝卵石步道盡頭，一位身穿棉布運動服、頭戴鴨舌帽和太陽眼鏡的男人推著獨輪手推車向年輕人走來；高大魁梧的他，留著銀灰色鬍鬚。走進年輕人時，他放下手推車，摘下太陽鏡，露出炯炯有神的雙眼。

「你好，有什麼事嗎？」他說。

年輕人回答：「我是來找康明斯先生的，我跟他約好了在這兒見面。」

「我就是康明斯！你好！」他熱情地伸出手來。

年輕人驚訝地握著他的手說：「嗯……謝謝！」

「今天天氣不錯，我們坐在外面好嗎？」康明斯先生說。

「好啊！」

康明斯先生領著年輕人沿小徑走到後花園，出現在年輕人眼前的，又是另一番美景。如果說前花園可以用美麗來形容，那麼，後花園就得用高雅來形容了。在這裡，兩旁種滿了翠綠灌木的碎石子路筆直地穿過大片草地，草地四周則環繞著花圃。

他們坐在一張鑲有白琺瑯的鐵桌旁，面朝高雅的後花園。幾分鐘後，僕人為他們端來了飲料。

「要不要喝點茶？」康明斯先生問。

「好！謝謝！」

在康明斯先生倒茶時，年輕人簡短地說明了遇到中國老人的經過。

「財富的祕密？」康明斯先生說，「喔，當然！我知道這些財富的祕密。我現在擁有的所有東西，都得自於那些祕密。」

「哪個祕密最特別呢？」年輕人問道。

「每一個祕密都同樣重要，幫助我得到了現在的一切。但現在回想起來，我想我最需要學習的，就是『欲望的力量』。」

「欲望？」年輕人重複著，禁不住問：「你確定每個人只要有欲望就會得到財富？」

「你有欲望吧？不是嗎？」康明斯先生說，「然而事實上，很少人有致富的欲望，更別說讓欲望成真了。」

「是嗎？這我倒不確定，」年輕人說，「為什麼有人不想要財富呢？」

「讓我從頭說起，」康明斯先生說，「人類的抉擇不外乎圍繞著兩種東西：痛苦和愉悅。如果有什麼是可以帶來愉悅的，我們就去追求它；如果有什麼是會帶來痛苦的，我們就會避開它。這你同意嗎？」

年輕人點了點頭，「我想是吧！可是，財富不是會給人帶來愉悅嗎？」

「沒錯！可是，很多人卻認為金錢或財富會帶來痛苦。你學了信念的力量沒有？」康明斯先生問。

年輕人點點頭，但沒說話。

「所以你應該明白，有些人相信金錢會帶來某種程度的痛苦。舉例來說，有些人認為朋友會因金錢而出賣他們，或擔心有了財富之後，需要擔負一些責任；有時候還擔心錢太多了要繳稅，或者害怕其他有錢人對他有所要求。

「說得更明白一點，會擔憂這些的人，其實並不是真的對財富有欲望，所以他們通常也不會擁有財富。」

「因此可以得出結論，」康明斯先生繼續解釋道，「你如果希望得到源源不絕的財富，就必須提高對擁有財富、得到財富之後那種愉悅感的渴望。你必須要它，但是比『要』更重要的是，你必須渴望得到它，要有強烈的欲望才行。這種欲望必須可以使你為了擁有財富而願意做一些必要犧牲，包括你的健康、你的私人關係和你的正直，以掃除任何阻擋你的障礙。

「那也就是為什麼那些想戒菸的『菸槍』、想保持清醒的酒鬼，以及想減輕體重的減肥者永遠都無法真正成功，除非戒菸、戒酒、減肥的欲望夠強烈，他們才可能有所改變。如果你想在生命過程中得到什麼，就必須對此有一股強烈的欲望。

「十五年前，我遇到中國老人的時候正瀕臨破產，差不多已一無所有。我曾經在高速公路旁經營一家加油站，生意很好，好到我竟然可以在加油站旁再開一家餐廳。那時，一切都很順利，我也工作得很愉快。直到另外一條更新、更寬的高速公路在東邊三公里外建成之後，幾乎是一夕之間，我的加油站業務一落千丈。六個月之內，生意就差到完全沒有希望的地步。就在這段期間，我開始負債了。

「我沒有任何收入可以支付日常開銷，更別說賺錢還債了。最後，只好把加油站賣給一個有錢的親戚。當時，我發現自己已經六十多歲了，竟然還身無分文！」

年輕人從筆記本中抬起頭來，問道：「你是說，你在六十多歲的年紀還得一切從頭再來？」

「是的！」康明斯先生點點頭。

「可是大部分人在那個年紀都要準備退休了，不是嗎？」年輕人驚歎，「你還能做什麼呢？」

「老實說，那時候我還真是手足無措，只知道自己一定得做點什麼。那天，我坐在自己的餐廳裡，一位中國老人走了進來，坐在我面前不遠的一張桌子旁，對我說：『早安！』他有一張非常和善的臉孔，我們幾乎馬上就拉近了距離。他點了一道特餐，也是我最拿手的一道餐點——油炸辣薯片，還誇讚它十分美味。每一個曾在我這裡吃過這道餐點的食客，都會愛上它。

「他用過餐後，問我為什麼客人稀少？我就跟他解釋那條新高速公路的事。他問我以後打算怎麼辦？我說不知道。我已經耗去生命中最寶貴的二十年來經營加油站和餐廳，結果新高速公路建成後，事業轉瞬落入低谷。如果沒有車經過這裡，我還能怎麼辦呢？

「老人嚴肅地看著我說：『我們要相信每個困境的降臨，都一定會帶來同等或更有價值的東西。』我說：『別開玩笑了！二十年的心血都白費了，還可能有什麼更有價值的東西？』他又說：『因為更好的東西在等著你。一扇門關起來了，你得去打開另一扇門。你可以擁有任何你想要的東西……如果你的渴望夠強烈，而且準備好不惜代價得到它。

「我望著窗外陷入沉思，想著接下來該怎麼辦呢？這樣的情況有可能帶來什麼轉機呢？我想了一會兒，再回過頭時，老人已經走了。他在桌上留下了餐費，以及一張小紙條，紙條上寫了十個人名和電話號碼，最後還有一行字——謝謝你的特餐，油炸辣薯片實在太可口了！」

康明斯先生啜了一口茶，繼續說他的故事：「我打電話給紙條上的所有人，想多瞭解一些老人的情況，卻因此學會了財富的祕密。剛才說過，我已經步入絕境，再沒有什麼可以失去，所以就全豁出去了。」

「這些祕密對你有幫助嗎？」年輕人問。

「看看你周圍這一切，」康明斯先生笑著說，「沒有財富的祕密，我恐怕只能一死了之了。」

「你不是說真的吧？」

「當然是真的。但還好，我學會了那些祕密。」康明斯先生嚴肅地回答。

「那麼，欲望的力量到底是怎樣幫助你的？」年輕人問道。

「欲望的力量讓我下定決心走向成功。」康明斯先生說，「在生命旅程中，除非有一股強烈的欲望，否則你很難獲得任何東西，因為，『獲得』需要努力、決心和承諾。以前我只求生活安逸，可是在破產之後，我產生了強烈的渴望，不只希望有錢，更想要擁有更多的財富，以此向自己和他人證明，我可以做到。很多人都告訴我，我太老了，不可能從頭再來。還有人覺得我太愚笨了，要成功純屬癡心妄想，他們覺得我只要顧好眼前就行了。

「但是，我仍然決定充分利用所擁有的，努力創造財富。」

「你擁有的是什麼？」年輕人好奇地問。

「油炸辣薯片的獨家祕方！」康明斯先生說。

「別說笑了，薯片有什麼獨家祕方可言？」

康明斯先生微笑著說：「我估計，餐廳和咖啡廳可能會需要這樣的餐點，我也知道我的薯片一定會大受歡迎，因為每個吃過的人都很喜歡，所以我跑遍全國推銷這道餐點的獨家祕方。我先免費提供獨家祕方給餐廳，直到油炸辣薯片的點用率提高了，再來談價錢。很多餐廳的經理都取笑我說：『我們幹嘛要你的什麼獨家祕方？我們自己有啊！』我告訴他們：『可是我的祕方很特別喔！』他們幾乎連免費祕方都不願意嘗試，可是我並不氣餒，因為我要成功的欲望非常強烈。

「我差不多走訪了上千家餐廳，最後終於有人同意嘗試我的祕方。三年之後，我收到了五張合約；又過了四年，僅那一張又一張合約書，就使我成了千萬富翁。那時我已年近七十歲，可是我做到了。所以，中國老人的話是對的——失去加油站，卻給我帶來了更美妙的事。」

年輕人也高興得笑了。

「你有沒有讀過狄更斯寫的《小氣財神》？」康明斯先生問年輕人。

「有！」

「是什麼讓小書中的史庫吉改變了？」

「一些過去、現在和未來的聖誕鬼魂。」年輕人說。

「對！可他們是如何讓他改變的？」康明斯先生繼續問。

「嗯……他們讓他看到，如果他再不改變的話，下場將會如何。」年輕人回答。

「沒錯！過去的聖誕鬼魂讓他看到自己在過去因為吝嗇小氣而受到的折磨與痛苦，現在的鬼魂則重現他現時所承受的痛苦，而未來的鬼魂則讓他看到，若再這樣下去，將來他會變成什麼樣子。隨後，史庫吉醒來，發現自己還活著，於是決定徹底改變。

「我們也可以用這種方式來改變自己的生活，不論是在財務、事業，還是人際關係都可以。重要的是，我們需要有改變的欲望。我們必須清楚地意識到不改變則會導致的痛苦，以及一旦改變將會帶來的樂趣。這樣做才能讓我們產生非常強烈的動機，刺激我們非成功不可。

「使我們產生這種強烈欲望的唯一方法，就是採用類似《小氣財神》書中的方式，依照四個簡單的步驟來進行：第一步，就是深刻地回想過去造成你現在想改變的痛苦經歷。所以，如果這改變是想擁有更多的金錢，你只要回想過去想買一些喜愛的物品，卻總是苦於沒錢而無法如願的情形。」

此時，一幕幕畫面從年輕人腦海中閃過：小時候，他總是穿著過時、陳舊的衣服，朋友們卻總是穿著最新流行的款式；上了大學後，也總是不能跟朋友們出去玩樂，因為他沒有多餘的錢可用；當時有個紅頭髮的可愛女孩，他仰慕已久，卻從來不敢約她出來，因為他沒有車；最痛苦的經歷是，母親生病時需要一筆昂貴的醫藥費，他卻無能為力。缺錢，使他過去的回憶充滿了痛苦。

年輕人的思緒被康明斯先生打斷了。

「第二步，是去審慎思考，過去那些痛苦的經歷是你現在想改變的動力。以我為例，我失去了所有努力得來的一切，那實在太痛苦了。」

年輕人想到自己因為財務上的困難，度過了無數不眠之夜，卻從不曾仔細體會過這種痛楚與苦悶，以致這樣的經濟狀況雖令他難過，卻未能幫助他因此產生改變生命的動力。

「第三個步驟，」康明斯先生繼續說，「是去想像，你如果不做任何改變的話，未來還會不斷承受這樣的痛苦。譬如，你的孩子在童年無法得到特別的生日禮物，或因為沒有錢而無法上大學；或你因為窮而無法照顧好家人，或你沒有能力在家人、朋友需要幫助的時候，對他們伸出援手；或你買不起大房子招待前來拜訪的朋友們。」

年輕人想像他已經結婚並且有了小孩，想到自己沒有能力讓他們過好日子，孩子就得像自己小時候一樣，在貧困中長大成人……他不敢再想下去了。他深吸了一口氣——過去、現在和未來，好像除了痛苦之外，還是痛苦。

「這不是有些令人沮喪嗎？」年輕人問，「為什麼要一直去想生活中的痛苦？」

「這的確很消極，」康明斯先生承認，「可是，如果這可以讓你產生改變生活的強烈欲望，不是很值得嗎？」

年輕人點頭道：「沒錯！可是……」

「沒錢付賬單、沒錢應急，或沒錢為自己、家人及朋友買些禮物……這些經歷的焦慮與痛苦，正好成為我們改變生活的原動力。」康明斯先生解釋道，「記住！如果想改變現狀，你就一定要有熾烈的改變欲望。前面提到的三個步驟只是前奏——認清你希望避開的痛苦。第四步，即最後一步才是重點。現在，你要想像當你擁有許多財富之後所享受到的一切。你將有能力買下那些夢寐以求的東西，可能是一棟豪宅、一輛汽車、一段假期；你將有能力幫助你愛的家人和朋友，或者其他需要幫助的人。

「不過，我所說的『想像』，是指你必須真的看到這些情境，用心去體會、感受夢想成真時那種無比快樂的感覺。

「這樣可以幫助你創造出一股強烈的欲望；當你心中充滿這種欲望時，很快地，生命的前程將如同你所期望的那樣在眼前展開，等著你去體驗。」

「你真的相信，只要欲望足夠強烈，生命之旅就會如同我期待的那樣，等待我去體驗？」

「那當然！」康明斯先生答道，「你知道『欲望』這個詞在拉丁文中是什麼意思嗎？」

年輕人搖搖頭。

「意思就是『來自父親的』，也就是『與生俱來』的意思。這代表什麼？這表示無論心裡想要什麼，你與生俱來就有能力得到它。換言之，即使沒有欲望，你也天生就有能力去創造它。」

「喔！我懂了！」年輕人說，「你的意思是說，只要對某樣東西渴望至極，你就有力量去得到它？」

「完全正確！我就是活生生的例子。像我這樣超過六十歲的人都可以做到，相信我，任何人都可以！」

那晚，在睡覺之前，年輕人把當天做的筆記又整理了一次：

欲望的力量

◎如果你尚未擁有財富，那表示你對財富還沒有足夠的欲望。

◎如果沒有強烈的欲望，你就很難得到想要的東西。

◎有了強烈的欲望，你會願意做任何犧牲（包括犧牲自尊、健康或人際關係），只為了實現這股欲望。

◎你可以按照《小氣財神》中的四個步驟，去創造熾烈的欲望：

1. 回想過去缺錢的經歷；
2. 回想過去因為缺錢而承受的所有痛苦；
3. 想像自己若不做任何改變，未來仍將不斷承受同樣的痛苦；
4. 想像自己擁有財富之後，將得到的所有歡樂。

祕密3 目標的力量

幾天之後，年輕人來到市中心，與名單上的第三個人：麥可．查普曼見面。查普曼先生是一家國際通訊公司負責人，高高瘦瘦，外型相當搶眼。見面那天，他身穿白色棉質襯衫、雙排釦外套及深灰色長褲，打著一條深灰色條紋領帶；而那一頭梳理整齊的栗色頭髮、紅褐色的大眼睛，使他看起來比實際年齡四十多歲年輕許多。

年輕人告訴查普曼先生關於遇到中國老人，以及前兩次與名單上的人談話的經歷。查普曼先生坐在椅子上，雙手交握，彷彿陷入深思。

「告訴我，」查普曼先生對年輕人說，「你希望在生命中得到什麼？」

「對不起，你的意思是……」年輕人問。

「你想從生命中得到什麼？」查普曼先生有些嚴肅地重複了一次。

「嗯……我想要……快樂、健康和……富足！」年輕人回答，「每個人不是都一樣嗎？」

「是的，正因如此，才很少人快樂、健康並且富有。」

「這話怎麼說？」年輕人不解地問道。

「如果不知道要在生命中尋找什麼，你又如何找到它呢？」

「可是我剛剛不是說了嗎？我要健康、快樂和富足。」年輕人堅持道。

「但這些字眼模糊不清、曖昧不明，沒有什麼特別的意義；它們的具體意義到底是什麼呢？」

「對不起！我不明白你的意思。」年輕人急忙說。

「好！讓我們說得更確切一點。你要怎樣才會感到滿足？你必須賺多少錢才會感到富足？」

「嗯……我想想，」年輕人終於理解查普曼先生的意思了。他想了想，說道，「我至少要賺雙倍於現在的薪水才會感到富足。」

「好！這是剛開始。還有呢？」查普曼先生問。

「我要擁有一間房子，沒有貸款負擔，還要一部車子……」

「哪種房子？哪種車子？」查普曼打斷他說。

「我不知道。」年輕人回答，「那不重要。」

「是嗎？」查普曼先生馬上反問道，「所以，只有一個房間、坐落在城裡最骯亂地區的房子也可以接受嗎？」

「不！當然不！」年輕人說。

「那要哪一種房子才行呢？」查普曼先生又問。

「我想要一棟有五個房間，位於城市北邊的房子。」

「好！現在你已經愈來愈清楚了。」查普曼先生又問，「你認為賺比現在多兩倍的薪水，就能買得起這樣的房子嗎？」

「不能。」年輕人笑了，「我得賺比現在多十倍的錢，才買得起這種房子。」

「那麼，你剛剛為什麼說只要多賺兩倍的薪水就能感到富足呢？」

「我……我想，我還沒有真的仔細思考過這個問題。」年輕人不好意思地承認。

「你看到矛盾了嗎？」查普曼先生說，「很多人都說想要富有，可是，很少人花時間仔細去想自己到底要什麼，以及為什麼要。如果你想為自己的生活創造源源不絕的財富，就必須把這些都想清楚。去找出你確切的需求，即使是最微小的細節也要考慮到。這是非常必要的過程。只說你想要一部新車是不夠的，你必須知道是什麼車、什麼牌子、什麼樣子、什麼顏色，這樣你心裡才有清晰的目標。最後，光有清晰的目標還不夠，你還必須知道動機，以及如何達到目標，這才真正對你有幫助。」

「年輕的時候，」查普曼先生繼續說，「我以為我能對抗傳統體制，我不需要資格文憑，我對學習沒有興趣，我只想過好日子。但我很快就發現，因為沒有資格和文憑，我找不到一份好工作。現在回頭去看，的確很荒謬。我曾經把這歸咎於學校教育，學校應該教導我瞭解學習和文憑的重要性。然而事實上，我的確曾被這樣教導過，只是我沒有聽進去。

「我不知道自己能做什麼，因此變得依賴、沮喪，而且非常苦悶。為什麼別人都有新車、豪宅、華服和長假，而我卻沒有？我一直在想，別人擁有這些東西，是因為他們花時間努力爭取，而我只是虛度青春年華。我責怪所有的人，包括我的父母、老師，甚至政府。然而，只有一個人是該被責怪的，那就是我自己。

「後來，我從一位姑媽那裡獲得了一份遺產，便想找個地方去度假，用那筆錢逃離這烏煙瘴氣的生活。於是我拿著旅行社的廣告單坐在公園裡，開始選度假的地方。

「後來，一位中國老人坐到我身旁，問我是不是要去哪裡度假？我告訴他說，我還不知道要去哪裡，只知道必須離開幾個星期。他問為什麼必須離開，我說我沒有工作、沒有希望，也沒有未來。他轉過身來直視我的眼睛，說：『那你必須去創造未來。』」

「你怎麼創造自己的未來呢？」年輕人打斷他。

「當時我也是這麼說的，」查普曼先生說，「老人卻回答：『透過財富的祕密啊！』接著他給我一份名單，並說這些人會跟我解釋一切。」

年輕人微笑起來。

「正是透過那些人，我發現自己最大的問題是：沒有目標、沒有方向。」查普曼先生繼續說，「後來我終於明白，自己其實可以擁有任何想要的東西，可是，我首先必須確定自己到底想要什麼，以及為什麼要。這就是明確目標的力量。」

「明確目標？」年輕人即刻記在筆記本上，然後問道：「你是說，我們必須有目標才能創造財富？」

「是的！目標是第一步。」查普曼先生說，「你必須有特定的目標，單單說自己想要財富是不夠的。你想要建構一個未來，就必須專注於自己想擁有什麼，以及希望何時擁有。」

「這麼做對得到財富又有何助益呢？」年輕人問道。

「想像一下，你已經開始一段旅程，可是腦海裡並沒有終點，請問你最後會到哪裡去？」查普曼先生反問。

年輕人笑著說：「那就隨人去猜了。」

「對啊！沒人知道你會在什麼時候往什麼方向走，一切只取決於你當下的感覺。可是，如果你在啟程之前就有目的地，那麼最可能去哪裡呢？」

「當然就是那個目的地啊！」年輕人說。

「對呀！人生就像一趟旅程，如果知道自己要去哪裡，就最可能到達哪裡。」

年輕人又低頭做了些筆記。他以前從來沒有明確的目標，可是，他現在知道目標的重要性了。

「光有目標還不夠。讓我們回到那個假想的旅程——如果你有好幾個目的地都想去，你如何確保自己可以逐一抵達這些目的地？」

「嗯……把它們寫下來？」

「很好！寫下所有的目標，這樣就可以隨時檢查自己是不是走在正確的道路上。這就像去超級市場一樣，如果你沒有事先準備一份購物清單，剛開始可能還知道自己要買什麼，可是在眾多展示櫃前繞一圈之後，你可能被各種廣告、促銷活動或琳琅滿目的商品所吸引而分心，最後，往往忘了買那些最需要買的東西。」

年輕人笑著說道：「我就是這樣。每次從超級市場出來，總是忘了買最需要的東西，反而買了一些奇奇怪怪，甚至是我不需要的商品。」

「現在，如果你有一張購物清單，就不會發生這種事情。因為你在逛超市的時候，會不時看一下購物清單，以確定到底要買什麼。」

「聽起來挺簡單的。」年輕人說。

「是很簡單啊！」查普曼先生笑著說。

「所以，你的意思是，寫下目標是比較有效率的方式？」

「沒錯！然後每天都看看自己寫下的目標，最好一天看三次，讓它們一直呈現在你的腦海中。如此一來，你就會習慣於鎖定目標，所做的大部分事情也都會朝向這些目標的達成。舉例來說，你有個目標是這星期內要完成一份企畫書，你就會把大部分時間花在企畫書上，而不是看電視。

「最有效的方法是，你必須把目標牢牢記在心裡，讓它進入你的潛意識。」查普曼先生說。

「怎麼說呢？」年輕人問道。

「人們通常會怎麼描述自己的目標？譬如，對於新年的新希望，人們會說：『我希望……』、『我要……』、『我想嘗試……』。這麼說是沒什麼用的，而這也是人們通常無法實現新年新希望的原因。」查普曼先生解釋道。

「這些說法有什麼不對嗎？」年輕人不解地問。

「如果有人說他要戒菸，你想他會成功嗎？」

年輕人聳聳肩。

「我敢跟你打賭，絕對不會成功。」查普曼先生說，「因為，如果這人真心要戒菸，他會說：『我不抽菸！』你有沒有聽說過，有一個催眠師將一個人催眠了，讓這人直挺挺地躺在兩張椅子之間，中間沒有任何支撐？」

「有！我聽過。」年輕人回答。

「想像一下，催眠師如果說：『你應該像塊木板一樣直，我們要試著讓你變得跟鋼板一樣硬。』這樣的催眠有可能成功嗎？催眠師應該說：『你像木板一樣直，像鋼板一樣硬。』沒有『應該』、『試著』、『可能』、『希望』等假設性語詞，催眠師都用確定而正面的描述方式。

「我們表達目標時也是同理，要用『從現在到今年十二月三十一日為止，我賺了一百萬』來取代『我想要』、『我試著』，或『我希望在今年年底之前賺到一百萬』。當你準備訂下目標時，永遠要記得用肯定、明確的詞句來描述。

「當你用那些詞句寫下目標時，你已經達成一半目標了。說來也神奇，那樣做事實上就意謂著，你正在使它們成真；只要簡單地把目標寫在紙上，每天讀三遍——早上、中午和晚上各一次——你就已經開始往目標前進了。」

「當真？」年輕人不可置信地問。

「我只能說，去試試看，看會發生什麼。」查普曼先生說，「寫下目標，對你達成目標將產生決定性的力量。一旦寫下它們，你就會『看見』自己得到它們。」

「這話又是什麼意思呢？」年輕人問。

「這是一個『視覺化』的過程。不論目標是什麼，你要想像自己已經得到它了。比方說，你的目標之一是住在某棟豪宅裡，你就會『真的看到』自己住在裡面。如果你的目標是獲得某種特別的工作，你要『真的看到』自己在做這份工作。」

「可是，這不過是想像吧？」年輕人問道。

「有一位充滿智慧的老人曾經告訴我：『如果去企求它，它就不是夢！』當你想像自己已經達到目標，這目標就會變得更真實，也更有可能達成。偉大的運動員經常會使用這種技巧，因為這會增加他們的自信心，幫助他們達成目標。」

「好！」年輕人說，「所以我得確定目標，寫下它們，然後『看見』自己達成目標。」

「對！不過，還有一個可以讓你更順利達到目標的額外步驟，那就是你要達成這些目標的理由要很明確。」

「為什麼呢？」年輕人問道。

「因為，理由可以給予目標一個目的。舉例來說，你的目標是賺到一定數額的金錢，那麼你要達成這目標的理由，可能是為了負擔一棟豪宅、一段假期，或供你的孩子上大學。不管是什麼，你都需要一個具體的目的。對比『賺到一千萬』和『賺一千萬來買棟自己的豪宅』，哪種說法的目的比較明確？

「記住！財富不只是用來積累金錢，更是用來滿足你的目的。所以，你要達成這些目標的理由愈明確，你的目標就愈可能實現。」

這天晚上，年輕人把自己的筆記拿出來重溫一遍：

目標的力量

◎你可以擁有任何希望擁有的東西，只要你明確要什麼、為什麼要它。

◎你必須確立自己的目標，包括要達成這些目標的理由，以及何時達成目標。（譬如，只說要擁有財富是不夠的，還必須說出到底要賺到多少錢、要擁有怎樣的財產。）

◎永遠用肯定、明確的詞句描述目標。（譬如，從現在到×年×月為止，我要賺多少錢、要擁有多少財產。）

◎把目標寫在紙上，每天讀三遍（早上、中午和晚上各一次）。

◎把自己達到目標的情境「視覺化」。

◎指出要達到這些目標的原因。

◎記住！財富不只是用來積累金錢，更用來滿足你的目的。

祕密4 計畫的力量

「你已經用肯定、明確的詞句寫下了自己的目標，也已經制定好達成目標的時間表，確定了要達成目標的原因。現在，你已經有了明確的目標——知道自己要什麼、為什麼要，以及何時得到——可是還不知道下一步該怎麼做？」

年輕人坐在愛芮卡·席爾正對面。席爾太太是一家頗具規模的國際出版公司主編，也是年輕人名單裡的第四個人。第一眼見到席爾太太的時候，年輕人十分驚訝，因為他以為出版公司的主編應該是個中年人，可是，席爾太太雖然也已經三十九歲，看起來卻比實際年齡年輕十歲以上；有著一頭金色長髮和一雙翡翠色大眼睛的她，是三個小孩的母親，但身材依然保持得相當苗條。

「說實話，」年輕人說，「我一點想法都沒有。你說得對，我雖然已經有明確目標，卻不知道如何去達成。」

「沒有關係。」席爾太太說，「十二年前，我也跟你一樣。我的事業是從自由撰稿人開始的，我懷了孕，但仍繼續工作，直到把孩子撫養長大。當時我總是寫一些自己感興趣的文章，內容不外乎育兒和家庭，相關題材我都可以隨手拈來。我的文章大都發表在雜誌和報紙上，收入也還不錯。可是，我還有更大的夢想——夢想自己出版一份雜誌。問題是，那需要一大筆資金，因而使得我的願望看來

只能是不切實際的幻想。

「有一天，我要到北方一個城市採訪。車上，坐在我對面的，正是那位中國老人，他也要去同一個地方。他非常和藹親切，我們幾乎一路上都在談天。談著談著，我就告訴他說，我是個文字工作者，一直夢想著出版自己的刊物。但我也向他坦承，實現這個夢想需要很多錢，我恐怕一輩子都無法實現。

「聽了之後，他輕輕拍了拍我的手臂，對我說：『如果你想得到它，它就不是夢。』」

「這是什麼意思？」年輕人問道。

「我也是這麼問他的。」席爾太太接著說，「老人回答：『只要是你真正渴盼、相信的夢想，就可以實現。』」

年輕人想起老人也跟他說過類似的話，於是低頭開始記筆記。

席爾太太繼續說：「就是在那時，他對我提到財富的祕密，並給了我十個人名和電話號碼，說他們可以向我解釋這些祕密。於是我去見了那十個人，因為我想，或許這些人有什麼故事，是我寫文章可以參考的。可是我很快就發現，財富的祕密是真有其事，而且還使他們獲得了成功。其中一個祕密對我而言特別重要，那就是行動計畫表的力量。」

「行動計畫表？那是什麼？」年輕人問道。

「知道你要什麼和為什麼要是非常重要的，可以讓你的目標真正融入你的生活。可是，如果你要以實際行動來達成目標，就必須擬定具體策略。這就是行動計畫表。

「所有成功的運動員都會嚴格計畫自己的未來，會規畫出訓練時間表，以便讓自己在參加某項競賽時，恰好達到巔峰狀態。比賽之前一、兩個星期才做計畫是來不及的，他們必須很早就估算出自己的巔峰期，才有可能成功。我們的生命之旅也是同樣道理，所有人在賺錢之前一定要有個粗略的構想，然後擬定對應的行動計畫。

「幾年前，我請問一位非常成功的企業家，成功的祕訣是什麼。他告訴我，不管做什麼事情，要成功，就必須先做到三件事：計畫、計畫、再計畫！這話真的很有道理。你可以想像要蓋一間房子，卻沒有施工設計圖嗎？要用什麼材料？什麼工具？在哪裡打地樁？蓋成什麼形狀？蓋幾層樓？如果沒有計畫，你就不知道如何開始。」

年輕人點頭同意。

「同樣，不管你要得到什麼，一棟房子、一艘船、一輛車……或各種財富，都需要計畫表。

「有了行動計畫，就可以依照目標去設計自己的生活。這其實不容易，哪怕一件小事都不見得容易！譬如，你的電視機壞了，你需要一台新的電視機。你知道自己想要什麼牌子、什麼樣子的電視機，接下來的問題就是：『怎麼做才能得到這台新電視機呢？』」

「只要知道哪家店有賣，去買就行了。」年輕人說。

「好！你找到了這家店，可是，如果太貴了怎麼辦？」

「很簡單啊！那就不要買嘛！」年輕人回答。

「中國老人有沒有跟你提到解決問題的黃金定律？」席爾太太問。

年輕人翻著他的筆記本，找到其中一頁，唸道：「當你自認為已經竭盡所能的時候，記住，你並沒有真的盡力而為！」

「完全正確！」席爾太太說，「總有辦法的，只是得想方設法地去找到這個辦法。我們再來談電視機——如果電視機售價兩百英鎊，但你只有一百英鎊，你要怎樣辦呢？」

「嗯……那就等吧！先存好那一百英鎊，再繼續存錢，可以一個月存十英鎊，十個月以後就可以湊夠兩百英鎊啦！」

「沒錯！這是一個方法。可是你會有十個月沒有電視看啊！還有沒有別的方法呢？」

「那就去借錢或刷信用卡。」

「這也是一個辦法，可是如果不能及時還錢，可能就要付很高的利息！」

「我只能想到這些了。」年輕人承認。

「好！問問店家能不能打折？很多商店都把商品售價訂得比較高，顧客可以討價還價。或者，問他們能不能免利息分期付款？有些商店還可能收回你的舊電視，並且折算一些錢給你，這樣一來，你不必付全額價錢，就能買到一台新電視機。你看，不是還有很多辦法可想嗎？

「有些事情給人的第一印象是『不可能』，可是，當你坐下來寫一張行動計畫表，會發現還有許多其他可能呢！你只需列一張計畫表，寫下十個可行的行動方案。」

「可不可以舉個例子呢？」年輕人要求。

「好，以我為例，我需要十萬英鎊才能成立自己的雜誌社，所以，我寫了十個可能的方案：

1. 找個人或企業來投資十萬英鎊。
2. 找兩個股東，各投資五萬。
3. 找五個股東，各投資兩萬。
4. 找十個股東，各投資一萬。
5. 找二十個股東，各投資五千。
6. 找五十個股東，各投資兩千。
7. 找一百個人來投資，各出一千。
8. 找兩百個人來投資，各出五百。

9. 向銀行貸款。
10. 把構想賣給出版商，與出版商合作。

「當我列出各種可能，整個計畫看起來就不那麼難以實現了。現在我的每個目標都有十項計畫方案。」

「我懂了！這樣做真的有用嗎？」年輕人問道。

「絕對有用！因為這會讓你激發出許多之前想不到的方法。我曾經讀到一則故事，有一位神父要在小鎮上設立一間教會，但他沒有錢，於是，他列了一份十項計畫表：

1. 租一間學校的房子。
2. 租一個社區聯誼會的大廳。
3. 租一間狩獵用的小屋。
4. 向殯儀館租一間祭祀堂。
5. 租一間廢棄的倉庫。
6. 租一間社區的交誼廳。
7. 租一間耶穌會的禮拜堂。
8. 租一間猶太教教堂。
9. 租一間劇場。
10. 租一塊空地、一項帳篷和一些折疊椅。

「從這份計畫表中，他得到了許多方案，最後他把教會設在劇場裡。幾年之後，這位神父——羅伯·舒勒博士，有了固定參加禮拜的群眾，於是，他想蓋一座有尖塔的教堂，讓全鎮的人都可以看見教堂尖塔。這個尖塔將被取名為『希望之塔』，但神父不只希望讓人們來作禮拜，更希望教堂能成為社區的中心，成為全鎮人民希望與精神的庇護所。這一次，舒勒博士需要一千萬元經費。有人告訴舒勒博士，這次恐怕不太可能了。可是，舒勒博士又列了一份十項計畫表：

1. 找一個人出資一千萬。
2. 找兩個人，各出資五百萬。
3. 找四個人，各出資兩百五十萬。
4. 找十個人，各出資一百萬。
5. 找二十個人，各出資五十萬。
6. 找四十個人，各出資二十五萬。
7. 找五十個人，各出資二十萬。
8. 找一百個人，各出資十萬。
9. 找兩百個人，各出資五萬。
10. 找一千個人，各出資一萬。

「籌措資金需要花很多時間，但他還是做到了。而這種十項計畫表，可適用於達成任何目標。」

「是的，這樣做的確有助於開創事業。」年輕人說，「可是，私人的事情應該怎樣計畫呢？我有一個目標，就是在城郊買一棟有五個房間的屋子，還要有前後院的空地。不過，我目前的薪水實在買不起，我現在連小套房都負擔不起！」

「這樣的意思就是，除非中了彩券或大獎，否則你就得想方設法增加收入。這也意謂著，你可能需要升職或換份高薪的工作，甚至尋找創業的機會，總之，如果你一定要達成這個目標，就必須尋求改變。

「我知道這聽起來會令人倍感挫折，不過，你要先把十項計畫表做出來。如果你現在想做，我或許可以幫你。我們先想想如何增加你的收入。你現在年收入有多少？」

「六十萬元。」年輕人說。

「好！如果每年多賺四倍，五年之內你將會賺到一千五百萬。這樣夠了嗎？」

「夠了！可是我怎麼賺這麼多錢？」年輕人說。

「寫出十項計畫表。把你能想到的可行性計畫都寫出來。」

「好！」年輕人想了想說，「我可以努力工作，然後升為經理。我想他們每年至少有兩百萬收入。」

「這是一個方法，但還不太合適。要從一個小職員升為經理級的管理階層，通常要花上十年時間。」

「我能想到的另一個方法是，換一份有業績獎金的工作，這樣我的薪水就可能因為業績不錯而提高。」

「好！可是這個業績獎金要好高喔！」席爾太太說，「再去考取一個更好的文憑如何？這可以讓你找到高薪工作。」

「可是我現在有負債，不能斷了收入。」年輕人謹慎地說。

「你可以晚上進修。」

「這倒也是！我沒想到這點。」年輕人說。

「還有，自己創業如何？」席爾太太建議。

「這也是個辦法，」年輕人說，「可是做什麼事業呢？」

「同樣要先做計畫！很多人終其一生都在從事不感興趣的工作，他們不知道自己的興趣所在，不瞭解自己的潛力和弱點，也很少去想自己適合做什麼事業。若是這樣，工作就只是賺錢餬口罷了。他們對自己的工作沒有熱忱，也沒有興趣與理想。最後，只能庸庸碌碌地過日子，永遠無法成為頂尖人才。」

年輕人深深地倒吸一口氣，席爾太太說的正是他的情況；他對自己的工作不感興趣，只不過是為了付賬單而上班。他也從不曾仔細想過自己到底對什麼工作有興趣，或者擅長做什麼樣的事情。

「這些都是最基本的問題。」席爾太太說，「除非這份工作是你有興趣或擅長的，否則你很難做好。而如果無法做好工作，你怎麼可能得到高薪呢？」

「有一句話很有智慧：『做你愛做的，錢就會來找你。』如果真的很喜歡做某件事，你就會為它花更多時間，隨後你就變得很擅長做這件事了。很多人都是這麼想的——打算先工作賺錢，有了錢之後，再去做自己喜歡的事。結果是，一個星期花五天去做自己不感興趣的事，卻想不通自己為什麼不快樂。」

年輕人對此完全理解，因為他也有這種感覺。

「可是，有多少人真的能夠樂在工作中呢？」他不禁反問。

「很少！」席爾太太回答說，「但是，話說回來，又有多少人是真正富有呢？」

「我明白你的意思了。」年輕人說，「你是說，在求職或創業之前，必須認真去想：

1. 自己是否喜歡這工作；
2. 這工作能否發揮自己的專長；
3. 這工作是否符合自己的長期事業規畫與財務目標。

「這就對了！」席爾太太微笑道。

「嗯，我明白了。」年輕人說，「我真希望自己求學時就能想到這些。」

「你無法改變過去，但能創造未來。」席爾太太說，「問題是，你接下來該怎麼做呢？」

「我也不知道，」年輕人說，「這是我來拜訪的原因。不過我想，我很希望能開創自己的事業。」

「很好！那首先你得做什麼呢？」席爾太太又問。

「擬定一份計畫表。」年輕人回答。

「完全正確！」席爾太太解釋說，「所有的事業都需要一份事業計畫——一份經過仔細考慮的行動計畫表。如果你需要借一筆錢來創業，有經驗的投資者一定會先看你的創業計畫書；他們會想要知道你是否考慮到了所有細節，因為根據他們的經驗，沒有計畫或方向的事業，是不可能成功的。同理，你若想創業致富，就必須徹底考慮清楚自己的目標和計畫。」

這天晚上，年輕人拿出當天的筆記詳細地讀了一遍：

計畫的力量

◎如果你一定要達成目標，就必須擬定策略，列出一份行動計畫表。

◎不論做任何事，如果要成功，請考慮以下建議：計畫、計畫、再計畫！

◎對每個目標都要使用十項計畫表，列出十個達成目標的可能方案。

◎在求職或創業之前，問自己三個問題：

1. 是否喜歡這工作？
2. 這工作能否發揮自己的特長？
3. 這工作是否符合自己的長期事業規畫及財務目標？

祕密5 知識的力量

葛麗亞·布朗的故事真切而振奮人心。七年前，布朗太太原是一家電腦經銷公司的主管，但經濟不景氣，她毫無理由地被資遣了。要找一份新工作似乎不太容易，但是她找到一個方法，不僅讓自己存活下來，而且還在一年之內賺進了比以前多五倍的收入。

布朗太太約五十幾歲，身材嬌小玲瓏，一身格子套裝襯托著她及肩的紅髮和大而明亮的栗褐色眼睛。最讓年輕人印象深刻的，是她的微笑；親切溫暖的笑容，讓她的臉龐更顯得光彩煥發。

年輕人急切地想知道，布朗太太究竟是如何從困境中重新站起來。

「如果你要創造源源不絕的財富，」她解釋道，「就必須學會利用每一段經歷來獲利。」

布朗太太的話，也讓年輕人想起中國老人曾對他說：「在所有的困境、問題當中，一定含有一顆等值或更有價值的種子。」這難道是真的嗎？年輕人心裡想著。

「在剛失業的前幾個月裡，」布朗太太繼續說，「我完全無法從那樣的困境中恢復過來，我不知道該怎麼辦，心情沮喪極了。後來，我遇到了那位中國老人。

「當時我的冰箱壞了，就請人來修理，一位矮小的中國老人來了。他幫我修理好冰箱後，我為他準備了一杯茶，然後我們開始交談起來。我提到被資遣一事，他隨即看著我說：『當生命中的一扇門

關起來，你得去打開另一扇門。』接著他說到了關於財富的祕密。我有些懷疑，又很好奇。

「當時，我的積蓄花光了，前景也一片茫然，甚至連冰箱都壞了。在一無所有的時候，冒冒險也沒什麼好損失的。所以，當他給我十個人名和電話號碼的時候，我立刻就決定要去拜訪他們，一探究竟。

「我實在很幸運，因為這些人所教的，是我這輩子從來沒有學過的東西，那就是我得為自己的命運負責；不論發生什麼事，不管面對何種境況，我都要對自己的未來負責，而且，我有能力去創造自己所企求的未來。」

布朗太太說得這麼堅定而有感情，年輕人因而也受到了鼓舞。布朗太太隨後誠懇地說道：「其中有一個祕密對我的影響特別大，那就是專業知識的力量。」

「也就是說，『知識就是力量』？」年輕人問道。

「不！」布朗太太回答道，「知識只是潛在的能量，只有在得到有計畫且聰明地實踐之後，才會變成力量。」

年輕人低頭做筆記。

布朗太太繼續說：「一般的知識對於累積財富而言沒什麼價值。你知道一些細瑣的知識，但對於賺錢或得到財富卻毫無用處，除非你是去參加電視的智力問答節目。

「然而，專業知識卻能夠幫助你創造收入。不論是哪一方面，如果沒有一點專業知識，你都很難成功。舉例來說，如果你的朋友問你是否願意投資他的新事業，譬如買賣古董，你首先會問什麼問題呢？」

「我會問他，對古董這一行瞭解多少。」年輕人回答。

「當然！」布朗太太說，「你知道如果你的朋友不瞭解他所要買賣的貨品以及相關市場的話，這事業就很難成功。可是，我們經常這樣問自己嗎？我們需要金錢，以及錢財所能買到的東西，可是我們對金錢又瞭解多少呢？我們對稅務、投資和理財知道多少呢？而這些都是創造財富最需要的知識。

「假如你不太瞭解稅法，舉例來說，你可能會發現自己繳交了比應繳更多的稅。別誤會，我不是建議你逃稅。我的意思是說，如果你瞭解現行稅法，掌握了這方面的專業知識，你就可以確定自己繳的稅額到底對不對。」

年輕人記下一些重點。他對財稅和投資還真是一竅不通，可是，如果瞭解這些常識，也許真的可以合法節稅。

「掌握了某些專業知識，你就可能減少一些支出。」布朗太太說。

「怎麼說呢？」年輕人問道。

「有一個很好的例子，那就是信用卡貸款。」布朗太太解釋說：「很多人卡債高築，每個月都要額外付出高額的利息。其實他們可以向銀行貸款，先償還信用卡賬單，因為銀行的利息通常比信用卡利息低多了。這樣一來，就可以減低每個月的利息支出。」

「真的嗎？」年輕人驚叫，「你是說，我可以減少每個月付給信用卡公司的利息？」

「當然。」布朗太太說。

「我以前真是笨啊！」他喃喃自語。

「別太自責，」布朗太太說，「由此可見專業知識有多麼重要。」

「的確如此！」

「如果你想得到一份高薪的工作，專業知識更是重要。」布朗太太繼續說，「想賺取高薪，你就必須知道哪些工作可得高薪，以及需要什麼專業知識、資格，才能得到這些工作。同理，你如果決定自己創業，就得確信自己非常瞭解這個目標行業。」

「我明白你的意思，可是沒辦法做到無所不知吧？」年輕人問。

「沒錯！」布朗太太回答，「我並不是說你必須知道所有的答案，但至少需要知道如何去找答案。如果你不懂稅務，就需要雇用一個值得信任又瞭解稅務的會計；如果你不瞭解這一行，就得跟懂這一行的人一起合作；如果你不懂行銷，就必須雇用一個行銷高手來為你工作。

「最好的律師也不見得熟悉所有法律，一個人的腦袋不可能塞進這麼多東西，而且法律條款經常有所變動。可是，一個好的律師知道到哪裡去找所需要的法律條款。」

「那你是怎樣創造財富的？」年輕人問。

「當時，我知道我必須找到賺錢之道。問題是，我能做什麼呢？我有什麼專業知識呢？答案是——很少，我唯一有瞭解的就是電腦。我其實沒有什麼資格，也不具備專業知識，可是我知道，如果要創造財富，就必須彌補這缺陷。

「所以我去夜校上課，學習電腦知識。我知道電腦將在許多行業中扮演重要角色，而不管在哪個行業，一張電腦專業的文憑都會很有價值。我學得很好，最後，只憑一部電腦、一台印表機和一支電話，我開始了自己的顧問事業。我打電話給許多家公司，詢問他們辦公室裡是否使用電腦，如果是，是用在哪一方面？會不會遇到什麼問題？」

年輕人微笑著說：「我懂了……瞭解潛在客戶的需求。」

「對了！我確定了服務的範疇，這恐怕是最重要的專業知識——瞭解潛在客戶需求的知識。如果知道客戶需要什麼，你就可能成功。許多人把創業焦點放在能夠為客戶提供什麼，可是真正成功的企業家會另闢蹊徑，從客戶的角度考慮『客戶的需求是什麼？』，然後再針對性地採取策略。

「我瞭解潛在客戶的需求之後，便開始向對方提報企畫書，說明我的服務可以幫助他們提高效率、節約成本；可以幫他們配置硬體，並根據他們的需求設計軟體；我還可以為他們示範如何在工作中有效率地使用電腦。最後，我還幫客戶計算出使用電腦所節約的成本，遠多於他們付給我的費用。所以，每個客戶對我所提供的服務都很滿意。你知道我的第一個客戶是誰嗎？」

年輕人搖搖頭。

「就是那家資遣我的公司。我知道他們正受到經濟不景氣的影響，於是想到可以為他們設計特殊的軟體，幫他們節省百分之二十五的人事費用。六個月之內，我幫他們配置了新電腦，並設計新的軟體供他們使用，為他們省下了百分之三十五的費用。他們不但非常滿意我的服務，還每年定額付費聘請我擔任他們的顧問。

「第一年，我簽了二十五張合約書，賺的錢比以前的薪水多出五倍。接下來的一年裡，我的生意愈做愈大，得多雇用一個人才能忙過來。三年之後，我累積了一千多萬的財富！所以，中國老人跟我說的話是對的——每個困境都含有一顆更有價值的種子。如果沒有被資遣，我就不會去學習新的電腦技術，也不會獲得今天的成功。」

「這些都得益於專業知識？」年輕人接著說。

「專業知識並不能保證一定成功，」布朗太太說，「記住！財富的祕密有十個，都同樣重要，但要累積源源不絕的財富，不能不掌握一些專業知識，譬如稅務、投資和理財知識，以及相關業務知識。當然，還要瞭解客戶的需求。」

「能不能告訴我，」年輕人在離開之前問道：「那位中國老人到底在哪家公司服務？」

「為什麼這麼問？你想聯絡他？」

「對！」

「我已經試過了。遇到他的三個月後，我就打電話到那家維修公司去找他。」

「結果呢？」

「說來也奇怪，」布朗太太說，「那家公司說他們沒有雇用中國老人當維修員。」

當天回到家，年輕人又看了一次今天的筆記：

知識的力量

◎要累積源源不絕的財富，就不能不掌握一些專業知識，譬如稅務、投資和理財，以及相關業務知識，當然，還要瞭解客戶的需求。

◎知識只是潛在的能量，只有明智而有計畫地實踐後，它才會變成力量。

◎你不一定非得知道所有答案，但至少要知道去哪裡尋找答案，以及如何找到答案。

祕密6 堅持的力量

一星期過後，年輕人在週末與名單上的第六個人見面——名演員史特勞特．艾吉。艾吉先生在外地工作，但都會飛回來度週末。當他聽到年輕人的電話留言之後，毫不猶豫地答應年輕人，週末上午在一家咖啡廳見面。

能夠和這位名演員見面，年輕人十分興奮，也有些緊張。見了面之後，年輕人發現艾吉先生其實非常平和謙遜，並且熱情地迎接他，彷彿老友相見。

雖然年近四十，但艾吉看起來很年輕；戴著一副金邊眼鏡的他，有著一頭黑褐色的頭髮和一雙晶瑩明亮的眼睛；米色高領毛衣搭配藍色牛仔褲，外罩一件皮夾克，閒適卻不失帥氣。

「這麼說，你是兩星期前遇見中國老人的？」艾吉問道。

「是的。」年輕人把自己和中國老人相遇的經過簡單描述了一遍。

「我是在十二年前遇到他的，就在這家咖啡廳裡。」艾吉先生說，「那次相遇改變了我的事業和人生。」

「發生了什麼事呢？」年輕人問。

「嗯……那時，我的事業陷入低潮，我沒有什麼工作，所以經常來這家咖啡廳閒坐。有一天，我坐在吧台等一個靠窗的位子。後來那位中國老人走了進來，就坐在我旁邊。那是一個安靜的下午。他跟我打招呼，我們就很快交談起來。

「我向他抱怨說，我是個一直在等待機會的演員。表演這一行的問題就在於，等待機會的人太多，工作機會卻很少。百分之九十的演員經常失業，必須在表演工作之外，再找另一份工作餬口。

「老人卻對我說：『你不能坐在這裡等待機會，你必須走出去，創造機會。』

「我馬上辯解說，我不是沒有努力，事實上，我已經參加過好幾場試鏡，可是沒有導演要我，頂多也只是當臨時演員。老人喝了一口飲料，抬起頭說：『那你得像個石頭切割工人。』我問他那是什麼意思，他解釋道：『石頭切割工作必須一點一點地進行，不可能一斧頭就能砍出裂縫來。可是，只要堅持做下去，總有一天可以把石頭切割成你想要的樣子。切割石頭的功夫來自累積，如果要成功，就得堅持下去。』

「我問他：『你的意思是說，我得繼續嘗試，直到找到機會為止？』他點點頭說：『那當然！成功者和失敗者的差別，不在於有無天賦，而在於是否堅持！成功的人就是在別人放棄或失敗的時候，才開始成功。』

「接著，他提到幾個電影明星，像席維斯．史特龍、克林．伊斯威特、史恩．康納萊——他們都是在早期出道時，被拒絕了無數次的人。有人批評史特龍連話都說不清楚，所以連一個經紀人都找不到，最後只好自己寫劇本，並打算擔綱劇中的主角。他把劇本送到許多家製作公司，卻一一被回絕。但是，他並不就此放棄，而是堅持到底。終於有一家公司願意把他的劇本拍成電影，可是附帶一個條件——主角必須由別人來演。

「儘管當時史特龍已經陷入經濟困境，但他還是堅持自己的原則。最後，製作公司終於答應讓他擔任《洛基》的主角。後來，這部電影打敗眾多強勁對手，榮獲奧斯卡最佳影片獎。所以說，席維斯．史特龍的成功並非由於他天賦異稟，而是因為他的堅持。

「中國老人說的故事的確很有激勵作用，我從來沒想過堅持有這麼重要。即使是那麼有名的明星，原來也難逃被拒絕的命運。後來我發現，許多名人不但也都曾被拒絕過，有些人被拒絕的次數還真不少，說不定比我還多。接著，中國老人告訴了我關於財富的祕密。」

「你當時是怎麼想的？」年輕人問道。

「我一開始很懷疑。」艾吉先生說，「不過我當時閒著也是閒著，所以就決定去瞭解一下，看看是不是真的有所助益。那真是個關鍵時刻，我的生命從此改觀了。我說的可是個大改變喔！我本是一個身無分文的臨時演員，一年後，終於得到了第一個正式的角色，以及片酬二十五萬美元的演出合約。」

「天啊！」年輕人不禁大叫起來，「真是不可思議！你的改變未免太大了！」

艾吉先生點點頭說：「這就是那些祕密的力量。遇到中國老人的時候，我正處於事業的最低潮——我找不到經紀人，更別說工作了；我被三十個以上的經紀人拒絕，有些人甚至建議我改行，他們說我根本不具備演員的條件。但是，我遇到了中國老人，學到了財富的祕密。

「這些祕密對我的影響都很大，不過，其中有一個是我特別需要的，那就是『堅持的力量』。」

年輕人拿出記事本和筆，開始寫筆記。

艾吉先生說：「美國第三十任總統柯立芝曾經寫過這麼一段話：『世界上沒有任何東西能取代堅持。天賦不能，擁有天賦的人無法成功是最平常不過的事；天才也不能，默默無聞的天才司空見慣；光是教育也不能，這世界到處都是受過教育的庸才。只有堅持和決心才是萬能的！』」

艾吉接著解釋道：「不管是努力致富，還是成為某一行的頂尖人才，成功者和失敗者最重要的差別就在於，成功的人永遠堅持到最後，永不放棄；不管面對多大的障礙或挫折，他們都不會放棄。成功者知道自己需要什麼，並堅持到達成目標為止。

「歷史上許多成功人士都承認，他們之所以成功，是因為堅持到底。想像一下，如果你要發明一種新產品，你願意經受多少次失敗？一百次？兩百次？一千次？還是五千次？」

年輕人聳聳肩。

「因為，」艾吉先生繼續說，「偉大的發明家愛迪生在成功發明世界上第一個電燈泡之前，曾歷經上萬次的實驗失敗。如果他沒有堅持到底，我們今天恐怕連電燈泡為何物都不知道。

「或者，如果你是一個搖滾樂團的成員，你願意承受多少次被唱片公司拒絕的經歷？五次？十次？還是二十次？」

年輕人笑著說：「我想我可以忍受被拒絕二十次吧。」

「有一個樂團不是這樣，如果他們跟你一樣，就不會成為當時最成功的樂團了。『披頭四』在錄製第一張專輯之前，被五十家以上的唱片公司拒絕過。

「我再講最後一個例子：想像有一個年輕人，一直夢想成為偉大的政治家。他的事業成功不久，就在三十二歲那年，卻宣告破產；三十五歲時，青梅竹馬的夫人死亡，一年之後，他精神崩潰；接下來的幾年內，又屢屢在總統競選中落敗。你認為他應該在什麼時候放棄？」

「我不知道，不過，這個人聽起來不太可能成為一個偉大的政治家。」年輕人說。

艾吉先生微笑著說：「這個人就是亞伯拉罕·林肯先生。」

年輕人連忙低頭記下重點，並說：「我從來不知道，如此成功的人也曾經這樣落魄過。」

「當然囉！其實，成功的人之所以會成功，都是因為他們曾經失敗過許多次。」

年輕人笑著記下，然後抬頭問道：「我不太明白，你是說，只要不斷嘗試，就一定會成功？」

「是的！絕大多數時候是的。」艾吉先生回答，「失敗提供了我們學習的機會。愛迪生在發明電燈泡時，並不是重複一萬次相同的實驗，他會總結每一次的失敗經驗，然後做一些適當的改變。堅持是我們與生俱來的本質，你看過一個學走路的小孩，會因為一直跌倒而放棄學步嗎？」

「那我們後來怎麼會失去這種本質呢？」年輕人不解地問。

「有時是因為我們害怕失敗和被拒絕，有時則是因為我們自信不足。但我們真正忘記了的是，失敗和拒絕是成功之前最重要的磨練。你甚至可以說，經歷愈多失敗和拒絕，你就愈可能成功。」

「我不懂。」年輕人說，「這怎麼可能呢？」

「因為失敗是通往成功的階梯；我們從失敗中學習，就等於一步步接近了目標。喬治・蕭伯納說過：『我在年輕的時候，每做十件事，其中就有九件都是錯的。我不想做失敗者，所以，我總是花十倍的精力去做一件事。』

「不論任何行業，你都可以找到真正成功的人，然後你會發現，他們成功之前，都吃盡了失敗和拒絕的苦頭。我第一次發現堅持的重要性時，正對自己的演員之夢感到絕望，更別說成為一位名演員了。可是我瞭解到，如果想成功，就必須繼續堅持。因此，我相信自己，以及自己的能力。我已經有了特定的目標，接著就寫出行動計畫，然後不停地試鏡，直到九個月之後，我得到一個機會。」

「可是，如果你一直失敗，始終得不到結果，要堅持下去一定不容易，不是嗎？」年輕人說。

「沒人說容易啊！否則不就人人都能做到了？」艾吉先生說，「可是，成功者和失敗者的不同之處就在於，成功者認為真正的失敗並不存在，自己只是從經驗中學習罷了。」

「這是什麼意思呢？」年輕人問。

「很簡單，如果沒有得到期望中的結果，你就要從經驗中學習，然後再試一次。事實上，成功的不二法門就是：願意犯錯誤，願意學習，並願意繼續嘗試。美國前任總統羅斯福曾說過：『去做勇敢的嘗試，去贏取光榮的勝利，即使其間可能失敗，也比那些不敢嘗試，從不知失敗為何物，更不曾成功過的人來得優秀。』

「為什麼成功的人那麼少？其中一個原因就是，很多人不願意經歷失敗。不過，有一個方法可以讓你在經歷失敗時更容易堅持下去。」

「該怎麼做？」年輕人迫不急待地問。

「分析每一次嘗試。我的意思是，人們在失敗的時候，往往只關心自己做錯了什麼，但這會使自己感到沮喪，並因此失去信心，沒有勇氣再做嘗試。成功者會把焦點放在自己做對了什麼，所以，如果沒有得到預期的結果，他們就會問自己：『到目前為止，我至少做對了……』」

「我不太明白你的意思。」

「好，以電腦銷售員為例，他打電話給一個客戶，先自我介紹，然後問客戶要不要買一台電腦？客戶說不買，然後對話就結束了。這位電腦銷售員做對了什麼？他至少打了電話，知道了那位客戶不需要電腦。

「接著，這位電腦銷售員再試一次，打電話給另一位客戶。這次，他換了另外一種問法。他會問客戶，是否有興趣瞭解可以在辦公室裡使用的一些最新電腦技術。這一次客戶說有興趣，可是沒時間研究。這次，這位電腦銷售員做對了什麼？他問了不同的問題，而且知道客戶有興趣，但是沒時間。

「接著，再試一次，打給了第三位客戶，問道：『有沒有興趣給我五分鐘時間？我將為你講解如何節省百分之五十的辦公室開銷。』這位客戶很忙，可是很有興趣知道如何節省開銷，而且下班之前花個五分鐘應該不會有什麼損失，所以就答應了。電腦銷售員成功爭取到一段時間，得以介紹他的產品。

「不論做什麼事，我們都可以問自己這樣的問題，增強堅持的信念。」

年輕人迅速記下一些重點，艾吉先生繼續說：「我曾經認為，我們的生命早已天生注定。但現在，我卻堅信，我們都擁有創造自己命運的力量。

「我這一生學過最具鼓舞作用的道理就是：我們永遠比發生在自己身上的事件更有力量。不論遇到什麼事，我們只要堅守石頭切割工人的精神，一斧一斧不斷敲下去，就一定能夠成功。」

艾吉先生伸手從口袋裡拿出一張紙條，「我每天都帶著這張紙，提醒自己繼續堅持。」說完，他把紙條遞給了年輕人。

年輕人打開紙條，上面寫了一首詩：

別放棄！
當你做錯了事情，
當你總是在走艱苦的上坡路，
當你的存款很少，可是債務很多，
當你想要微笑，可是必須歎息，
當你的期望總是無法達成，
如果需要，休息一下——可是絕不能放棄！
我們都應該明白，
失敗者都應該明白，
人生充滿了變數與意外，
當你眼看就要勝利，卻跌倒在地，
別放棄！雖然走得慢，但你終會到達。
成功是失敗的另一面，

你永遠不知道自己有多接近，
可能很近，可是看起來很遠，
所以當你尚未到達，情況愈來愈糟，
如果需要，休息一下——可是絕不能放棄！

這天晚上，年輕人花了很長時間思索自己的人生。回想過去這些年，他發現自己一點也不堅持，每當困難出現，或有了一點阻礙，他就馬上放棄，轉而尋找別的辦法。跟艾吉先生談過之後，他突然明白，如果要成功，就得改變此一弱點，學習石頭切割工人的精神。不管前路有什麼障礙，都要堅持下去，不斷地堅持，直到成功為止。

年輕人拿出筆記本，重新看了一遍今天所做的筆記：

堅持的力量

◎成功不是一次努力的結果，而是許多努力的累積。
◎成功者和失敗者的差別不在於有無天賦，而在於是否堅持。
◎當行動沒有達到預期結果時，就問自己：「到目前為止，我做對了什麼？」這樣才有再試一次的勇氣。
◎如果能學習石頭切割工人的精神，堅持，再堅持，不斷堅持做下去，並且從每一次失敗的經驗中學習，最後必定能獲得成功。

祕密7 預算的力量

年輕人名單上的第七個人，是位叫做茱蒂．歐門的女士。年輕人在第二天早上打電話過去，確定那天下午的約會。

歐門女士是位身體健壯的黑人女士，個子高䠷，只比年輕人矮一點，大約四十出頭，有著暗褐色的眼睛和深棕色長鬈髮，配上亮紅色長毛衣和黑色緊身褲，看起來挺有魅力。

歐門女士的辦公室就設在她位於市郊的居家後側，是個光線明亮且視野寬闊的房間，角落擺了一張大橡木桌，搭配一張高背橡木椅；桌上有一部電腦、兩支電話和一排檔案；桌子左側是一扇法式窗戶，窗外是一片花園和遠方一排石塊砌成的弧形房舍。花園草坪上種著幾棵楊柳樹，最特別的，是花園盡頭有一條蜿蜒流過的潺潺小溪。

「這景觀真是太美了！」年輕人讚歎說道，「工作時可以看到這麼棒的風景真好。」

歐門女士笑著說：「謝謝！的確很棒。我一直夢想能夠在家工作，而且能夠一邊欣賞美景。當然，在家工作的最大好處，就是我可以有多一點時間陪伴家人，而不需要耗費大量時間在擁擠的交通上。我知道很多人每天要花三個小時往返於公司和家裡。你能想像嗎？這太可怕了！這樣等於每個星期要花十五個小時的時間上下班，相當於兩個工作天呢！時間，是世上最珍貴的財富，甚至比金錢還重要，因為時間一旦失去，就永遠不會再回來。」

歐門女士示意年輕人在一張扶手椅上坐下，自己則在對面坐下。她緊接著說道：「所以，你今天來是想瞭解財富的祕密？」

年輕人點點頭說：「是的！你第一次聽到關於財富的祕密是在什麼時候？」

「嗯……我想想，我第一次聽到是在十年前，那時我的境況跟現在截然不同：當時我剛剛跟第一任丈夫離婚，承擔了一堆債務，卡債好幾萬英磅，又因為房屋貸款尚未還清，銀行也訴諸法律要查封我的房子。於是法院限我一個月內償清所有積欠的款項，否則我將失去所有的財產。」

「天啊！」年輕人叫道，「那你是怎麼熬過來的？」

「那天的情景我記憶猶新，」歐門女士說，「我坐在法院門口的椅子上哭，思緒混亂，六神無主，因為我覺得眼前毫無希望。後來，我感覺有一雙溫暖的手搭在我肩上，一抬頭，看見了一位矮小的中國老人。他穿著一身剪裁合宜的西裝，就坐在我旁邊，我想他應該是法院的工作人員。他問我需不需要幫忙？我只是謝謝他，並坦言他幫不了我的忙。他跟我說了很多，可是我幾乎都不記得了，除了那句話——他向我提到一個解決問題的黃金定律：『當你認為自己已經竭盡全力時，記住，其實你還是有辦法的！』」

年輕人記得那老人也曾這樣告訴過他，於是微笑了。

「中國老人提到了『財富的祕密』。當然，我以前從不曾聽說過，可是我對老人的說法有一點好奇。而這也是我第一次聽到有人說，我們可以掌握自己的命運。從前，人們總是告訴我，人生有甘有苦，成敗其實都早已命定。可是這位老人告訴我的，卻完全相反；他說，我們不但可以掌握自己的人生，而且還擁有創造財富的力量。

「最後，老人在離開之前給了我一張小紙條，他說這可以幫我解決問題。看到紙條時，我完全糊塗了，因為上面只寫了一排人名和電話號碼。」

「我知道這種感覺。」年輕人笑著說。

「老實說，我當時並不抱太大希望。」歐門女士說，「不過，我還是聯繫了紙條上的所有人。雖然我並不確定那些財富的祕密是否有用，但是，他們都擁有不同的成功經驗。我試著依照學來的道理去實踐，漸漸地，我的人生開始改變。」

年輕人打開筆記本，開始記錄。寫完之後，他抬頭問歐門女士：「你的人生到底有什麼改變？」

「首先，我比較快樂了，因為我開始感到自己有更多能力去掌控人生。然後，出乎我自己意料之外，三年之內，我不但還清了所有債務，還有了一點點積蓄，足以開創自己的小事業。」

「你認為哪一個祕密是你改變的關鍵？」年輕人問道。

「所有祕密都很重要，」歐門女士回答，「但現在回想起來，的確有一個祕密對我影響特別大，那就是『預算的力量』。」

「預算怎麼能夠幫你創造財富呢？」年輕人懷疑地問。

「第一，你要記得，財富並不是指你能賺多少錢，而是賺的錢能夠讓你過得多好。」歐門女士解釋道。

「這有什麼差別？」年輕人說，「賺得愈多，就能負擔愈多的消費，生活當然也就愈好了，這是肯定的嘛！」

「這倒不盡然。」歐門女士認真地說，「通常你會發現，賺得愈多就花得愈多，犧牲也愈多。舉例來說，你的薪資愈高，可能工作的時間就愈長，相對地，陪伴家人的時間也就愈少。如果你賺了許多錢，一個星期卻抽不出幾個小時來陪伴孩子，你認為這樣算是富有嗎？」

年輕人抹抹額頭說：「我懂你的意思了。」

「財富指的是生活品質好壞，而非賺錢多寡，」歐門女士解釋道，「要體驗富有的感覺，並不需要有上億錢財，只要去過你真正想過的生活就可以！」

歐門女士繼續說：「因此，如果你想要擁有財富，首先要學會如何依自己的意思去生活，也就是如何控制預算。賺五百塊，花四百塊，會帶給你滿足感；如果賺五百塊，卻花了六百塊，那生活就悲慘了。我的意思是，當開銷大於收入時，你就會有麻煩。」

「我明白你的意思。」年輕人說，「開銷低於收入的生活，可以避免負債。可是，這並不能幫你增加收入啊！對吧？」

「當然可以！」歐門女士說，「控制預算是創造更多收入的必要途徑。」

「是嗎？」年輕人問道，「怎麼說呢？」

「要累積財富，並維持財富的量，就需要持續地累積收入。這點你同意嗎？」

年輕人點點頭。歐門女士繼續說：「不論你有多少財產，如果你沒有持續的收入，這些財產就可能愈來愈少。而創造持續性收入的唯一方法，不是賺更多的錢，不然就是讓一部分的錢替你賺錢。」

「你是說存錢或投資？」年輕人問。

「是的。如果你定期存錢，或者做明智的投資，你的錢就可能幫你賺進利息。」

「可是，得先有足夠的錢可以存起來或投資啊！」年輕人辯解道，「就拿我來說吧，我的錢付賬單都不夠，就別說存錢或者投資了。」

「相信我，你一定可以做得到。」歐門女士肯定地說，「不過，你當然得有個承諾才行。你必須告訴自己：『我的一部分收入是我的。』」

「別開玩笑了，我的所有收入都是我的。」年輕人說。

「你只是光說，卻很少這麼做，所以你現在的收入都不是真的屬於你，而是用來支付賬單。」

「嗯……話是這麼說，可是……」年輕人支吾道。

「很多人，我也曾是其中之一，總覺得自己一生都被債務追著跑，辛苦工作只是為了負擔一堆永遠還不完的賬單和貸款。然而，這是因為自己不把收入留給自己。你如果想創造財富，就必須留一部分收入給自己，用這部分錢去投資或存起來，從而賺取真正的收入。」

「可是我不認為自己可以存下多少錢。」年輕人堅持。

「那是因為你沒有理智地控制預算。」歐門女士解釋道，「我確信，你一定沒有努力地想要存錢或投資。」

「可能吧！因為這說起來容易，做起來難啊。」

「嗯，我所能告訴你的，就是曾經對我有效的方法。無論如何，從省下百分之十的收入開始做起。不管賺多少錢，你都要把開銷控制在百分之九十之內。相信我，這比你想像中的容易。你得訓練自己這樣做，並成為習慣。這意謂著，短期內你可能必須放棄生活中比較奢侈的一些消費習慣，但是長期來說，這樣做是值得的。

「假設你選擇定存，每個星期至少存兩百塊，這樣一年就能存一萬塊，而且有百分之八的利息。二十五年之後，你不但能存下二十五萬，累計的利息還會讓你的總存款達到七十八萬九千五百塊！」

「真的嗎？」年輕人驚叫，「這怎麼可能呢？」

「利上加利啊！」歐門女士解釋說，「第一年，你的利息是一萬塊的百分之八；可是第二年，你的利息就變成兩萬零八百塊的百分之八了。這表示，你每年的利息都會累加到本金之中，這種利上加利的方式可以使你的存款累積得比較快。」

「那通貨膨脹呢？」年輕人問道，「如果通貨膨脹率已經超過百分之八，你的利息還是百分之八，那錢豈不愈存愈少？」

「完全正確！」歐門女士回答，「雖然現實中利率通常比通貨膨脹率高，但是，如果你每年都存同樣數目的錢，考慮到通貨膨脹的因素，你的存款的確會愈來愈不值錢。所以，你應該用收入的百分比來計算存款的數目。因為你的收入應該會隨著通貨膨脹而逐年增加，至於存款數目也應該逐年增加才行。不過，我舉這個例子的用意，是為了讓你瞭解控制預算和定期存款、投資的重要性。

「當然，還要注意一點，就是當你在存錢或投資時，必須瞭解與之相關的一些基本知識，或者去諮詢瞭解這方面專業知識的人，譬如會計師或財務顧問。你必須確保所選擇的投資方式或存款方式是最適合你自己的，這會根據你的收入、婚姻狀態、稅務狀況，以及你是否擁有不同的投資經驗……等因素，而有一些彈性變動。

「不過，重點還是控制預算，永遠記得從收入中留一部分錢用於投資理財，這樣你才可能用現有的錢去創造未來的財富。並且，愈早開始做預算愈好，十年的延遲可能造成天壤之別。所以，年輕時就開始存錢是非常重要的。

「當然，可是一個人從二十歲開始存錢，跟三十歲開始存錢，差別應該不大吧？」年輕人說。

「嗯，你仔細想想，」歐門女士說，「如果某人從二十九歲開始每年存一千元，一直存到六十五歲；而另一個人從十九歲開始存錢，也是每年一千元，但是他只存到二十九歲就不再追加。假設他們使用同一種定存方式，年利率都是百分之八。到了六十五歲時，哪一個人戶口裡的錢會比較多？」

「當然是二十九歲開始存錢的那個囉！雖然他起步比較晚，但他持續存了三十六年，而另一個人只存了十年。第一個人的總存款額幾乎是另一個的四倍，他擁有的存款當然比較多。」

歐門女士笑了笑說：「讓我告訴你，事實上在六十五歲的時候，第一個總共存了三萬六千塊，而他的本利總和將會是二十萬兩千塊。但是另一個從十九歲開始存錢的人，他總共存了一萬塊，雖然只存了十年就不再追加存款，可是當他六十五歲的時候，本利總和將會累積到二十四萬九千九百塊！」

「是嗎？」年輕人大叫，「差十年會有這麼大的差別？」

「數字是不會說謊的。不是嗎？」歐門女士說。

年輕人屏住呼吸，立刻意識到自己最好趕快開始存錢，但還是不知道如何才能把錢存下來。

「我承認控制預算和定期存款很重要，理論上聽來不難，可是實踐方面呢？你是怎麼做到的？」

「我第一次聽說預算的重要性時，也是抱著存疑的態度，尤其當時我還有好幾個債主。不過我知道，如果要繼續過日子，就得這麼做，我必須嘗試一方面留下百分之十的收入，以供將來投資所需，另一方面還要清還債務。」

「你怎麼能夠同時還債又存錢呢？」年輕人不解地問。

「我去拜訪每一位債權人，向他們解釋我的財務困難，並承諾按月分期償還債務。他們知道我不可能一次還清，靠分期還款，他們至少還能拿回那些錢，所以同意我用這種方式還債。

「接下來我開始做預算。我把收入的百分之七十當生活費，百分之二十用於還債，百分之十留給自己進行投資。這樣一來，既還了錢，又可以開始存一點錢，我覺得很快樂，很滿足。當然，這一點也不容易！我得減少一些奢侈的花費，譬如帶自己做的三明治到公司當午餐、購買價格便宜的商品、晚上很少出去玩樂、只挑打折的時候買衣服。

「但是，控制預算之後，我工作得更起勁了。幾年之後，我不但還清了所有債務，還累積了一點資本，剛好足夠我在家裡開創自己的小小事業。其實，就是控制預算刺激我去創業的。」

「怎麼說呢？」年輕人問。

「嗯，你可以想像我當時的生活預算實在很緊，所以經常去拍賣會上買非常便宜的用品。有一天，當我把一件從拍賣會上買回來的便宜貨展示給朋友看時，朋友問我，怎樣才能知道拍賣會在哪裡舉行？突然，我腦子裡閃過一個念頭——可能有很多人都對拍賣會感興趣，卻很少人像我這樣，對於拍賣會在何時何地舉行瞭若指掌。

「於是，我開始整理拍賣快訊，每月一期，列出各地的拍賣會細節。我付錢在地方報紙上刊登廣告，如果有人要訂閱，只需花一點訂閱費，就可以定期收到我的拍賣會快訊。結果，反應相當熱烈！

「之後我覺得，這份快訊可以推廣到全國各地，於是又在全國性報紙上刊登廣告，很快地，全國各地的訂閱單紛至沓來。」

「真是太棒了！」年輕人高興地說。

「是啊！的確是！這些都要感謝我的預算策略。如果不控制預算，我就不可能有資金創業；如果不曾經歷過財務上的困境，我的事業也不會成功。你知道嗎，超過八成的創業者都會在創業一年內失敗，就是因為投資過快，又沒有做好預算。」

年輕人顯然沒有聽過這個說法，他聳聳肩。

「可是，更重要的是，」歐門女士繼續說，「控制預算除了讓我成功開創了自己的事業之外，更幫助我為自己的未來創造了財富。」

「你真的認為控制預算這麼重要？」

「絕對是的！」歐門女士回答，「我並不是說你應該像清教徒一樣過日子，完全排除生活中的享樂。可是，如果財富對你來說非常重要，那就得有所犧牲。我的意思是，你只能把錢花在那些真正需要花錢的事情上，千萬別累積出你無法償還的債務。

「我認識一個從事室內裝潢工作的人，收入很少，跟太太及四個孩子住在一間租來的簡陋公寓裡。後來他借了十萬元創業基金，結果，他竟然用這些錢帶老婆孩子出國去迪士尼樂園玩了六個星期。回來之後，他連幫孩子買新鞋的錢都沒有了。他們全家從此沒有一天好日子，而他為了彌補這個財務破洞，幾乎把自己葬送在無窮無盡的工作上。

「你看看，他就是因為不會控制預算，而付出了巨大的代價。很多人都誤以為自己的人生受制於宿命、運氣或機緣，事實卻是，如果我們所處的狀況不如預期，那麼該被責備的，只有自己，而不是其他任何人。

「這是我所學到最重要的一個課題。很多人以為自己的命運早已注定，無力改變。其實錯了！命運是自己寫成的，是由你每一天的生活累積而成的。人們經常把自己的問題怪罪於經濟、政府、父母，甚至天氣，卻不知道唯一該對自己負責的，只能是你自己，也只有你自己才有力量去改變。我們的思想和行為構成了人生的課題，而財富的祕密就是告訴我們，如何使人生的課題更有意義，同時讓你的夢想成真。」

歐門女士說話時，年輕人一直認真地做筆記，隨後抬起頭說：「你的意思是說，控制預算不會在一夜之間就創造出財富，但是會幫助你在未來形成源源不絕的財富，是嗎？」

「完全正確！」歐門女士說，「而且每個人都可以做到。首先，控制預算會讓你免於陷入不必要的債務；第二，控制預算能夠讓你的金錢為你工作。」

「可是你得等待一段時間才能得到回報，」年輕人說，「我承認控制預算和定期存款，對人生的晚年有助益。可是，控制預算如何幫助你在當下創造財富？或在短期可見的未來創造出財富呢？」

「你如果要財富源源不斷，就得去建構它。控制預算不可能讓你一夕或一年之內致富，但是它所建構的是你未來的財富，確保你能夠更好地照顧家人、遠離債務，甚至到最後，你可能成為那不到十分之一，能夠在晚年實現經濟獨立的人之一。只要每個星期存下百分之十的收入，你絕對可以累積出足夠創造更多財富的資產。

「不過，你一定要注意短期投資的方式。」歐門女士警告說，「高風險性的投資是很危險的，寧願小心一點，切勿釀成大恨！在一生之中，你很可能會數次遭遇必須冒險的時機，但是，切記謹慎衡量風險，不要盲目投機。」

年輕人抬起頭來說：「不過，當你累積到巨額財富的時候，控制預算就不再那麼重要了吧？」

「錯了！你會發現，若沒有控制預算的觀念，花錢就會如流水啊！」歐門女士繼續解釋道，「會花更多的錢去買更大的房子、更好的汽車、更貴的衣服、去更奢侈的餐廳、安排更多的假期——除非意識到必須控制自己的預算。當然也有特例，有些人毋須擔心花費多寡，不過大部分人都不屬於這種人，甚至很多千萬富翁也一樣。

「其實，為什麼很多中了大獎或彩券的人，最後仍落得一文不名？就是因為沒有控制預算的觀念。這些人只會花錢，卻不知道有計畫地花錢。記住！財富是創造持續性收入的手段。如果沒有創造出持續性的收入，金錢很快就會消耗殆盡，就像沒有活水流入的湖泊。所以，沒有了控制預算的力量，你就無法創造，也無法保有源源不絕的財富。」

年輕人回到家，趕緊把這天的談話紀錄拿出來復習：

預算的力量

◎財富並非指你能賺多少錢，而是賺的錢能夠讓你過多好的生活。

◎控制預算能幫助你生活得更快樂滿足，還能幫助你創造更多的收入。

◎任何人想要永保財富，就必須創造出持續性收入。

◎你只有一部分收入屬於自己。留下收入的百分之十做為投資之用，才能為未來創造財富。

◎讓你的金錢為你工作，不要讓自己總是為金錢工作。

祕密8

誠實的力量

在這座城市裡，很少人沒聽說過誠實的亨利。這是一家專門銷售優質家具的平價連鎖店，這家店的特色在於：如果你要買值得依賴的產品，但是不考慮品牌，那麼，誠實的亨利將是最好的選擇。這家店童叟無欺，你不會受騙；所有產品都設計簡潔，而且價格便宜，而且，如果不滿意，保證可以無條件退回。這家連鎖店的創辦人，同時也是老闆，叫做亨利．布魯克，是年輕人名單上的第八個人。

當年輕人步入布魯克先生的辦公室時，他馬上從椅子上站起來，熱情地迎向年輕人。布魯克先生身材矮小、臉蛋圓圓胖胖；五十四歲的他戴著一副黑色細邊眼鏡，使得那圓圓的臉上那一雙眼睛更顯得小巧晶亮。

年輕人向布魯克先生簡潔地敘述了自己和中國老人相遇的經過。

「太棒了！」布魯克先生聲如洪鐘地說道，「這麼說，你想成為富有的人囉？」

「是的！」年輕人承認。

「到目前為止，你對財富的祕密感覺如何？」

「非常有意思！」年輕人回答，並反問道：「那你覺得呢？」

「我得從三十年前談起，」布魯克先生說，「那時我才二十幾歲，一天到晚只想賺錢，賺很多

錢。我不在乎如何賺到錢，因為我的夢想是要在四十歲生日那天成為億萬富翁。而這就是我的最大問題所在。」

「為什麼？」年輕人不解地問，「我以為明確的目標是創造財富的基本條件呢！」

「的確是啊！」布魯克先生回答，「可是，我並不是說我的目標是成為億萬富翁——如果是這樣就好了。我的問題是，我不在乎怎樣達到目標。我太過渴望成為有錢人，卻忽略了一個很重要的祕密，那就是——誠實的力量。

「《聖經》中問到，如果一個人得到了全世界，卻失去了靈魂，那會怎麼樣呢？我保證還沒有人曾給出比較真實的答案。世上沒有任何人會比失去誠實、廉潔和自尊的人更窮了。如果不廉潔、不誠實，不管有多少錢，你都不會感到富有，而你所有的積蓄也將是短暫擁有。用不誠實和欺騙手段獲得的財富，就等於用沙子搭蓋而成的房子，很快就會消失。

「我的第一份工作是在一家賣窗戶的公司任職。我們的推銷方式是，去敲人家的門，提出幫他們免費檢查窗戶。很自然地，我們一定會推銷自己的產品。我們以便宜一半的價錢幫他們安裝新窗戶，條件是，我們要利用他們的房子進行業務宣傳。通常換窗戶連同安裝費總共需要二十萬元，我們會說，現在只要花十萬元就可以，但要讓我們在安裝窗戶前後各拍一些照片。」

「這生意很好做，」布魯克先生說，「我發現自己很有天分，人們一經推銷，很容易就會同意在合約上簽字。我每簽成一份合約就可以拿到百分之二十的佣金，你可以想像，我簡直賺翻了，我差不多一個星期就可以賺八萬多元。

「可是，有一天出現了變化。我敲了一座宅子的大門，開門的是位中國老人。我依照慣例向他推銷窗戶，但他問我說：『如果我買了新的窗戶，誰是受惠者？你還是我？』我回答：『最好是我們共同獲益。』然後他看著我說：『你真的認為我需要新窗戶嗎？以你的專業眼光來看，我原來的窗戶真的不適用？』

「這老人有點怪怪的，但我不知道哪裡怪，只是覺得他讓我不太舒服。我騙不了他，這也是我做這份工作以來第一次說實話。我起身要走時，老人從椅子上站起來，握著我的手，謝謝我的誠實。他說他可以感覺到我渴望過好日子，並問我想不想知道過好日子的更好方法。

「我當然很好奇，所以留下來聽他說。我以為他有什麼賺錢高招，沒想到他告訴我的竟然是財富的祕密。他給了我一份名單，說這些人可以為我解釋更多細節。於是我跟名單上的人一一聯絡，跟他們相約見面。就這樣，我聽到了更多關於財富的祕密。

「這些祕密使我的人生觀完全改變，我的生活也因此改變了。兩年之後，我的收入竟然比之前增長了四倍。」

「你是怎麼做到的？」年輕人問。

「我先是在一家市場裡擺攤，賣小型的家庭用品。兩年之內，我開設了自己的小店面。再過三年，我已經擁有三十家以上的連鎖店。又過了兩年，我的年收入已經高達千萬元以上。」

「你確定如此成功都是歸功於那些財富的祕密嗎？」年輕人問道。

「這是不容置疑的。」布魯克先生說，「但對我影響最大的祕密，恐怕是『誠實的力量』了。」

「誠實？」年輕人不解地問。

「是的！誠實正直是做生意的原則。」

「真的嗎？誠實使你成功？」年輕人問。

「沒錯！誠實是成功的基本要素，同時可以為你的人生創造財富。我告訴你原因。首先，一個人如果做生意不誠實，他很難對自己產生好感；如果你對自己沒有好感，那麼不管做什麼，你都很難堅持下去。

「其次，不管我們做了什麼，最後的結果都會回到自己身上。你一定聽說過『風水輪流轉』吧？」

「當然聽說過。」

「這是真的，而且是生命的基本法則。印度教稱此為『因果』，《聖經》裡叫做『審判』——你如何播種，就如何收穫。不管怎麼稱呼，這都是人類無法逃避的法則。我們的所作所為、所言所想，都會像迴力棒一樣，最後又回到自己身上。」

「你是說，如果你騙人，也可能被騙？」年輕人說。

「完全正確。當然不是說被你騙的那個人會反過來騙你，而是說你會得到相同的報應。」

年輕人想起自己也有過幾次不誠實的經歷。他首先想起的是，有一次他沒有生病，卻騙老闆說他生病了，藉機請假不去上班。他知道這種行為不對，可是，為什麼其他人都可以說這種謊，他就不行？

「如果別人都在做一些不誠實的事，你會怎麼辦呢？」年輕人問道。

「別人怎麼做是別人的事，」布魯克先生說，「欺騙和不誠實會成為壞習慣，直到被揭露為止。但是到了那一天，你所建構的所有東西都會像磚塊般全部倒塌下來。」

「可是，無商不奸，大部分有錢人幾乎都不是好傢伙，不是嗎？」年輕人忿忿地反問。

「不見得。這樣的說法，跟認為所有窮人都有罪一樣，是很荒謬的。事實上，愈貧窮才愈容易犯罪，高犯罪率的地方通常都是貧窮的地方。」

「為什麼會這樣呢？」年輕人問。

「因為貧窮和缺乏經常成為犯罪的藉口，只有誠實和無欺才能創造真正的財富。」

「可是在我的經驗裡，大多數生意人都會說謊、欺騙。」

「那你恐怕是挑錯了生意夥伴。」

「可是你怎麼判斷對錯呢？尤其當你的競爭者都不誠實的時候。」年輕人反問。

「最簡單的方法就是，在準備計畫或行動之前，先問自己一些問題。第一個問題是：『這合法嗎？』如果不合法，你可能會遇到麻煩。第二個問題是：『這道德嗎？』」

「這有什麼好擔心的呢？」年輕人說，「如果這是合法的，你就不會碰到任何麻煩了，不是嗎？」

「在員警面前，這種想法絕對沒錯。」布魯克先生答道，「但是記住，若要人不知，除非己莫為。如果你做了什麼不道德的事，最後一定會被揭發，到時候，大家都知道你的所作所為，你會有什麼感受？只要打開報紙，你就可以看到一樁道德行為會如何徹底毀掉一個人。」

年輕人點頭同意。

「第三個問題是：『這會使我感到自豪嗎？』如果答案是不，那就表示你做錯了。第四個問題是：『我樂意被家人知道我的所作所為嗎？』如果你的母親知道了，她會感到驕傲嗎？如果你的作為會讓家人感到羞愧，這表示你做了不對的事。

「最後一個問題是：『我會因為做了這樣的事情而尊敬自己嗎？』如果你做的某件事違背了自己的原則，你將會因此失去自尊。你很難跟一個自己不尊重的人生活在一起，尤其這個人是你自己的時候。

「說了這麼多，其實最根本的原則很簡單，如果不希望別人對你說什麼或做什麼，你就不應該對別人說或做同樣的事。這也就是『己所不欲，勿施於人』的道理。」

年輕人把所有的重點都寫在筆記本上，然後抬頭對布魯克先生說：「所以你的意思是，這些問題只要有一個答案是否定的，不管那件事能帶來多大益處，你都不能去做。是這樣吧？」

「沒錯！太多的人因為要賺錢和追求財富，而忽略了自己的原則，以及一些道德上的考量。事實上，這樣會對自己造成重大傷害。」

「謝謝你告訴我這些，」年輕人站起身來準備告辭，「你這番話值得我回去仔細思考。但我還有最後一個問題，那位中國老人還住在原來那個地方嗎？」

「我不確定他是不是曾經住在那裡。」布魯克先生說。

「這是什麼意思？你不是去過他家嗎？」

「對！不過幾個月之後，我又回去找那位中國老人，想要謝謝他，並告訴他，我的生活有了很大的改變。可是這次來應門的是一對更老的夫婦，他們說住在那裡超過二十年了，從來沒聽說過什麼中國老人。我還問了一些鄰居，也沒有人見過他。」

這天晚上，年輕人坐在床上閱讀當天的筆記：

誠實的力量

◎一個人得到全世界，卻失去了靈魂，那他還擁有什麼呢？

◎我們的所作所為、所言所想，就像回力棒，最後都會回到我們自己身上。

◎當你用欺瞞、不誠實的方法得到財富，這筆財富最終會像磚塊般倒塌下來，不會長久的！

◎考慮開始某項計畫或行動時，先問自己幾個問題：

1. 它合法嗎？
2. 它道德嗎？
3. 它會使我感到自豪嗎？
4. 我希望家人知道我的所作所為嗎？
5. 我會因為做了這件事而尊敬自己嗎？

祕密9 信心的力量

這一天，年輕人起得比平常早。他腦子裡仍有許多困惑，財富的祕密對他所拜訪過的那些人都有很大的幫助，可是對他是否也有幫助呢？他一直無法確定這一點。他對自己創業已經有一些想法，可是萬一失敗了呢？如果到最後淪落到比現在還慘呢？他反覆想了一整晚，醒來之後還是毫無頭緒。他從來就不善於抉擇，而錯誤的決定將影響他的下半輩子。他希望下一個見面的人能在這方面對他有些幫助。

除了頭有點兒禿之外，六十幾歲的賽門．路易士看起來還很有活力與朝氣。路易士說，他以定期運動和享受戶外活動來讓自己保有年輕的感覺；他衣著整潔，而且顯然頗講究——剪裁得宜的深灰色西裝配上紅色變形蟲圖案的領帶，以及同色系手帕——看上去就是個成功的企業家。

路易士先生是從市郊一家小保險公司起家的，如今，他的公司不但居於業界領先地位，而且到去年為止，公司的營業額甚至比對手高出十倍之多。然而，正如年輕人所猜測，路易士先生的成功之路並不平坦。事實上，他在六十歲生日之前，一直面臨嚴重的財務問題。五年前，他還住在貧民區的單房舊公寓裡，且因為負擔不起辦公室租金，只能租用公寓四樓一間空屋的廚房權充辦公室。如今坐在年輕人對面的他，卻已經是全國最大保險經紀公司的負責人。年輕人對於他如何在短期之內創造出自己的事業和財富，感到相當好奇。

「這一切都要從五年前談起，」路易士先生解釋說，「當時我正坐在充當辦公室的廚房裡，想著如何才能改善當時的窘境。那時候我已經快六十歲了，不但沒有存款，還有一堆債務，別人這時候可能都在考慮退休，舒舒服服地安享晚年了。

「我正讀著《時代》雜誌上的一篇文章，文中寫到，只有不到百分之八的男性和不到百分之二的女性，能夠在六十五歲之前實現經濟獨立，能夠被稱為富人的，更少於百分之一。這些數據實在令人沮喪。我的狀況看起來簡直毫無希望，我坐在那兒，把頭放在緊握著的雙手上，祈禱能發生什麼事，幫助我度過困境。

「突然，我聽到一個聲音說：『別擔心！事情總會好轉的。』我抬起頭，看見一位東方老人站在房裡對我微笑著。他問我為什麼在廚房中工作，我解釋說，日子實在太艱難了。他點點頭，對我說：『艱難的日子不會一直持續，但是只有堅強的人才能活下去！』

「我們開始聊了起來，他很快就向我提起了財富的祕密。我以前從不曾聽說過這回事，可是老人的話聽起來又頗有道理。他離開之前，遞給我一張寫了十個人名和電話號碼的紙條，然後告訴我說，如果想改變人生、創造財富，就應該去跟這些人聯繫。

「我當然沒有放棄這個機會。我聯繫了名單上的所有人，之後，奇蹟似乎真的發生了——我的人生開始改變。這簡直太不可思議、太不可置信了！這些都要感謝關於財富的祕密。」

「你得到哪一方面的幫助？」年輕人問。

「他們告訴我，我必須為自己目前的窘境負責，也只有我自己有能力去改變這一切。在這些祕密當中，有一個對我意義特別重大，尤其是在我開始對未來失去希望和信心的時候，那就是『信心的力量』。」

「信心？」年輕人問道，「信心和財富有什麼關係呢？」

「當然有關係。」路易士答道，「人生諸事都始於信心。除非有信心，否則無法達成夢想，無法開創事業，也無法創造未來。一旦讓懷疑佔領我們的內心，停止嘗試和放棄就會隨之而來。

「遇到中國老人的時候，我正試著想出改善事業的方法。我唯一想到的，是去參加國家財稅報紙上的一個廣告活動。問題是這樣做有點冒險，因為去參加的費用並不便宜，也不保證一定有效。可是，如果有效的話，回報就相當值得。」

「那你後來怎麼做？」年輕人問道。

「什麼也沒做。」路易士先生回答，「我只是不停地想：『萬一不行的話怎麼辦？』我會因此完全毀了，因為我要向銀行貸一筆錢來打廣告，所以萬一無效，我得花五年時間還債。再說，我有什麼理由認為會成功呢？我以前從來沒有成功過，如何確定我這一次會成功呢？

「後來，名單中的一個人告訴我說，在猶豫、懷疑的時候，你只要問自己一個問題：『你如果知道自己不能失敗，會怎麼做？』我想，如果確定不能失敗，我會去銀行貸款，前去參與廣告活動。接著，那個人說：『這就是你的答案。當你知道不能失敗，就會勇往直前。』那個人寫了一張紙條給我，裡面只有讓我留下很深刻印象的一句話，就是：『要勇敢，強大的力量將會助你一臂之力。』

「勇敢！我以前從不曾勇敢過，行動之前總是習慣性地被害怕和懷疑阻撓。事實上，我想這就是我的事業一直不成功的原因，我總是在必須行動的時候，因為疑慮和害怕而停住腳步。」

年輕人對路易士先生說的話深有體會，因為他知道自己在面對重要抉擇的時候，也總是猶疑不定，這是導致事業無法成功的一種特質。可是，他又能怎麼辦呢？

「你知道嗎？」路易士先生繼續說，「我這輩子總是聽人們說，嘗試過而失敗，總好過根本不曾嘗試。但是以我的經驗來看，我認為許多人真正相信的卻是，最好別去嘗試，嘗試的時候最好成功，沒有人希望嘗試失敗。

「許多人都害怕失敗，事實卻是，你失敗的原因就在於從不嘗試。倘若真的去試試看，你不會完全失敗，因為你至少可以從經驗中汲取教訓、學到東西。很多人因為害怕失敗而不敢冒險，以致錯過創造財富的機會。然而，人生就是一場歷險，不是嗎？我給你看樣東西。」路易士先生說著拿出一首詩，題為「冒險」：

笑，讓自己看起來像個傻子；
哭泣，讓自己顯得多愁善感；
向別人伸出雙手，會讓自己捲入不可知的漩渦；
表露感情，等於揭露自我；
當眾展現想法、夢想，就會被遺棄；
去愛，卻得冒一廂情願的險；
活著，也得冒死亡的險；
期待，有可能落空；
但，冒險是必要的，因為人生最大的危險就是從來不冒險。
一個不冒險的人，將一事無成、一無所有，
最後就什麼也不是了。
人們可以不要痛苦、折磨和悲傷，
但是，不能不學習、感覺、改變、成長、愛和生活。
戴著枷鎖的人是個沒有自由的奴隸，

只有冒險的人才能擁有真正的自由。

「如果要冒險，就必須有信心，是嗎？」年輕人說。

「是的！」路易士先生說道，「我並不是說你凡事都要抱著賭博的心態，盲目的冒險行為是非常愚蠢的，而且無法帶來持久的財富。我的意思是，你要為確定可行的目標去冒險，而這風險是經過衡量、評估的。為你的目標擬定可執行的行動計畫後，就不要再擔心失敗。

「要改變生活，就必須改變自己，就要相信自己具有改變的能力。所有的改變都帶有不確定因素，這是導致風險的原因，但是，除非有勇氣走出第一步，否則你永遠邁不出第二步。」

「可是，如何知道自己的決定正確呢？」年輕人問。

「如果有所懷疑，那跟著你的直覺和決心走吧——即使可能不太符合邏輯或有點荒謬。信心是引導走向夢想的道路，所以非常重要。一旦有了信心，你將會看見奇蹟發生。」

「那麼，該如何塑造信心呢？」年輕人問道，「我從來沒有宗教信仰，也不會禱告，我該怎麼做呢？」

「不需要有什麼特別的宗教信仰，你只需要開放的心胸，無論你要求什麼，上天就會眷顧你的。信心可以透過練習而獲得，也可以被創造。有人告訴我，需要加強信心的時候，只要記得『表現得和真的一樣』就行了。表現得好像你將會成功、表現得好像你有能力達成目標、表現得好像你會安然應對任何局面。當你準備做一件事情時，表現得好像不可能失敗，那就沒有什麼可以阻擋你，你就可以勇往直前邁向目標了。」

「表現得好像真的一樣……」年輕人一邊唸著，一邊寫在筆記本上。

「只有這樣，你才有機會嘗到成功的滋味，漸漸地，你的信心會愈來愈強。你也可以對自己不斷複誦，因為這會影響你的潛意識，從而增強你的信心。當你不斷重複某件事，它就會變成你潛意識的一部分。譬如，我經常反覆告訴自己：『上帝的財富將流進我體內，滿足我的每一個需要和欲望』、『沒有什麼能夠阻止或延遲財富進入我的生命』、『只要堅持，我就可以得到想要的』、『不管我要什麼，都可以在最佳時機和最佳地點得到它』。

「我會每天都對自己重複好幾遍，甚至寫在卡片上，然後放在皮夾裡隨身攜帶，這樣我就可以經常看到它，提醒我自己。老實說，我這輩子學過的最重要的一課就是，如果有信心，你就可以得到想要的任何東西！」

「謝謝你跟我分享這些，」年輕人起身準備告辭，「你真的幫我釐清了很多思路。」

「我很高興能幫你的忙，這……」路易士先生遞給年輕人一張小卡片，說道，「你可能會覺得有幫助。」

卡片上寫著：

「站到邊上。」他說，
他們說：「我們會怕。」
「站到邊上。」他說，
他們站到邊上，
他把他們推了下去……
他們飛了起來。

這天晚上，年輕人在睡覺前又拿出筆記本來復習：

信心的力量

◎猶豫、懷疑的時候，你只要問自己一個問題：「你如果知道自己不能失敗，會怎麼做？」而當你知道自己不能失敗時，就會去做必須做的事。
◎要勇敢，強大的力量會助你一臂之力。
◎記住：「表現得和真的一樣」，你就會成功。
◎相信直覺，跟著決心走。
◎用不斷的複誦來塑造信心（不管什麼事，只要不斷重複，它就會變成你潛意識的一部分）。

看完之後，年輕人起身走到窗邊，他知道自己應該做什麼了。他一定要勇敢，要有信心，要行動。

祕密10 寬厚的力量

年輕人對於這些財富的祕密感到興奮，他第一次感覺到自己擁有創造財富的能力。現在，他經常對自己複誦一些積極正面的建議，在潛意識中增強信心；長久以來所希望得到的，包括財務、專業知識和情緒等方面的目標，也都一一寫出來，然後練習創造意象，讓自己看到將來達成目標的情境。

年輕人最大的夢想是成為一名作家，他不但要寫書，還要寫一些開卷有益的書。當然，他還有別的夢想：想擁有一棟獨立的宅院，有自己的花園，就像他每天早上在公園看到的別墅一樣；他還想擁有足以供養自己和家人的財富。

他以這些夢想為目標，寫下一份詳細的行動計畫表，還做了一份預算控制計畫；他通知了幾個債權人，告訴他們自己目前的財務狀況，坦承自己雖然沒有能力馬上還清所有債務，但願意承諾每月分期付款，直到償清債務為止；他每個月都會抽出百分之二十的收入作為清償債務之用，而所有債務人也都很樂意接受這樣的分期還款方式，因為年輕人願意以開放誠實的心態面對問題，不像其他人一樣避而不見、毫無誠意。

年輕人還把收入的百分之十存入銀行，以備將來投資之用。這樣一來，他確實必須節食縮衣，減少一些無謂的開銷。不過，這些都是小小的犧牲，卻可以為自己的未來創造更多財富。

他明白，如果想在人生中創造源源不絕的財富，就必須誠實地面對每一件事。他還記得布魯克先生說的話：「人生就像迴力棒，不管你做了什麼，結果最後都會回到你自己身上。」

為了學習更多專業知識，他晚上去進修寫作和企管課程。現在，和名單上的大部分人見面之後，他終於增強了信心，相信這些財富的祕密對他們有效，對自己當然同樣有效。他知道，不論想得到什麼，他都一定可以達到目的。

現在名單上只剩下一個人尚未拜訪，年輕人非常期待見到他，因為他急於知道財富的最後一個祕密是什麼。

吉爾佛列．李佛的住處位於市中心最豪華的一區，是一棟四層樓建築。這一帶的住宅依林蔭而建，是富豪人士居住的高級住宅區。年輕人在最近幾個星期裡已連續拜訪了好幾處漂亮住宅，不過李佛先生的住處算是最高級的，是一棟豪華的十八世紀白色建築物。

房子內部看起來就像室內設計雜誌上所刊登的精美照片，顯然是由專業設計師特別設計的，裝潢講究，家具看起來都像古董一樣。

一名僕人在門口迎接年輕人，並領他到會客室。這房間裡有三面書牆，書籍從地板滿滿地排列到天花板；第四面牆則設置了一個傳統大壁爐，微小的火焰正在暖暖地燃燒著。壁爐上方掛著一幅非常漂亮的油畫，畫中手指殘缺的一雙手交握著，彷彿是向蒼天祈禱的姿勢。

此時，房門打開了，一位滿頭白髮、眼睛湛藍的長者站在門口。他親切地和年輕人握手，並自我介紹——他就是李佛先生。

「你剛剛在看這幅畫，是嗎？」李佛先生看著畫說。

「是的，」年輕人說，「我對藝術不怎麼在行，不過這幅畫似乎隱藏著什麼……」

「這幅畫的背後有一則很美的故事，」李佛先生說，「這是一個真實故事。大約五百年前，在德國紐倫堡附近的一處小村莊裡，一個有著十八個小孩的家庭，父親叫亞伯契．杜爾，是個金匠，一天要工作十八個小時才能養活所有孩子。其中兩個小孩很有藝術天分，也都夢想有朝一日能成為藝術家，可是他們都很清楚，父親的經濟能力無法讓他們去紐倫堡就讀藝術學院。所以，這兩個孩子相約以擲硬幣來決定命運，輸的留在家鄉的礦區工作，賺錢資助另一個去藝術學院就讀。四年之後，一個從藝術學院畢業，兩人再交換，換另一個去讀書，先畢業的必須賺錢提供學費——不管是賣畫賺錢，還是到礦區去工作。

「擲硬幣的結果，弟弟贏了，於是他先到紐倫堡念書，哥哥亞伯特則留在礦區工作。弟弟的才華果然受到肯定，很快地，四年後他畢業並回到了家鄉。慶祝晚宴結束之後，他對著親愛的哥哥舉起酒杯：『亞伯特，沒有你的犧牲，我不可能成功。』他說了一些感謝的話，最後說：『亞伯特，我親愛的哥哥，現在輪到你了，你可以到紐倫堡去，去追求你的夢想，我會照顧你的。』

「全家人都為亞伯特的犧牲，和他即將前往紐倫堡尋夢而舉杯慶祝時，亞伯特卻哭了，淚流滿面的他只是重複著：『不……不！不……』所有人都安靜下來，亞伯特抹去眼淚，哽咽地說：『已經太遲了，我不能到紐倫堡去。看！』他舉起那雙畸形、患有關節炎的手。亞伯特的手因為長年在礦區工作，每個關節都扭曲變形了，他說：『我連舉起酒杯都痛苦無比，更別說握畫筆了。對我來說，已經太遲了。』

「弟弟後來成為一個很有名的畫家，很多作品被世界各地的美術館和博物館所收藏。可是，他永遠不會忘記，自己的成功來自於哥哥的犧牲。為了永久紀念哥哥，他創作了這幅畫。你很難找到一幅畫會蘊藏著這麼多的愛、痛苦和眼淚。他把哥哥手上的每一寸——每一個傷痕、每一分痛楚，都如實地複製下來。這雙哥哥的手反映出藝術家的愧疚和罪惡感，似乎在祈禱謝恩，同時也在乞求寬恕。

「我把這幅畫掛在這裡，是因為我認為，這是我這輩子所學到最重要的一課——許多人都在默默地幫助我們成功。如果有人拒絕看見這個事實，那麼，不論有多少錢、多少部車，或擁有多少財產，都永遠不會感到滿足……除非學會了這最後的祕密——寬厚。」

「寬厚？」年輕人喃喃自語。

「是的！」李佛先生肯定地說，「寬厚是創造財富的基本元素之一，當然啦！如果你只在乎為自己和家人累積錢財，大可以絲毫不存仁厚之心。但假若果真如此，我相信你將永遠無法體會到真正源源不絕的財富。記住！財富不只是金錢和財產，更是你生活的品質。」

「可是寬厚和生活品質有什麼關係呢？」年輕人問。

「你曾經沒有任何動機、理由地幫別人做一些事情嗎？你曾經只因為自己有能力做到而幫助他人嗎？這可以是很簡單的事情，譬如協助老人過馬路，或指引迷路的陌生人。」

年輕人點點頭。

「你在做這些事情時，心裡有什麼感受呢？」李佛先生問道，「你會不會覺得很快樂？為自己能夠做一點小小的改變而感到高興？」

「當然會！」

「那如果你過馬路時，忽視了需要協助的路人，又會有什麼感覺呢？」

「我可能會覺得愧疚吧?!」年輕人坦承。

「這就對了！所以，你只要在實際生活中用心練習寬厚，就會開始覺得自己很不錯，並且感覺到自己對這個社會有貢獻。最後，在潛意識裡，你會相信自己是值得獲取更多回報的。」

「這也許會讓你自我感覺良好，可是並不能幫你創造財富啊！」年輕人說。

「你聽說過宗教上的『奉獻』說法嗎？」李佛先生說。

「有。是不是指教友把一些所得捐給教會？」

「對！不過，『奉獻』在宗教上的本義是，人們把所得拿出一部分給需要的人，通常是取百分之十。現在，不只是有錢人會這麼做，而是大家都會拿出錢來奉獻，包括奉獻者和需求者。

「很多神學家討論奉獻的緣由，有人猜測這跟抽稅的道理一樣，有人則認為這是最早的社會福利。但很多人忽略了一點——獲得某種經歷勝於付出金錢。」

「你是說付出者會得到良好的自我感覺？」年輕人問。

「是，這也算。不過，我們付出的同時，其實也在獲得。因為，不論我們做什麼，最終結果都會回到自己身上。這就像生命中的因果輪迴，你不但會因為付出而有所回報，甚至會得到多方面的回報。

「很多年前，我曾經為了生計而奔波勞碌，為了自己的事業而超時工作，可是不管怎麼做，我就是無法突破生活的瓶頸。直到我遇到……」

「一位中國老人。」年輕人接著說下去。

「還會有誰呢？」李佛先生微笑著說，「我從他身上學到了財富的祕密，特別是寬厚的力量。我也曾經為此掙扎、辯解過，因為我無法把錢從口袋裡掏出去。可是中國老人堅持，寬厚其實不會造成任何損失，反而是一條致富之路。

「自然，我不太相信他說的話，直到遇到另一個人，他對我說，當他把所得的十分之一拿去幫助需要的人時，發現自己的財富開始增加。我那時才漸漸相信老人的說法，於是也決定試試看。出乎意料，這麼做竟然真的有效。我對自己愈來愈滿意，工作起來也衝勁十足……而我的收入真的也逐漸增加了。

「到目前為止，我幾乎可以斷定，寬厚的力量對我的人生有著最重大的影響和意義。今天，我有許多財富，除了這棟房子之外，我在巴貝多群島還有一幢別墅。另外，在瑞士還有一座滑雪莊園，我還開一輛勞斯萊斯古董車，總資產超過四億元。」

「你真的認為是寬厚的力量幫助了你？」年輕人問。

「不必懷疑！不過，這當然不是唯一的力量，所有財富的祕密都是功臣。但是，當我開始把收入的十分之一奉獻出去之後，我漸漸感覺到富足，同時，收入也在慢慢增加，機會和訂單開始源源不斷地來找我。你可以說這一切都是巧合，可是你會發現，很多人身上都發生過類似的故事。」

年輕人低頭抄下重點。李佛先生繼續說：「財富有點像肥料，灑下去，便能幫助生長，漸漸地，你就會更富足。付出你的財富跟需要的人一起分享，金錢就會變成一種福祉，然後從各個方面回饋到你身上。」

「不過你得先有能力才行，你必須先自己富足，然後才能幫助別人，不是嗎？」年輕人接著說。

「很多人會同意你的說法，」李佛先生說，「可是人生的規則並不是這樣的。你認為賺一百萬然後付出十萬，會比賺一萬然後付出一千塊更容易嗎？」

「嗯……可能不會。」年輕人咬著下唇，想了想說。

「如果你把付出當成一種習慣，就會發現，你在潛意識裡將會感到富足——就是比實際更富有的感覺。如此一來，就會有源源不絕的財富流入你的人生。道理就來自這幅畫。」李佛先生指著壁爐上方的油畫說：「我們無法獨自成功，不論你是何人、來自何處，一定會有人在身旁協助你成功。所以，讓這樣的規則循環下去是非常重要的。」

當晚，年輕人重新整理了他的筆記：

寬厚的力量

◎沒有旁人的協助，或不願幫助他人，你的人生就很難富足圓滿。
◎幫助別人，就等於幫助自己。
◎試著把十分之一的收入送給需要的人，你將得到多方面的回饋。
◎把付出當成一種習慣，就會有源源不絕的財富流入你的人生。

尾聲

年輕人輕輕關上身後的大門，以免吵醒沉睡中的妻子和孩子們。黎明之前，天色未明，他穿著運動夾克往公園方向走去。自從遇到那位神祕的中國老人以來，他就養成了早晨散步的習慣。

走著走著，他腦海中浮現出他們最初相見的情景。五年的時光裡，發生了許多事，到現在他還是感到不可置信，他真的很難相信自己生命中發生這些改變。

遇到中國老人之後的一年裡，年輕人合理分配了所得，並額外地存下百分之十的收入，以備投資之用。

六個月後，他辭掉工作，在家中成立了自己的小工作室。他發行了一份小刊物，專門為在家工作者提供各項資訊。他首先想到自己創業的時候，發現很難找到這方面的參考資料，因此也想到，在家工作的人愈來愈多，但他們所瞭解的資訊卻很少。於是他擬出一個計畫，除了調查在家工作者的社群之外，還發行了一份在家工作指南，包括電腦使用、稅法問題、法律事務，以及在家工作者需注意的其他各項內容。

這份刊物發行得還算成功。十八個月之後，他完成了自己的第一本書。接下來三年內，又陸續出版了六本書，其中五本還上了暢銷書排行榜。

與此同時，他和一位美麗的女子相遇了；兩人戀愛，然後結婚，這位美麗的女子現在是他兩個孩子的母親。如果有人問他什麼是真正的財富，他會說，家庭是他生命中真正的財富，其他都是次要的。現在即使沒有金錢、沒有房子、沒有其他財物，他還是會認為自己是個富有的人。他會說：「畢竟，家庭給我的愛、幸福和快樂，是金錢買不到的。」

人們有時候會問，他是如何做到的？而那些他在落魄時就相識的朋友們，對此更是好奇。他遇到什麼幸運的事了？中了彩券？他告訴朋友們關於遇見中國老人的經過，以及財富的祕密。很少人相信他所說的故事，但還是有一些人相信他，也試著改變自己的觀念和態度。這些人後來不但收入漸漸增加了，更重要的是，他們告訴年輕人，他們也和他一樣，竟發現了比金錢更有價值的東西——不是黃金、鑽石，而是面對人生的不同態度。不久前，他們還在感歎自己生不逢時，是時代環境的犧牲品，如今，他們卻成了自己命運的操控者。對年輕人而言，知道自己有能力幫助他人，那種感覺是最好的。任何體驗過這種助人為樂感覺的人，都會覺得自己是最富有的。

每天早晨他來到公園的時候，都希望能夠再見到那位中國老人。他想要告訴老人，自從遇見他，並學會了財富的祕密之後，他的生命發生了多麼重大的變化；他要感謝老人為他所做的一切。但是，今天早晨就跟過去的每個早晨一樣，他沒有再看到中國老人的影子。

太陽升起了，當他回家時，天空呈現一片清澈的藍。他拿起早報，到廚房燒開水，準備為妻子煮一杯茶。突然，電話鈴響了，他嚇了一跳。才早晨七點鐘，有誰會這麼早打電話來呢？他拿起聽筒，一個男人的聲音：「你好，我叫亞諾．班克斯，很抱歉這麼早打電話給你。我剛剛碰到一位中國老人，他給了我你的名字和電話號碼，說你可以告訴我一些關於……」

「財富的祕密。」年輕人接著說下去。

「是的，財富的祕密！」話筒另一端說。

「當然，我非常樂意！」年輕人的聲音不禁流露出一股歡欣快樂。

財富的祕密箴言

◎富人和窮人的最大不同，不在於他們有多少財產，而在於他們對自己和金錢的信念是否夠清晰。

◎勝利者，是那些認為自己會勝利的人！

◎要找到正確的答案，得先提出正確的問題。《聖經》說：「去尋找，你就會找到；去問，你就會有答案。」

關於你的財富的祕密

其實，他已經出現了，

並且交給你一個任務——

寫下你關於財富的祕密，

並將之散播開來！

View Point 44

人生的四大祕密（暢銷改版）

作　　者／亞當・傑克遜（Adam J. Jackson）
企畫選書人／彭之琬
責任編輯／羅珮芳

版　　權／吳亭儀、林易萱、江欣瑜
行銷業務／周佑潔、賴玉嵐、賴正祐
總 編 輯／黃靖卉
總 經 理／彭之琬
第一事業群總經理／黃淑貞
發 行 人／何飛鵬
法律顧問／元禾法律事務所 王子文律師
出　　版／商周出版
台北市104民生東路二段141號9樓
電話：(02) 25007008　傳眞：(02)25007759
blog:http://bwp25007008.pixnet.net/blog
E-mail：bwp.service@cite.com.tw
發　　行／英屬蓋曼群島商家庭傳媒股份有限公司 城邦分公司
台北市中山區民生東路二段141號2樓
書虫客服服務專線：02-25007718；25007719
服務時間：週一至週五上午09:30-12:00；下午13:30-17:00
24小時傳眞專線：02-25001990；25001991
劃撥帳號：19863813；戶名：書虫股份有限公司
讀者服務信箱：service@readingclub.com.tw
城邦讀書花園：www.cite.com.tw
香港發行所／城邦（香港）出版集團有限公司
香港九龍九龍城土瓜灣道86號順聯工業大廈6樓A室_ E-mail:hkcite@biznetvigator.com
電話：(852) 25086231　傳眞：(852) 25789337
馬新發行所／城邦（馬新）出版集團【Cite (M) Sdn Bhd】
41, Jalan Radin Anum, Bandar Baru Sri Petaling,57000 Kuala Lumpur, Malaysia.
電話：(603) 90578822 傳眞：(603) 90576622
email:cite@cite.com.my

封面設計／廖韡
版型設計／洪菁穗
排　　版／立全電腦印前排版有限公司
印　　刷／前進彩藝有限公司
經 銷 商／聯合發行股份有限公司　地址：新北市231新店區寶橋路235巷6號2樓
電話：(02) 29178022　傳眞：(02) 29110053

■2011年8月9日初版
■2023年11月14日二版4刷
定價320元

Printed in Taiwan

城邦讀書花園
www.cite.com.tw

 ISBN 471-770-207-682-5